日独医療機関の組織再編と会計
医療経営改革から「医療の質」保証（透明性）へ

森　美智代 著

東京　森山書店　発行

まえがき
―本書の上梓にあたり―

　本書は，「日独医療改革における会計の役割とその効果」（科学研究費助成事業（KAKEN）基盤研究（C）（研究期間（年度）2015-04-01～2019-03-31）の成果に補足してまとめたものである。本書の内容については著者の責任ですが，本研究に際して，熊本市民病院・荒尾市民病院（荒尾市有明医療センター）・熊本県立こころの医療センターの事務局及び熊本県庁の関係者の方々にご協力をいただきました。なかでも総務省による「公立病院改革ガイドライン」に従った改革プランの作成に際して，各決算期における詳細な内部資料についての質疑に丁寧なご説明を受けることができました。また国立病院機構及び総務省の公立病院改革の関係事務局の方々への質問メールについても，丁寧なご回答を受けましたことなど，多くの方々に御礼を申し上げます。さらにドイツにおける病院改革について，シュマーレンバッハ経営経済学会の研究者，そして大学での講義及び民間医療機関の現地調査において，ドイツの医療界でご活躍の百瀬暁（女医）氏・Peter LODEMANN（ヘリオスの医師）氏のご夫妻（ドイツ・ベルリン在住），ドイツ事情について Ronald REIBERT 氏の方々にご協力をいただきました。深く御礼を申し上げます。

　日本会計研究学会・非営利法人研究学会においても多くの諸先生方からご教示を得ることができ，かけがえのない研究環境を得ることができました。これまで研究を続けることができましたことは，津守常弘教授，高木靖史教授，またドイツ在外研究では Prof. Dr. Dieter ORDELHEIDE のご指導がありました。心より御礼とともに感謝を申し上げます。

　最後になりますが，本書の上梓にあたり多くのご負担をかけ，何度も中断し

た研究でしたが，常にお力添えをいただき，ようやく最後の研究書として曲がりなりにもまとめることができましたことは，偏に有限会社森山書店代表取締役社長菅田直文氏，取締役菅田直也氏のご助力があったからです。この場をかりて，森山書店の関係者の方々に深く感謝を申し上げたい。

2024 年 10 月吉日

森　美智代

i

目　　次

序　章

はじめに……………………………………………………………………1

第1節　財政再建を基盤とした医療経営改善の必要性……………………2

第2節　日独の財政と社会保障費の現状…………………………………3

第3節　国公立病院（日）・公的医療機関（独）の経営改革……………9

第4節　補助金と診療報酬の会計処理……………………………………11

第5節　医療保険制度と医療政策…………………………………………13

おわりに……………………………………………………………………14

第I部　わが国の国公立病院経営改革の動向

第1章　わが国の国立病院改革における資金調達のしくみと会計

はじめに……………………………………………………………………19

第1節　わが国の開設者別の医療機関の現状……………………………19

第2節　国立病院の経営改革の背景………………………………………23

第3節　国立病院機構の資金調達のしくみ………………………………25

第4節　独法化後の会計制度の枠組み……………………………………26

第5節　国立病院機構の補助金の会計処理………………………………29

第6節　経営状況の改善策…………………………………………………30

おわりに……………………………………………………………………39

第2章　公立病院改革ガイドライン

はじめに……………………………………………………………………42

第1節　公立病院経営改革の動き…………………………………………43

第2節　公立病院改革の背景………………………………………………45

第3節　公立病院を支える財政措置………………………………………46

ii 目 次

第4節 公立病院における会計のしくみと経営改善……………………49

第5節 経営改善プラン実施調査結果（総務省）についての考察…………55

お わ り に………………………………………………………………57

第3章 新公立病院改革ガイドラインの医療経営への影響

は じ め に………………………………………………………………60

第1節 新公立病院改革ガイドライン公表の背景………………………61

第2節 前・新公立病院改革ガイドラインの比較………………………62

第3節 前公立病院改革ガイドライン実施調査結果（総務省）についての

考察………………………………………………………………63

第4節 新公立病院改革ガイドラインの要点……………………………65

第5節 公立病院改革における資本制度の見直し………………………66

第6節 新公立病院改革ガイドラインにおける効率性の評価……………70

お わ り に………………………………………………………………73

第4章 公立病院経営強化ガイドライン
―持続可能な地域医療提供体制の確保―

は じ め に………………………………………………………………76

第1節 公立病院経営強化ガイドライン…………………………………77

第2節 公立病院経営強化プラン策定の内容……………………………78

第3節 総務省の「経営形態の見直し」の方向性………………………79

第4節 経営強化ガイドラインの財政措置………………………………81

お わ り に………………………………………………………………82

第Ⅱ部 ドイツ医療経営改革（日独比較を踏まえて）

第5章 ドイツの公的医療機関の民営化の動き（2000年代初期―2010年）

は じ め に………………………………………………………………87

第1節 各州の公的医療機関と民間医療機関の動向……………………88

目　次　　iii

第2節　4大民間医療機関の経営組織 ……………………………………… 89

第3節　4大民間医療機関の経営戦略 ……………………………………… 95

おわりに ……………………………………………………………………… 98

第6章　ドイツ公的医療機関の経営と組織改革
―医療経営改善改革の日独比較を踏まえて―

はじめに ……………………………………………………………………… 101

第1節　医療機関の経営改善改革の日独比較の枠組み…………………… 102

第2節　ドイツの公的医療機関の組織と会計（2000年―2014年）……… 104

第3節　ベルリン市立医療機関有限会社グループの事例

　　　　（Vivantes Netzwerk für Gesundheit GmbH）……………… 105

第4節　ハノーファー地域医療機関有限会社グループの事例

　　　　（Klinikum Region Hannover GmbH）………………………… 110

第5節　ミュンヘン市立医療機関有限会社グループの事例

　　　　（Städtisches Klinikum München GmbH）…………………… 111

第6節　ブレーメン北部医療機関非営利有限会社グループの事例

　　　　（Gesundheit Nord gGmbH Klinikverbund Bremen）………… 113

第7節　公的医療機関の組織再編（2010年以降の動向）………………… 116

おわりに ……………………………………………………………………… 121

第7章　ドイツ民間医療機関の公的医療機関への影響

はじめに ……………………………………………………………………… 124

第1節　医療機関の民営化とその形態……………………………………… 125

第2節　4大民間医療機関による公的医療機関の買収 …………………… 125

第3節　民間医療機関における補助金と医業収益………………………… 132

第4節　民間医療機関による公的医療機関の買収………………………… 136

第5節　4大公的医療機関の組織再編と資本構造………………………… 139

おわりに ……………………………………………………………………… 144

iv　目　次

第8章　ドイツ公的医療機関の民営化における会計制度

は じ め に ……………………………………………………………………… 148

第1節　公的医療機関の民営化の背景……………………………………… 149

第2節　医療機関における会計制度………………………………………… 151

第3節　公的医療機関の民営化における経営状況………………………… 155

お わ り に ……………………………………………………………………… 161

第9章　わが国の公立病院改革とドイツ公的医療機関の民営化
─「資本の部」の開示に焦点をあてて─

は じ め に ……………………………………………………………………… 165

第1節　公立病院改革における経営形態と会計…………………………… 166

第2節　各自治体の地域医療連携の動きと会計…………………………… 166

第3節　地方独立行政法人化における資本制度…………………………… 171

第4節　ドイツの公的医療機関の組織改革と「資本の部」……………… 173

お わ り に ……………………………………………………………………… 174

第10章　医療経営改善改革の「医療の質」保証の法整備への影響
─経済性と「医療の質」の観点からの考察─

は じ め に ……………………………………………………………………… 177

第1節　医療領域における法原理…………………………………………… 178

第2節　医療政策の変遷……………………………………………………… 179

第3節　DRG 導入の法整備 ………………………………………………… 180

第4節　公的医療機関の民営化の動向（2010 年─2014 年）…………… 183

第5節　医療機関における「医療の質」評価体制の法整備（2015 年）…… 191

お わ り に ……………………………………………………………………… 193

目　次　v

第Ⅲ部　ドイツにおける自治体会計制度改革の病院会計制度への影響
（会計計算構造から制度改革への変換）

第11章　行政領域への企業会計（複式簿記：Doppik）導入の影響
─会計計算システムの観点からの考察─

は じ め に……………………………………………………………… 197

第 1 節　新自治体会計制度改革におけるカメラル簿記から

複式簿記への移行…………………………………………… 198

第 2 節　複式簿記を基礎とする会計計算システム……………………… 203

第 3 節　「資本の部」の定義………………………………………………… 207

第 4 節　補助金による固定資産購入と減価償却の処理………………… 209

お わ り に……………………………………………………………… 210

第12章　自治体会計制度への複式簿記の導入における影響
─制度的観点からの考察─

は じ め に……………………………………………………………… 213

第 1 節　連邦（国）と各州における自治体会計制度の近代化

（2000 年代初期）の動き ………………………………… 214

第 2 節　各州における自治体会計制度（2020 年代）………………… 215

第 3 節　行政領域における自治体会計制度の公的医療機関への影響…… 218

お わ り に……………………………………………………………… 221

第13章　公会計領域における連結決算書（統合決算書）

は じ め に……………………………………………………………… 224

第 1 節　連結決算書の意義………………………………………………… 225

第 2 節　自治体法人の連結方法…………………………………………… 227

第 3 節　連結決算書の作成原則…………………………………………… 231

お わ り に……………………………………………………………… 232

vi 目　次

第14章　ドイツ医療機関の組織再編と会計制度・実務の現状（総括）
　　　　　―「資本の部」に焦点をあてて―

　は じ め に……………………………………………………………… 235
　第1節　民間・公的医療機関の動向……………………………………… 236
　第2節　組織形態と会計制度……………………………………………… 239
　第3節　公的医療機関の組織再編と会計政策………………………… 241
　お わ り に……………………………………………………………… 244

結　章　わが国の公立病院改革と公的医療機関改革（ドイツ）との
　　　　　比較における示唆

　は じ め に……………………………………………………………… 247
　第1節　わが国の医療提供制度整備の経緯とその背景…………………… 249
　第2節　わが国の公立病院改革への示唆………………………………… 251
　第3節　組織の連携と効率性の視点となる企業会計の役割……………… 255
　お わ り に……………………………………………………………… 256

参考・引用文献…………………………………………………………… 259
ドイツ医療機関関係団体の報告書……………………………………… 262
ドイツの企業法形態に関する報告書…………………………………… 262
民間医療機関（ドイツ）営業報告書/連結決算書………………………… 262
自治体病院（ドイツ）営業報告書/連結決算書…………………………… 262
解説書……………………………………………………………………… 263
ドイツ官報資料…………………………………………………………… 263
その他報告書……………………………………………………………… 263
新聞記事…………………………………………………………………… 263
用語辞書…………………………………………………………………… 264
白書………………………………………………………………………… 266
データ集・報告書………………………………………………………… 266
拙稿………………………………………………………………………… 267

略 語 表

略　語	原　文	訳　語
AG	Aktiengesellschaft	株式会社
Abgrv	Abgrenzungsverordnung	病院における診療と投資コスト分類規則
AktG	Aktiengesetz	株式法
AO	Abgabenordnung	租税基本法
AöR	Anstalt des öffentlichen Rechts	公法上の機関
BilMoG	Bilanzrechtsmodernisierungsgesetz	会計法近代化法
BilRUG	Bilanzrichtlinie-Umsetzungsgesetz	会計指令変換法
BMF	Bundesministerium der Finanzen	連邦財務省
BMG	Bundesministerium für Gesundheit	連邦保健省
BMJ	Bundesministerium der Justiz	連邦法務省
BPflV	Bundespflegesatzverordnung	連邦介護率規則
BRH	Bundesrechnungshof	連邦会計検査院
DKG	Deutsche Krankenhausgesellschaft e.V.	ドイツ病院協会
Doppik	Doppelte Buchführung	複式簿記
DRG	Diagnosis Related Group	診断関連群別包括評価
DRSC	Deutsches Rechnungslegungs Standards Committee e.V.	ドイツ会計基準委員会
EBIT	Earnings Before Interest and Taxes	支払利息及び税引前利益
EBITDA	Earnings Before Interest, Taxes, Depreciation, and Amortization	支払利息，税，減価償却費引前利益
EBT	Earnings Before Tax	税引前利益
EGHGB	Einführungsgesetz zum Handelsgesetzbuch	商法施行法
EPOS. NRW	Einführung von Produkthaushalten zur Outputorientierten Steuerung. Neues Rechnungswesen	アウトプット重視管理のための生産性予算の導入，新会計制度
EStR	Einkommensteuergesetz	収入（所得）税法
EU	Europäische Union	欧州連合
e.V.	eingetragener Verein	社団法人
gAG	gemeinnützige Aktiengesellschaft	非営利株式会社
GemHVO	Gemeindehaushaltsverordnung	自治体条例規則
GG	Grundgesetz	憲法
gGmbH	gemeinnützige GmbH	非営利有限会社
GmbH	Gesellschaft mit beschränkter Haftung	有限会社
GmbH & Co. KG	Gesellschaft mit beschränkter Haftung & Compagnie Kommanditgesellschaft	有限合資会社
GmbH & Co. KGaA	Gesellschaft mit beschränkter Haftung & Compagnie Kommanditgesellschaft auf Aktien	有限株式合資会社
GKV-GMG	GKV-Modernisierungsgesetz	公的医療保険近代化法
GKV-WSG	Gesetz zur Stärkung des Wettbewerbs in der gesetzlichen Krankenversicherung	公的医療保険競争強化法
GO	Gemeindeordnung Grundgesetz	自治体規則（条例）
GoB	Grundsätze ordnungsmäßiger Buchführung	正規の簿記の諸原則
GO-NRW	Gemeindeordnung für das Land Nordrhein-Westfalen	ノルトライン・ヴェストファーレン自治体規則（条例）
GoöB	Grundsätze ordnungsmäßiger öffentlicher Buchführung	公会計の正規の簿記の諸原則

viii 略 語 表

HGB	Handelsgesetzbuch	商法典
HGrG	Haushaltsgrundsätzegesetz	予算原則法
HGrGMOG	Haushaltsgrundsätzemodernisierungsgesetz	予算原則法近代化法
HP	home page	ホームページ
IAS/IFRS	International Accounting Standards/International Financial Reporting Standards	国際会計基準，国際財務報告基準
IKR	Industriekontenrahmen	工業コンテンラーメン
IÖR	Integriertes Öffentliches Rechnungswesen	統合公の会計制度
IPSAS	International Public Sector Accounting Standards	国際公的会計基準
IQTIG	Institut für Qualitätssicherung und Transparenz im Gesundheitswesen	医療制度における質の保証と透明性に関する監督機関
IVR	Integrierte Verbundrechnung	結合会計
KG	Kommanditgesellschaft	合資会社
KHBV	Krankenhaus-Buchführungsverordnung	病院簿記規則
KHEntgG	Krankenhausentgeltgesetz	病院診療報酬法
KHG	Krankenhausfinanzierungsgesetz	病院財政法，病院資金融資法
KhföVO	Krankenhausförderungs-Verordnung	病院基金条例
KHRG	Krankenhausfinanzierungsreformgesetz	病院財政改革法
KHSG	Krankenhausstrukturgesetz	病院構造法
KLR	Kosten-und Leistungsrechnung	原価・給付計算
KomHVO	Kommunalhaushaltsverordnung	自治体予算条例
Landes-KLR M-V	Landes-Kosten-Leistungsrechnung Mecklenburg-Vorpommern	メクレンブルク・フォアポンメルン州原価・給付計算
LKG	Landeskrankenhausgesetz	州病院法
LoHN	Leistungsorientierte Haushaltswirtschaft Niedersachsen	ニーダーザクセン給付志向予算管理
NFM	Neues Finanzmanagement	新財務管理
NHH	Neues Haushaltswesen Hamburg	ハンブルク新財政制度
NKF	Neues Kommunales Finanzmanagement	新自治体財務管理
NKFW	Neues Kommunales Finanzwesen	新自治体財務制度
NKHR	Neues Kommunales Haushalts-und Rechnungswesen	新自治体財政会計制度
NKR	Neues Kommunales Rechnungswesen	新自治体会計制度
NKRS	Neues Kommunales Rechnungs-und Steuerungssystem	新自治体会計管理システム
NPM	New Public Management	ニュー・パブリック・マネジメント
NRV	Neues Ressourcenverfahren	新資源処理
NRW	Nordrhein-Westfalen	ノルトライン・ウェストファーレン
NSI	Neue Steuerungsinstrumente	新管理処理
NSM	Neues Steuerungsmodell	新管理モデル
NVS	Neue Verwaltungssteuerung	新行政管理
OHG	Offene Handelsgesellschaft	合名会社
PBV	Pflege-Buchführungsverordnung	介護簿記規則
QM	Qualitätsmanagement	質的マネジメント
SE	Societas Europaea, European company	欧州会社
SGB V	Sozialgesetzbuch Fünftes Buch	社会法典第5編
SsD	Standards staatliche Doppik	国家会計基準
US-GAAP	Generally Accepted Accounting Principles	アメリカ会計基準

略語表　ix

ドイツ医療関連団体

医療制度における質と経済性に関する研究所：Institut für Qualität und Wirtschaftlichkeit im Gesundheitswesen（IQWiG）

公的医療保険：Gesetzliche Krankenversicherung（GKV）

公的医療保険団体（Spitzenverband Bund der Gesetzlichen Krankenversicherung（GKV-Spitzenverband）110 の公的医療・介護保険基金協会＊疾病金庫中央連合会と訳されている文献もある。

公的保険研究機関：Wissenschaftliches Instituts der AOK（WIdO）

民間医療保険団体：Verband der privaten Krankenversicherung e.V.（PKV）

州病院協会：Landeskrankenhausgesellschaft e.V.（LKG）

自治体病院関連団体：Interessenverband kommunaler Krankenhäuser（IVKK）

大規模自治体病院連合：Allianz Kommunaler Großkrankenhäuser e.V.（AKG）

ドイツ大学病院団体：Verband der Universitätsklinika Deutschlands e.V.（VUD）

ドイツ病院機関：Deutsches Krankenhausinstitut（DKI）

ドイツ病院協会：Deutschen Krankenhausgesellschaft e.V.（DKG）

連邦共同委員会：Gemeinsamer Bundesausschuss（G-BA）

連邦社会保障局：Bundesamt für Soziale Sicherung（BAS）

医師会新聞（https://www.aerzteblatt.de）

連邦保健省（https://www.bundesgesundheitsministerium.de）

序 章

は　じ　め　に

　2000年代初頭から始まった日独の医療制度改革は，両国が医療及び福祉・介護に係わる制度整備だけではなく，少子高齢化社会にともなう財政難に際しての財政再建が基盤となっている。将来増大する社会保障費（医療・福祉・介護・年金等）のうち，医療領域において，「高質の医療」を提供していくには，医療経営における効率性が求められる。その医療経営において，企業会計制度がどのような役割を果たしていくのかを探究することが，本研究のねらいである。

　わが国よりも早い時期に，ドイツでは公的医療機関の民営化がみられる。それは，欧米を発端に始まったニュー・パブリック・マネジメント（New Public Management：以降，NPM）が行政領域へ波及したことによる。その影響は人口構造と経済を取り巻く環境の変化に適応するための自治体会計制度改革に及んだといえよう。これまでの行財政における予算中心の会計システム（いわゆる単式簿記）では限界があったからである。つまり予算中心の単式簿記から決算中心の会計システム（複式簿記）への移行の改革が，行政領域に求められるようになった。

　NPMの影響は，わが国の各自治体の地方公営企業（事業）の運営における会計制度改革にも及ぶこととなった。中央集権体制から地方分権体制へ移行して

いる近年，各自治体の地方財政の再建が重要な課題となっている。その課題は，わが国の各自治体（地域）の地方公営企業だけでなく，ドイツでも各州の地方公営企業にもあてはまる。

本書は，地方公営企業のなかで公立病院に焦点をあてて，少子高齢化社会の加速にともない財政が厳しくなるなかで，2000年代に「財政と医療」領域に影響を及ぼした企業会計の役割に注目して考察する。

各自治体の財政再建は地方公営企業に向けられ，地方公営企業の1つである公立病院の経営改革にも及んでいる。近年の医療機関の経営改革は，公的な医療提供体制の制度整備と財政再建という2つの視点からとらえることができる。少子高齢化によって医療費が増加するなかで，わが国は国民皆保険制度をとり，ドイツは公的保険制度をとっている。そのため両国は将来も財政で医療及び介護保険制度を持続できるかどうかという課題に直面している。

第1節　財政再建を基盤とした医療経営改善の必要性

わが国が1961年国民皆保険制度をとるようになり，すべての国民への医療給付が公的財政で支えられている。しかし従来の経済成長期のような豊かな財政ではない現代において，医療保険制度を存続するためには，各自治体の地方財政の立て直しが求められる。それには各自治体がこれまで放置してきた地方公営企業の赤字経営を黒字経営へ転換するための経営改善の改革が必要となった。

総務省は「公立病院改革ガイドライン」を公表し，そのガイドラインで会計数値による経営指標を示し，経営判断のための比較可能性と目標指標を設定することを求めた。医療領域における「医療の質」の保証は回避できない大前提であり，医療技術・先端医療の進化にともない，医療経営上の効率化は不可欠となる。それは無駄なコスト削減と，医療経営における収益の上昇等が「医療の質」向上にもつながり，医療の効率化は「患者満足をともなう将来の高度先端医療機器の導入」の投資につながるからである。したがって医療機関におけ

る医療の効率化・経営の評価は，将来は会計数値にとどまらず，さまざまな数値による分析へと展開されるであろう。

　本書は，医療機関を取り巻く社会の変化にともなう医療機関の組織再編のなかで，会計数値をとおして医療経営改革の現状を探究し，今後会計制度の観点から医療経営に何が必要かを考察する。

　まずはマクロ的観点から，すべての国民が医療を受けることを保証した憲法を基礎とした医療保険制度を支えている財政の現状に注目した。わが国は財政で医療保険制度と介護保険制度を保証している。その医療及び介護保険制度は，ドイツの法制度に倣い制度整備された。本書はその制度を基盤としている医療機関が組織再編しているなかで，その組織再編における会計制度の動きについて，両国の共通点と相違点について論究する。そのことで，今後のわが国の医療経営改革への示唆となることをみいだすことを，本書のねらいとしている。

　両国の医療及び介護保険制度は，国及び各自治体の財政状態と密接に関係している。まずは両国の財政と社会保障費の現状についてみていくことにする。

第2節　日独の財政と社会保障費の現状

　わが国の近年の財政状況は，財務省の資料（2022年9月22日現在）をみても社会保障費の著しい増大がめだつ。わが国の債務残高は，グラフ1で示すように，ドイツの債務残高と比較して著しく大きい。また，わが国の場合，国債発行による債務割合が多い。一方，近年財政規律として国債発行ゼロをめざしてきたドイツは，債務残高が減少傾向にあり，3年連続の経常黒字（ロイター：2019年2月19日付）であった。その傾向は，グラフ1の財務省による債務残高にも表れている。しかし2019年以降は新型コロナ禍の影響により，両国ともに債務残高が上昇に向かっている。

　日独両国は働き手である年齢層が減少し，医療介護費が必要な世代が増えるという共通した環境にあり，将来も社会保障費が増える傾向にある。表1で示

グラフ1　債務残高の国際比較（対 GDP 比）

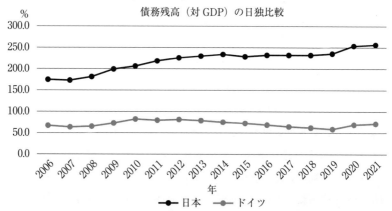

(出所) 財務省（http://www.mof.go.jp）「債務残高の国際比較(対 GDP)」より日独の債務残高を抜粋（2022 年 10 月 12 日付）。

表1　2021 年わが国の歳出

	歳出項目	単位：億円	%
一般歳出 62.6%	社会保障	362,735	33.7
	公共事業	60,575	5.6
	文教及び科学振興	53,901	5.0
	防衛	53,687	5.0
	その他	92,847	8.6
	新型コロナ対策予備費	50,000	4.6
地方交付税交付金等　14.8%		158,825	14.8
国債費 22.6%	債務償還費	160,733	14.9
	利払費等	82,660	7.7
	歳出総額	1,075,964	100

(出所)　財務省，令和 4 年度一般会計歳出の構成（http://www.mof.go.jp）より抜粋して作成。

表2　2013年から2060年までのわが国の人口年齢構成の推移

(単位：万人)

年 年齢	2013年（実績）	2060年（予測）
0〜19	1,560	2,336
20〜64	1,630	1,128
65〜74	7,296	4,105
75〜	2,244	1,104
人口総数	1億2,730万人	8,674万人

(出所)　厚生労働省：『社会保障制度改革の全体像』「日本の人口ピラミッドの変化」より作成。

グラフ2　わが国の2013年人口年齢層別の割合（％）と2060年人口動向予想

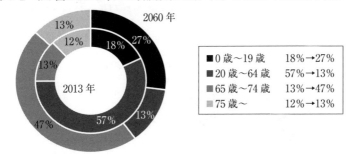

■ 0歳〜19歳　　18％→27％
■ 20歳〜64歳　　57％→13％
■ 65歳〜74歳　　13％→47％
■ 75歳〜　　　　12％→13％

(出所)　厚生労働省：『社会保障制度改革の全体像』「日本の人口ピラミッドの変化」（総務省「国勢調査」及び「人口推計」、国立社会保障・人口問題研究所「日本の将来推計人口（平成24年1月推計）」）より作成。

すように，わが国の社会保障費は歳出のなかで33.7％を占めており，今後のわが国の人口動向をみても，将来社会保障費は増加することが予想される。

表1で示すように，わが国の歳出の主要3項目は社会保障費，地方交付税交付金，国債費である。将来の世代の医療及び福祉等の負担は公債金で賄われることとなる。すなわち歳出の構成からみても，少子高齢化の人口動向（グラフ2）からくる将来の税収入減は社会経済へ影響を及ぼす重要な要因である。したがって社会保障費と税の一体改革は，すべての人に課せられる消費税の引き

表2　ドイツ連邦政府の歳出構成（2021年）

歳出項目	単位：100万ユーロ	%
一般サービス	103,911	20.8
教育・学術・研究・文化	30,809	6.2
社会保障・家族及び若者・労働市場	253,236	50.8
健康・環境・スポーツ及びレクレーション	13,923	2.8
住宅・都市開発・地域開発・公共サービス	2,972	0.6
食糧・農業・，林業	2,611	0.5
資源・水資源・産業・サービス	14,780	3.0
交通・報道システム	33,483	6.7
金融経済	42,895	8.6
歳出総額	498,620	100

（出所）　Bundesministerium der Finanzen, *Finanzbericht 2021*, S. 46-47 より作成

グラフ3　ドイツの2013年人口年齢層別の割合（%）と2060年人口動向予想

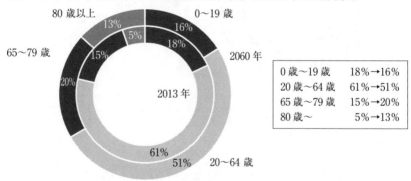

（出所）Statistisches Bundesamt, Wiesbaden 2015

上げで対処された。つまりわが国が2013年に消費税を5%から8%に，また2019年には8%から10%へ引き上げたのは，すべての人々への公平な課税ということから，すべての国民で将来の社会保障費の負担を賄うという政策からくるものであった。

一方，ドイツにおいても，わが国の場合と同様に，表2に示すように歳出に占める社会保障費の割合が多く，将来の人口動向は少子高齢化が進む傾向にある。2013年と2060年の人口年齢構成予想を比較したグラフ3をみても，その傾向が伺える。

財政について，将来の税収入を予想するには人口の動向が関係しており，歳入の所得税（日本）と所得税（ドイツ）が占める割合からしても，両国は20歳から64歳の働き手の減少が税収入の減少につながる。将来，医療及び介護福祉費・年金等の社会保障費は，高齢化によってさらに増加するであろう。

ドイツの場合，グラフ3より2013年の0歳から19歳までの年齢層は18%から，2060年には16%へ減少し，2013年の20歳から60歳層は61%から51%に減少する。また2013年高齢者65歳から79歳までの年齢層は，2060年には15%から20%に増加し，さらに80歳以上は6%から13%に増加することが予想される。

グラフ4　財政収支（対GDP）の日独比較

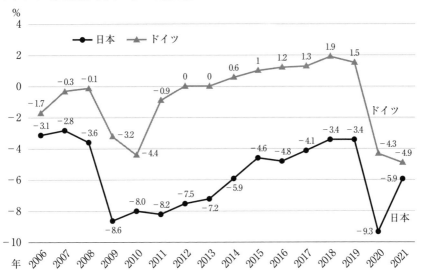

（出所）財務省（http://www.mof.go.jp/）「財政収支の国際比較（対GDP）」より抜粋して作成。（ただし財務省の資料では日本の財政収支は2021年補正予算は反映されていない）

8   序 章

　表2に示される社会保障費の割合は，2021年において50.8%を占めている。2060年までに予想される人口動向から，今後の社会保障費の増大を見込んだ政策はどのように行われるのかが注目される。

　グラフ4は両国の財政収支の推移を示している。グラフ4に示されるように，ドイツの財政収支は2012年頃から黒字となっている。その後，新型コロナ禍の影響を受け，財政収支は両国ともマイナスの状況に落ち込んでいる。

　社会保障費が国民の医療保険制度の財源であることを考えると，国及び地域における国公立病院の経営改善が，財政負担を軽減するための政策の1つとなる。

　日独の医療保険制度は，すべての国民の医療費負担の一部を財政で支えることを基礎としている。その根拠は，日本の場合には憲法第25条の生存権，またドイツの場合には，憲法第2条第1項[1]，憲法第28条第1項[2]，公共の医療提供（ドイツ型生存権）である „Recht auf Leben“（或いは „Daseinsvorsorge“）[3] という理念が存在することにある（第8章・第10章）。

　わが国の国民への医療提供体制は，国民皆保険制度を基礎として，すべての医療機関には診療報酬が保証されている。また国公立病院には，その運営に国の財源が投入されることで，国民への医療提供が義務づけられている。特に民間医療機関で行われない医療については，国公立病院が担うという役割がある。その医療を担う国立病院は，2000（平成12）年12月に行政改革大綱（閣議決定）において，「各施設毎に区分経理する単一の独立行政法人に移行すること」を決定し，2001（平成13）年中央省庁等の行政改革の一環として，国立病院は独立行政法人化（以降，独法化）して，「国立病院機構」となった（第1章）。その後，2007（平成19）年6月に「地方公共団体の財政の健全化に関する法律」（全面施行：2008（平成20）年4月）（以降，財政健全化法）が交付され，総務省は，この財政健全化法を基盤として各自治体に「公立病院改革ガイドライン」を公表し，各自治体では公立病院改革が実施されることとなった[4]。

　一方，わが国の厚生労働省（以降，厚労省）は，医療機関の診療報酬の改定と医療政策を担っている。それを受けて，わが国の国公立病院には，国の医療政

策のもとで，税収入の一部が経営及び設備投資等の補助金（国：運営費交付金，自治体：地方交付税）として投入される。この資金の流れについて，国立病院が独法化することで，運営費交付金の投入と資金の流れがどのように変化したのかについて考察する（第1章）。

本論に入る前に，少子高齢化の社会における財政の将来の予測と医療提供体制を支えている財政状況について探究した。両国は前述した憲法を基盤として医療提供を行っている。すなわちわが国では国民皆保険制度のもとで，国公立病院（日本）には補助金が投入される。一方，ドイツでは公的及び民間保険への選択的加入を義務づけている体制のもと，医療機関に補助金が投入されている。両国の社会保障費を支えている財政状況について，簡単にみてきた。第3節では，研究対象としている医療機関についてみていくことにする。

第3節　国公立病院（日）・公的医療機関（独）の経営改革

わが国の財政と密接に関わっている国公立病院の経営は，第1節から第2節で述べた状況のもとで，経営改善が余儀なくされることとなった。しかし医療提供の基礎には憲法でいう「生存権」が存在することから，国にはすべての国民に対して医療提供が義務づけられている。そしてこの医療提供には国公立病院の存続が求められ，そのために財源を有効に使うには，将来増大する医療費に対して，経営の安定化のために経営改善の効率性が求められる。この医療経営の改善には，まずは「医療の質」の保証を前提としたうえで，医療経営における「効率化」という政策が必要となる。それは経営だけの「効率化」だけではなく，多面的な視点からの「効率化」が求められる。その際に，本書は組織と会計に焦点をあてて考察する。

前述したように日独の医療機関を取り巻く環境及び制度・政策には類似点がみられるが，国独自の医療制度・政策，医療保険制度等の歴史的整備の背景と医療機関を取り巻く環境からくる相違がある。その相違点の1つでもあるので，まず研究対象とした医療機関の範囲に言及しておくべきであろう。本研究

10　序章

の対象となる医療機関は，表3に示す医療機関である。

　わが国の開設者別の医療機関は，国の旧国立病院（国立病院機構はすでに独法化している事例として取り上げた），自治体（都道府県，市町村等）の公立病院，その他（日赤，済生会，厚生連，北社協等）の公的病院，社会保険関係団体（全社連，厚生年金事業振興団，船員保険会，各種共済組合及びその連合会）の病院と，医療法人（民間病院）に分類される[5]。その分類のなかで，わが国では公立病院（自治体病院：以降，公立病院）に該当する開設主体の医療機関を研究対象としている。

　一方ドイツでは各州別の各自治体が開設主体となっている公的医療機関を対象とする。ドイツの公的医療機関は，各州内の大規模公的医療機関として，表3に示すように組織的に連携している（Kooperation）グループに研究対象を絞っている。

表3　国及び自治体・州の開設主体

	開設主体	
日	国立病院機構（国）	公立病院（都道府県市町）
独	公的医療機関（連邦（国），州，市，郡における病院・大学病院）	

注）　国立病院は独法化した事例として挙げているが，主として公立病院が研究対象である。

　したがって表3に示すように，本書は各地域における医療機関（公立病院・自治体病院）を研究対象としている。これらの医療機関は，国及び各地域の開設者（自治体）によって運営されている。ただし日独の医療機関の分類において，ドイツの大学病院は各州の管轄で運営されるが，わが国の大学病院は学校法人開設であることから，大学病院は本研究の対象ではない。国立病院機構は自治体の管轄ではないが，独法化した事例として，国立病院の独法化後の10年間の会計数値の動向を取り上げた。

　本書の主たるねらいは，日独の病院経営改革の比較をとおして，総務省の公立病院改革における組織再編（経営形態の見直し）の方向性と会計制度の在り方を探究することである。

　ドイツの医療機関の分類は，民間医療機関・公的医療機関・非営利医療機関

第4節　補助金と診療報酬の会計処理　　*11*

の3つの開設主体に分類され，大学病院は公的医療機関の分類に入る。ただし2000年代初期にはドイツの公的医療機関の組織替えと民営化が進められるなかで，民間医療機関による公的医療機関と大学病院の買収が，これまでにない社会現象としてみられる。

　本書では，わが国における国立病院機構を独法化の先行事例として取り上げて公立病院の改革を論及した。一方，ドイツにおける各州の公的医療機関の民営化には，民間医療機関による公的医療機関の買収が，公的医療機関の運営には重要な影響を及ぼしていることに注目し，それにともないドイツの民間医療機関の組織再編にも着目した。

　以上，日独の組織再編（経営形態の見直し）の研究対象となる医療機関について言及したうえで，本書は，会計の観点から医療経営の財源である資金の流れ，診療報酬と補助金に注目する。つまり国及び各自治体，連邦（国）及び各州から医療機関へ資金として流れる補助金と診療報酬の区分開示について考察する。

第4節　補助金と診療報酬の会計処理

　わが国の税収入を基盤とする財源は，国立病院機構に対しては運営費交付金として給付され，また国から自治体へ給付された地方交付税が公立病院の運営の財源となる。他方ドイツの各州における公的及び民間医療機関の運営の財源は，第8章で示すように，連邦（国）から各州へ給付される資金で賄われている。

　わが国の病院経営は，厚労省から公表される診療報酬改定と医療政策によって管理されている。したがって診療報酬は2年毎に改定され，その診療報酬改定は医療機関の医業収益に影響する。企業とは異なり，医療機関にとって診療報酬の改定は医療経営に重要な影響を及ぼし，患者への医療サービス提供は点数の高い診療報酬に従った医療給付へ向けられる傾向にある。

　それに対して，医療経営に影響が大きい国の財政から国公立病院への補助金

給付は，どのような会計処理方法がとられるかを探究する。その際に経営判断の対象となる会計数値には透明性があるのか，医療経営にどのような影響を及ぼすのか，に注目する。組織再編から会計制度に及ぼす影響は，運営或いは経営の最終的な結果が開示される，すなわち「資本の部」が重要と考える。また従来の「資本の部」には商法の会計規定の影響が強く，近年企業会計と商法（会社法）の関係を巡って企業会計・複式簿記における資本の考えが「差額」概念，「純資産の部」へと移行したことを踏えて，「資本の部」について考察することが，本書における会計の観点からの考察の焦点となる。

　国公立病院（日本）の経営には，診療報酬の他に，補助金が投入されることから民間医療機関とは異なる。したがって営利組織の会計は利益計算を測定目的としているのに対して，非営利組織である国公立病院における会計では「税金」を財源とした補助金が投入される。そのことを念頭に会計の観点から探究する。

　他方，組織の観点から，総務省のガイドラインにある「経営形態の見直し」を考察するにあたり，わが国の「独立行政法人化」とドイツの「会社形態」への組織替えの民営化には，どのような相違があるのかを探究すべきであろう。

　その際に，ドイツの民間医療機関による公的医療機関の買収は，公的医療機関が企業という営利組織の傘下に入ることで，公的医療機関と民間医療機関における会計制度の相違と公的医療機関の会社形態への組織替えに際して，自治体の会計制度が，どのように変化するのかに注目したい。

　またドイツの公的医療機関の民営化では，非営利組織から営利組織へ組織再編することで，どのような組織変更の影響が，会計上の「資本の部」に表れるかについて考察する。

　わが国の診療報酬の給付は，支払審査機関の審査（第2章図1）をとおして医療機関に給付される。このような医療領域では診療報酬という医業収益は，税金等を財源とする補助金とは区分して開示する必要がある。本書では各年度変化する医療政策の影響のもと，補助金を受け入れる医療機関の会計処理について，企業ではなく医療機関における会計では，「資本の部」に補助金と実際上

の経営結果がどのように区分開示されるのか，この区分開示をとおして，透明性のある財務諸表作成と開示されるべき会計制度のあり方について考える。

第5節では，医療機関の会計制度と会計処理に影響を及ぼす医療保険制度と医療政策の視点から考察することの必要性に言及したい。

第5節　医療保険制度と医療政策

被保険者（患者）の医療費は診療報酬として医療機関に支払われ，公的な医療保険制度をとっている日独の医療機関の医療経営には，すべての国民の医療費に国の財政と被保険者の保険料，患者の自己負担からなる資金が投入される。その際に2年毎の診療報酬改定等には経済及び社会事情の変化に対応する医療政策が影響する。すなわち2年毎の診療報酬改定は医療経営への重要な影響要因である。本書では医療保険制度と医療政策が医療経営にどのように影響するのか，会計の視点から考察する。

わが国の医療政策は，医療提供体制と医療財政から考察できよう。まず医療提供体制での法整備は，医療サービスを提供する施設・人材等について，医療提供体制の確保を定めた医療法（1948（昭和23）年法律第205号），また医師・医療従事者等の資格（医師法1948（昭和23）年法律第201号），看護職の人材確保の特別法（1992（平成4）年法律第86号）等の制度が整備されている[6]。

医療提供体制には，国の予算措置による予算の1つとして地域医療再生基金が設定された。この基金は，2009（平成21）年に地域の医療課題の解決のために，国の交付金として都道府県の計画的な取り組みを支援する基金として創設された[7]。本書は，医療政策として，財政的な側面から考察する際に「医療の質」の向上を重視した「医療の質」の評価体制が整備されていることを前提とする。

現代社会において，人口減少，高齢化社会，先端医療技術及び医療機器の進化にともない医療費の上昇，経済成長の後退による保険制度持続の財源不足，医療人材の不足，コスト削減，「医療の質」の維持及び向上等，多くの課題に

14 序 章

直面することになり，わが国の医療政策の基本課題が医療機関にとって厳しい環境となっている[8]。このような現状のもとで，総務省から「公立病院改革ガイドライン」が公表され，公立病院にはガイドラインに従ったプランの作成が求められた。本研究は，公立病院改革が実施されることとなったことを前提としている。

　一方，ドイツにおいて，各州における公的医療機関に対する医療政策として，「病院プラン」（Krankenhausplan）が作成され，それに基づいた資金申請に対して財源給付がなされる。この医療政策の対象となるのが各州の公的医療機関，つまり「認可病院」と称される病院である。その認可病院では病院プランに基づく医療が行われる。この病院プランは，元来アメリカの制度で，1945年に可決し，1946年制定「病院調査と建設法」"Hospital Survey and Construction Act（通称 Hill-Burton Act）[9] に遡ることができる。各州の病院プランはドイツには1960年代に導入され，病床数比率が示される。その法原理は，病院財政法（KHG 第6条）と各州で定められた病院法に基礎づけられる[10]。この法体系のもとで，連邦（国）と州で病院改革が行われている。

お わ り に

　以上のような視点から，本書は，わが国における公立病院改革とドイツの公的医療機関改革を比較することで，わが国の公立病院改革の方向性を検討することができると考える。総務省による公立病院改革ガイドラインの公表後，各自治体の公立病院はそのガイドラインに従った実施プランの作成が義務づけられた。このプランに従って公立病院改革が進められ，公立病院改革では地方独立行政法人化（以降，地独法化）を踏えて，「経営形態の見直し」の課題に直面し，それにともない，なぜ法人化の会計が必要なのかについて考察する。

　他方，ドイツの公的医療機関では各州の管轄のもとに病院プランに基づく医療改革が実施されている。ドイツの公的及び民間医療機関は，病院プランに申請された補助金に従って，配分された補助金によって運営される。連邦（国）・

おわりに　15

州からの補助金に対する民間医療機関と公的医療機関では，どのような会計制度が適用されるのかについて考察する。

　わが国の公立病院改革について，第2節から第5節で述べた視点から考察することで，公から民への組織変更が医療領域の経営改善にどのような影響を及ぼしているかについて，会計制度と実務の観点から改革の現状を考察する。その際に組織変更から生じる会計制度が，医療経営に影響を及ぼす会計処理を財務諸表から明らかにしたい。

　すなわち本書は「組織形態と会計制度の整備」の視点から，医療経営改善のための会計制度整備を企業会計との関係から探究する。その事例として，ドイツにおける行政領域への企業会計の導入の位置づけ（第11章～第14章）に遡及し，組織替え，組織再編から生じる法規定が適用される「資本の部」に焦点をあてて，会計上の基本概念が「差額」概念に移行した現状を探究した。それが，本書で「資本の部」に焦点をあてた理由の1つである。それとともに公立病院が地独法化することは，会計上どのような変化が生じるのか，に着目する。次章では，すでに企業会計を導入して独法化した国立病院機構の資金調達と会計についてみていくことにする。

[注]

（1）　ドイツ憲法（基本法）第2条［人格の自由，人身の自由］
　　（1）　何人も，他人の権利を侵害せず，かつ憲法の秩序または道徳律に違反しない限り，自らの人格の自由な発展を求める権利を有する（http://www.fitweb.or.jp/~nkgw/dgg）。
（2）　ドイツ憲法（基本法）第28条［ラントの憲法および市町村の自治の保障］
　　（1）　ラントの憲法の秩序は，この基本法の意味における共和制的，民主的および社会的法治国家に適合しなければならない。ラント，郡および市町村においては，国民は，普通，直接，自由，平等，秘密の選挙に基づく代表機関を有しなければならない。郡および市町村の選挙においては，ヨーロッパ共同体の構成国の国籍を有する者も，ヨーロッパ共同体法に基づいて選挙権および被選挙権を有する。市町村においては，市町村集会が，選挙された団体に代わることができる（http://www.fitweb.or.jp/~nkgw/dgg）。
（3）　ドイツでの医療改革に係る研究では，現代においても経済性と対比して論じられて

16　序　章

いる。Ernst Forsthoff 等によって，国家法や行政法の概念が議論されている一方，近年のドイツ研究では，Jensen, Hennig（2015）*Kommunale Daseinsvorsorge im europäischen Wettbewerb der Rechtsordnungen*, Tübingen. が詳細な論究をしている。用語の説明では，「国民への公共のサービスの提供」として定義づけられている（Gabler *Wirtschaftslexikon*）。わが国では，社会保障法と憲法の関係で，「生存権」として紹介されている（参照：印南一路編著（2011）『医療政策』東洋経済新報社，224 頁）。

（4）　拙稿（2014a）。

（5）　厚生労働省，統計要覧（http://www.mhlw.go.jp）・平成 26 年（2014）医療施設（静態・動態）調査・病院報告概況，統計表 2：開設者別にみた病院病床数の年次推移，40 頁。医療機関の開設別の内訳は第 1 章表 2 参照。

（6）　岩淵豊著（2013）『日本の医療政策』中央法規，18-19 頁。

（7）　同上，19 頁。地域医療再生基金は，都道府県が毎年度基金を取り崩しながら，地域医療再生の計画的な取り組みを実施していくしくみになっている。

（8）　同上，27 頁。

（9）　アメリカの CON 規制は医療機関の活動に政府が関与する契機となった法理とされ，医療提供体制における医療費の抑制のために整備された法律である。この法律は，人口密度に基づく医療提供を定めているが，「医療費だけではなく，医療の設備投資である資本投資についても規制していた」とされている。同法は，第二次世界大戦後に病院の老朽化と病床不足が深刻化するなか，連邦政府が積極的に医療機関の建設・改善を行う目的で制定された（飛田英子稿「医療計画の実効性を高めるためにアメリカ CON 規制から学べ」JR I レビュー 2014 Vol. 4, No. 14.1-17 頁参照）。

（10）　Deutsche Krankenhaus Gesellschafts, *Bestandsaufnahme zur Krankenhausplanung und Investitionsfinanzierung in den Bundesländern-Stand*, Dezember 2019, S. 23.

第Ⅰ部　わが国の国公立病院経営改革の動向

第1章

わが国の国立病院改革における
資金調達のしくみと会計

は　じ　め　に

　旧国立病院が独法化するまで，表3で示すような組織の再編成において不採算経営の病院は廃院或いは統合等によって病院数が減らされてきた。それにともない戦後から独法化するまで，厚労省の統計資料からみても明らかなように，医療政策上も病床数も減らされてきた。その間，医療政策が実施され，旧国立病院が独法化によってどのような会計処理が行われるのかが注目される。

　本章では，旧国立病院が組織編成とともに特別会計から企業会計へ移行することで，財務諸表にどのような影響が及び，企業会計の導入によって何が変化したのか，2004（平成16）年以降，国立病院の独法化後10年間の財務諸表を取り上げ考察する。その際に，財務諸表の会計数値と補助金の会計処理を取り上げるが，実際に独立した組織として運営されているのかを考察する。

　わが国の医療機関の規模は病床数によって示され，また病床数と人口数が医療政策に影響することから，厚労省の統計資料を中心に，まずわが国の開設者別の医療機関数及び規模をみておくことにする。

第1節　わが国の開設者別の医療機関の現状

　わが国の開設別の医療機関の種類と施設数は，表1に示すとおりである。病

20　第 1 章　わが国の国立病院改革における資金調達のしくみと会計

表 1　開設別病院数の動向

各年度 10 月現在

開設者 病床規模	施　設　数						
	平成 20 年	平成 23 年	平成 26 年	平成 29 年	令和元年	令和 2 年	令和 3 年
	2008	2011	2014	2017	2019	2020	2021
	開　設　者　別						
病院	8,794	8,605	8,493	8,412	8,300	8,238	8,205
国	276	274	329	327	322	321	320
公的医療機関	1,320	1,258	1,231	1,211	1,202	1,199	1,194
社会保険関係団体	122	121	57	52	51	49	47
医療法人	5,728	5,712	5,721	5,766	5,720	5,687	5,681
個人	476	373	289	210	174	156	137
その他	872	867	866	846	831	826	826
一般診療所	99,083	99,547	100,461	101,471	102,616	102,612	104,292
国	589	585	532	532	537	537	545
公的医療機関	3,743	3,632	3,593	3,583	3,522	3,523	3,997
社会保険関係団体	665	581	513	471	450	443	436
医療法人	34,858	36,859	39,455	41,927	43,593	44,219	45,048
個人	48,067	46,227	43,863	41,892	41,073	40,310	40,304
その他	11,161	11,663	12,505	13,066	13,441	13,580	13,962

（出所）　厚生労働省，「医療施設動態調査（2021（令和 3）年 3 月末概数)」抜粋。

院は，入院のための 20 床以上の病床を有する施設をいうが，診療所は外来の
みで，入院施設をもたない無床の施設である。ただし 19 床以下の病床を有す
る場合には有床診療所とされる[1]。本書では，病院経営に影響する医業収益が
大部分を占める病院の部門における一般病床を対象とし，表 2 で示す公立病院
（都道府県・市町村）の経営改革を研究の対象としている。表 1 と表 2 は，2004
（平成 16）年国立病院機構の独法化後，最近の動向を示している。

　厚労省の病院施設動態調査（表 1）に示されるように，病院の施設は将来の
人口減少に向けて減らさせる傾向にあり，それにともない一般病院の割合も減
少している。一方，一般診療所は増加傾向にある。その増加傾向は，病院から

第1節　わが国の開設者別の医療機関の現状　*21*

表2　開設者別病院数と病床数

令和4年2月末現在

病　　　　院	施設数	病床数
総数	8,193	1,498,000
国　厚生労働省	14	4,168
独立行政法人国立病院機構	140	52,551
国立大学法人	46	32,712
独立行政法人労働者健康安全機構	32	11,944
国立高度専門医療研究センター	8	4,078
独立行政法人地域医療機能推進機構	57	15,259
その他	22	3,492
都道府県	196	51,216
市町村	603	121,527
地方独立行政法人	114	44,535
日赤	91	34,611
済生会	83	22,564
北海道社会事業協会	7	1,622
厚生連	100	31,619
国民健康保険団体連合会	—	—
健康保険組合及びその連合会	7	1,569
共済組合及びその連合会	39	12,957
国民健康保険組合	1	320
公益法人	195	48,671
医療法人	5,677	836,774
私立学校法人	113	56,026
社会福祉法人	198	33,520
医療生協	80	13,194
会社	28	7,904
その他の法人	207	43,033
個人	135	12,134

（出所）厚生労働省，医療施設動態調査（2022（令和4）年2月末概数）より抜粋。
資料：統計情報部「医療施設調査」

在宅医療への医療政策が進められ，基幹病院から「かかりつけ医院」へ患者の流れをつくる医療政策が予想できる。その医療政策から民間医療機関（医療法人）の一般診療所は増加傾向にある。

表2に示す統計資料のうち，行政改革によって独法化した国立病院機構と「公立病院改革ガイドライン」の対象となる医療機関は網掛けに入る。

わが国の旧国立病院は，独法化後は国立病院機構として国の補助金を受け入れるにあたり，監査法人の監査を受けた後に，経営の現状を一般に開示することが求められている。そのため独立行政法人会計基準に従って，財務諸表を作成し，各年度別の決算書を開示している。監査に際して，その財務諸表を公認会計士が監査をして，厚生労働大臣に監査報告書を提出している。すなわち，法人化後は，補助金と診療報酬による医業収益等を含め，当該機構の資金の流れについて透明性が求められていることによる。補助金の会計処理と資金調達のしくみがどのように透明化されたのかについてみていくことにする。

まず旧国立病院の独法化後の財務諸表には，独立行政法人会計基準が適用されることとなる。当該基準の会計処理には，企業会計原則が基礎となっている。一方厚労省は，企業会計原則を基礎とした病院会計準則を公表している（第2章表3）。この病院会計準則の公表のねらいは，わが国のさまざまな組織形態の医療機関に対して，統一した会計基準による会計処理を実施することで，各医療機関との経営比較のために，また病院規模別及び医療業種別の経営改善のための目標数値を設定して，経営改善を実施することにある。したがって病院会計準則に統一することは，民間の医療機関を含めた他の医療機関との経営比較を可能とし，各病院病床規模別の数値目標を目安として，これまでの医療経営の改善に向けた政策を可能にすることにもなる[2]。

国公立病院を中心とした経営改善に企業会計がどのように導入され，その会計制度は，どのように医療経営改善に影響しているのか，第2節では国立病院の独法化に際して，独法化後の10年間の財務諸表をみていくことにしよう。

第2節　国立病院の経営改革の背景

　中央省庁の再編という行政改革の一環である旧国立病院の独法化は，本部を中心として，各地域における143の国立病院機構の医療経営改革が実施されることとなった。これまで採算のとれない運営を行う多くの旧国立病院は廃院或いは統合され，2004（平成16）年に143の国立病院数に減らされて，独立行政法人国立病院機構に再編された[3]（第1章表3）。その際，143の国立病院機構の経営に企業会計が導入されたことは，財務諸表の作成及び監査・公開という一連の手続きの会計制度に新しく整備されることとなった。

　この国立病院機構は，日本全土（九州ブロック・中国四国ブロック・近畿ブロック・東海ブロック・関東信越ブロック・北海道東北ブロック）に所在し，その数は6ブロックと本部からなる。本部の国立病院機構は，2005（平成17）年以降143機構（2022（令和4）年140機構）の財務諸表を開示している。独法化した各地域の国立病院機構は，特別会計から企業会計原則へ移行し，財務諸表を作成している。したがって「独立行政法人は他に合理的な理由がない限り，この基準及び注解に定めるところに従わなければならないが，そこに定められていない事項については一般公正妥当と認められている企業会計原則に従うこととなる」（「独立行政法人会計基準の設定について」［2000（平成12）年2月16日付]）[4] としている。

　当該機構は企業会計を導入したことから，各病院共通の会計処理によって，部門別決算，月次決算を行い，貸借対照表と損益計算書，キャッシュ・フロー計算書を作成しており，これらの財務諸表が国立病院機構のHPで公開されている。そのことによって，各病院機構が経営状況を分析し，経営比較を行うことによって経営改善を進めることができるようになった。

　また当該機構の資金調達方法は国立病院機構の本部を中心として，図1のようなしくみで資金運営がなされ，直接及び間接金融による資金調達が行われる。それは，上場企業が資金調達をするために債券を発行して，投資家に対し

図1 国立病院機構の資金調達のしくみ

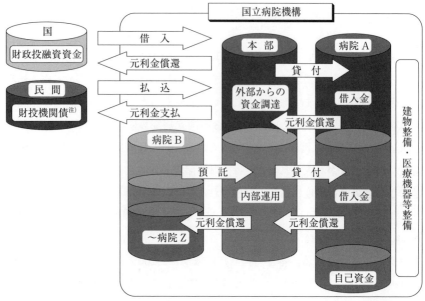

(出所)独立行政法人国立病院機構(http://www.hosp.go.jp)[2014年6月7日付]HPより抜粋。
注)財投機関債とは,財投機関が民間の資本市場で発行する債券であり,政府が元本や利子の支払いを保証していない公募債券をいう(財務省HP)。

て情報開示が義務づけられているのと同様に,2005(平成17)年以降,当該機構は債券を「独立行政法人国立病院機構法」(2002(平成14)年12月31日法律第191号[以降,機構法])第16条に基づき,厚生労働大臣の認可を受けて債券を発行して資金を調達する(現在は停止)。この債券発行には債券発行説明書を公表し,その説明には,政府保証が付与されていない公募債券として,証券取引法[2007(平成19)年9月30日以降:金融商品取引法]第3条(1948(昭和23)年4月13日法律第25条)が適用される[5]。この証券取引法[現:金融商品取引法]が適用された財務諸表は,自治体開設の公立病院とは完全に異なり,投資家保護を基礎とするものであり,当該機構は政府の全額出資(約1,442億4千万)を資本金として,病院数143病院(病床数59,714床:2009(平成21)年当時)[6]に対

して，上場企業とほぼ同様の財務諸表の開示が義務づけられた（現在，債券発行停止）。

　他方，当該機構は国の監督のもとで運営されていることから，独法化当初は運営費交付金，施設整備費補助金，政府からの借入金等の資金調達を行っている。そのことからも補助金の受け入れからみて，資金面は，国から独立しているわけではないといえよう。

　当該機構は，特別会計から上場企業のような外部資金調達のための投資家保護を基礎とする企業会計へと移行したことにより，証券取引所に上場する企業と同様の財務諸表の作成，監査及び公開の会計制度が整備された。

　第3節では当該機構の独法化後，直接金融及び間接金融をとる国立病院機構の運営資金の調達について考察する。

第3節　国立病院機構の資金調達のしくみ

　国立病院機構の資金源は，1）運営費交付金，2）補助金の他に，図1に示すように，3）財政投融資資金等の借入金からなる[7]。

　1）運営費交付金

　運営費交付金給付の対象となる事業は，診療事業，教育研修事業，臨床研究事業，財政基盤安定化の部門である。

　2）補助金

　補助金としては，医療提供に補足される研究，教育研修等の診療収入をともなわない事業に係る整備，当該機構が担っている政策医療に関する事業に係る整備について，施設整備費補助金が給付される。その例として，非収入部門施設整備事業・特定疾患等部門施設整備事業・耐震強化整備事業・厚生労働省施策施設整備事業・災害普旧事業・不動産購入等の事業に係る補助金である。

　3）財政投融資資金

　医療機器購入，建物整備に係る経費の一部について，財政投融資資金の借入金による資金調達が行われる。

26 第1章　わが国の国立病院改革における資金調達のしくみと会計

　その他に，資金の調達方法として長期借入金・国立病院機構債券（現在停止）がある。機構法（2002（平成14）年法律第191号）第16条に従って，施設の設置，設備又は設備設置に要する経費に充てるために，厚生労働大臣の認可を受けて長期借入金を行うことができる。或いは国立病院機構債券を発行することができる。これらの資金の流れは，図1に示されるように間接金融と直接金融による資金調達が行われることを示している。すなわち当該機構は外部からの資金調達だけではなく，内部で余裕資金のある機関から資金の必要な機関への貸し出しが可能となり，自己金融が行われることになる。この資金の流れから143の国立病院機構の経営状況には，採算性のある事業体と不採算性の事業体との経営上の温度差があっても，それぞれの事業体の間で損益が補填されることで，採算性の有無が是正できる。当該機構の運営には，法人税，所得税，地方税等の一部について，各税法を所管する主税務官庁の定めるところにより，非課税とされる[8]。当該機構の本部は，地域の各機構への資金貸付を担い，その資金調達の原資は，国の財政投融資資金或いは民間金融機関からの財投機関債から借り入れた資金，或いは各地域の機構からの預託資金である。

　以上の国立病院機構の資金の流れにおいて，2004（平成16）年以降，独法化の組織のもとで，特別会計から企業会計へ移行することになった。次に，独法化後，国立病院機構の会計制度はどのように変化したのかについて検討する。

第4節　独法化後の会計制度の枠組み

　当該機構の財務諸表は，独立行政法人通則法（1999（平成11）年法律第103号）第38条第1項[9]により，毎事業年度，財務諸表を作成し，当該事業年度の終了年後3か月以内に厚生労働大臣に提出して，その承認を受けなければならない。なお通則法第39条[10]に従って財務諸表，事業報告書（会計に関する部分に限定）及び決算報告書について，監事による監査の他に，会計監査人の監査を受けなければならない。その会計監査人の選任は厚生労働大臣が行う[11]。

　当該機構の会計制度には，「独立行政法人国立病院機構会計規程」（2004（平

成16）年4月1日規程第34号)[12]において，財務及び会計に関する基準を定め，その業務の適正かつ効率的な運営を図るとともに財政状態と運営状況を明らかにする（第1条）としている。上記の規程の他に，同規程第2条では，財務及び会計に関して，通則法，機構法，独立行政法人国立病院機構の業務運営並びに財務及び会計に関する省令（2004（平成16）年厚生労働省令第77号），その他，関係法令並びに独立行政法人国立病院機構業務方法書等の規程が定められている。

　基本となる会計規程の総則では，1.　会計原則は，原則として企業会計原則によるものとし，具体的には，法律，省令及び業務方法書の規定による個別の定めが優先され，「独立行政法人会計基準」が適用される。その後に「企業会計の基準」が適用される（第2条第2項・通則法第37条・省令第8条）。2.　財務諸表について，貸借対照表，損益計算書，キャッシュ・フロー計算書，利益の処分又は損失の処理に対する書類及び行政サービス実施コスト計算書を作成するもの（通則法第38条，省令第10条・第12条）としている。3.　特別な償却資産について，厚生労働大臣は，減価償却を行わない資産を指定し，その資産は臨床研究部門及び教育研修部門に属する建物，構築物等（省令第9条・厚生労働大臣指定）とする。4.　財産処分について，重要な財産処分（土地及び建物取得原価3億円以上）は，あらかじめ厚生労働省独立行政法人評価委員会を経て，厚生労働大臣の認可が必要である[13]。

　その他，診療部門，臨床研究部門，教育研修部門，その他部門別に区分経理を行い，月次決算を行う経理処理が規定されている。

　以上が，当該機構が独法化によって整備された決算に際しての会計制度である。

　前述したように，企業会計原則に基づく会計制度に至るまでには，表3に示すような変遷過程を経ている。

　1949（昭和24）年6月の国立病院特別会計法の制定（GHQの管轄下）以降，1985（昭和60）年3月国立病院・国立療養所の再編成・合理化の基本指針が策定され，国立病院の役割が明確化された。それとともに，国立病院は独法化に

28　第1章　わが国の国立病院改革における資金調達のしくみと会計

表3　国立病院の特別会計から企業会計への移行過程

昭和24年06月	国立病院特別会計法の制定
昭和27年01月	国立病院の整理方針を閣議決定
昭和27年08月	国立病院特別会計所属の資産の譲渡等に関する特別措置法の制定
昭和43年04月	国立病院特別会計法の一部改正（国立ハンセン病療養所を除く国立療養所を特別会計へ移行）
（行政改革と再編成・政策医療の実施）	
昭和60年03月	国立病院・国立療養所の再編成・合理化の基本指針を策定し，閣議に報告「国立病院の果たすべき役割（政策医療）の明確化と施設の類型化」
昭和61年01月	国立病院・療養所の再編成の全体計画を公表
昭和61年05月	厚生省設置法の一部改正（国立高度専門医療センターを設置）
昭和62年09月	国立病院等の再編成に伴う特別措置に関する法律の制定（10月公布）
平成08年05月	国立病院等の再編成に伴う特別措置に関する法律の一部を改正（5月公布）
平成08年11月	国立病院・療養所の再編成・合理化の基本方針を一部改定，閣議に報告
平成08年12月	行政改革プログラム閣議決定（現業等の整理合理化「国立病院・療養所」）
平成10年06月	中央省庁等改革基本法において，「国の医療政策として行うこととされてきた医療について，真に国として担うべきものに特化」，「高度専門医療センター等を除き独立行政法人に移行すべく検討」と規定
平成11年04月	中央省庁等改革の方針（中央省庁等改革推進本部決定）において，「平成16年度に独立行政法人化」を決定
平成12年12月	行政改革大綱（閣議決定）において，「各施設毎に区分経理する単一の独立行政法人に移行すること」を決定
平成14年12月	「独立行政法人国立病院機構法」成立
平成16年04月	企業会計原則に基づいた財務諸表作成の開始

（出所）　独立行政法人国立病院機構HPより組織再編と会計の移行に係る事項を抜粋。

組織再編され，国立病院と国立療養所の再編が進められた。その後，1999（平成11）年には中央省庁等改革の方針が示された[14]。この行政改革のもとで，当該機構は特別会計から企業会計へ移行した。機構の本部は，各地域における機構への貸付或いは預託を行い，さらに外部資金として，国からの借り入れ（財政投融資資金），債券発行（財投機関債）による資金調達を行うこととなった（図1）。

　このような資金調達は，図1に示すように，本部が中心となって間接金融と直接金融を兼ね備えた資金調達が行われることになる。それにともない資金調達方法が投資家保護を基礎とする会計に移行し，資金調達のため債券が発行さ

れ，さらに債券に対する格付けも行われることとなった（現在は停止）。資金調達のなかで補助金の受け入れは，どのような会計処理が行われるのか，次に，補助金の会計処理を取り上げることにしよう。

第5節　国立病院機構の補助金の会計処理

特別会計から企業会計に移行し，まず財務諸表上，運営費交付金が削減されていることが明らかになる。この運営費交付金は，以下のような会計処理（独立行政法人会計基準第81条）で行われる[15]。

(1) 運営費交付金が現金で支給された時，それは運営費交付金債務として処理される。

（借方）現　　　金　　　×××　（貸方）運営費交付金債務　×××

(2) 運営費交付金で固定資産を現金で購入した時，運営費交付金債務は資産見返運営費交付金に振り替える。

（借方）固 定 資 産　　　×××　（貸方）現　　　金　　　×××
（借方）運営費交付金債務　×××　（貸方）資産見返運営費交付金×××

(3) 運営費交付金で購入された固定資産は減価償却をしなければならないことから，減価償却に見合う資産見返運営費交付金を収益化する。つまり固定資産の減価償却をした場合における資産見返運営費交付金（費用）と資産見返運営費交付金戻入（収益）の対応処理が行われる。

（借方）減価償却費　　　×××　（貸方）減価償却累計額　　×××
（借方）資産見返運営費交付金×××　（貸方）資産見返運営費交付金戻入
　　　　　　　　　　　　　　　　　　　　　　　　　　　　　　×××

以上のような会計処理において，資産見返運営費交付金戻入（表4）は，固定資産の減価償却に際して生じる。この事例を財務諸表からみていくことにする。

表4で示すように，運営費交付金収益は，2004（平成16）年から2011（平成23）年までとなっている。しかし運営費交付金で購入した固定資産が除去され

30 第1章　わが国の国立病院改革における資金調達のしくみと会計

表4　国立病院機構の法人化10年間の運営費交付金と医業収益の推移

(単位：千円)

年度 会計項目	2004年 H16	2005年 H17	2006年 H18	2007年 H19	2008年 H20	2009年 H21	2010年 H22	2011年 H23	2012年 H24	2013年 H25
診療業務収益	688,573,290	709,477,763	711,084,398	742,486,387	752,619,869	776,068,267	826,830,192	842,471,701	864,232,288	887,420,460
医業収益	682,648,048	700,436,455	700,017,502	731,184,138	740,893,054	762,560,088	815,171,516	834,206,599	855,191,000	878,062,598
運営費交付金収益	3,516,576	3,992,352	4,502,850	5,526,361	6,542,244	7,372,699	4,436,415	407,589		
資産見返運営費 交付金戻入					20,943	233,131	482,540	532,847	530,926	505,833
保険等査定減		2,321,203	2,036,976	1,928,530	1,830,412	1,738,851	1,992,960	2,193,947	2,526,993	2,767,837

(出所)　独立行政法人国立病院機構：平成16年度～平成25年度財務諸表より作成した。千円以下は四捨五入している。

るまで減価償却が続くことから，固定資産購入後は，経営における費用負担が
増加することとなる。その他に，表4で，年度損益にマイナスの影響があるの
は，むしろ保険等査定減である（第3章図1）。

　しかし国立病院の経営改善の1つの経営指標である医業収益は上昇傾向にあ
る。当該機構は独法化して，どのように医業収益は上昇したのか，次に，独法
化によって生じた医業収益の上昇の根拠を検討することにする。

第6節　経営状況の改善策

　これまでの経営改善には，当該機構の主な改革案として，1）組織のスリム
化，2）余剰資産等の売却，3）財政支出の削減，4）その他等が挙げられてい
る。これらの改革の特徴としていえるのは，基本的には費用削減が基礎となっ
ていることである。したがって，増益に努める一方で，費用削減が行われ，期
間利益の増大がめざされている。

　まずは，人件費の削減のために，以下のような政策が行われている。

　1）人件費の削減のために組織のスリム化

　国家公務員の削減は，2009（平成21）年50,043人，2010（平成22）年51,058
人を削減し，2011（平成23）年には約5万人（一般職15％）が削減される。

　2）遊休資産の除去のために，余剰資産等の売却

　病院の統廃合等による再編により，57億相当の国立病院の跡地を国庫に納

付した。

3）財政支出の削減

2009（平成21）年には75億，2010（平成22）年には49億，2011（平成23）年には19億の運営費交付金が削減された。これは診療事業に充てられる運営費交付金の61％を減らすこととなる。退職給付債務347億の一部180億を国支払いに移行して財政支出を削減する。

4）その他

契約の適正化，共同購入を行い，医療品リストの見直し及び医療機器の機種拡大等に取り組むことで，診療部門（事業）等に要する費用の削減を図るとしている[16]。

以上のような改革案[17]を実施したうえで，会計上の経営改善は，当該機構の財務諸表には，どのように影響しているのか，財務諸表でみていくことにする。

財務諸表（2013（平成25）年4月）では，143病院（一般病院45,784，療養病床120，結核病床1,878，精神病床4,065，感染病床50，計51,897）の診療事業，臨床事業，教育研修事業が，損益計算書で部門別に作成されている。

業務運営の効率化を示す経営指標として，経常収支率はほぼ105％以上を達成したとされる。また決算報告書の説明では，支払利息の費用削減は借入金の縮小が影響している。これは外部資金に頼ることなく，内部資金を活用している結果と考える。さらに長期借入金残高は法人化当初（2004（平成16）年）は，7,605億，2012（平成24）年には4,579億に削減することができた[18]としている。

以上の改革案に基づき当該機構の経営改善が実施されたことが示された。その改善として，当該機構の財務諸表［平成16年度（第1期事業年度）–平成25年度（第10期事業年度）］の間で，当該機構の独法化後，貸借対照表と損益計算書には，どのような影響がみられるかを考察することにする。

各地域の143機構（6ブロック）は，本部のHPに貸借対照表，損益計算書，キャッシュ・フロー計算書を開示している。また本部は，143機構を統括した決算書，つまり貸借対照表，損益計算書，キャッシュ・フロー計算書，損失の

32　　第 1 章　わが国の国立病院改革における資金調達のしくみと会計

処理に関する書類，行政サービス実施コスト計算書を開示している。財務諸表の本体の他に，注記事項，重要な会計方針について説明され，添付書類として収支決算報告書，監事の意見，会計監査人の意見，施設別財務書類及び事業報告書等が開示されている。

　次に，統括貸借対照表及び損益計算書には，独法化後の企業会計導入の影響がみられるかを探究することにしよう。

1.　貸借対照表分析

　表 5 の貸借対照表上の「負債の部」からみて，2010（平成 22）年までは国立病院機構債券が発行され，また長期借入金は，表 5 に示すように，減少傾向にある。2004（平成 16）年度決算期の財務諸表では，2004（平成 16）年の長期借入金は，財政投融資資金と施設整備資金貸付金からなる。しかし施設整備貸金は 2006（平成 18）年で返済を終了し，それ以降，2014（平成 26）年の財務諸表では，2013（平成 25）年までの長期借入金は財政投融資資金である。

　当該機構の債券が 2005（平成 17）年から 2010（平成 22）年の間に発行されているためか，長期借入金は減少傾向にある。

　表 6 は，当該機構の貸借対照表の「資本の部」を示したものである。2006（平成 18）年度は，表 6 に示されるように，これまでの欠損金の繰り延べを解消したことで，2006（平成 18）年度は赤字経営から黒字経営への転換期となった。

表 5　国立病院機構の法人化 10 年間の長期借入金の推移

（単位：千円）

B/S	2004 年度 H17 年 3 月 31 日	2005 年度 H18 年 3 月 31 日	2006 年度 H19 年 3 月 31 日	2007 年度 H20 年 3 月 31 日	2008 年度 H21 年 3 月 31 日	2009 年度 H22 年 3 月 31 日	2010 年度 H23 年 3 月 31 日	2011 年度 H24 年 3 月 31 日	2012 年度 H25 年 3 月 31 日	2013 年度 H26 年 3 月 31 日
長期借入金	702,614,808	672,215,127	638,176,193	589,773,958	541,903,258	493,918,863	464,972,624	432,864,152	417,843,209	391,510,897
退職給付引当金	21,233,332	40,219,445	58,765,935	76,691,086	92,932,256	109,406,546	123,299,107	277,441,017	276,475,071	273,196,772
国立病院機構債券		3,000,000	6,000,000	8,000,000	5,000,000	2,000,000	2,000,000			
負債総額	912,547,811	897,372,110	887,230,140	866,449,182	828,341,475	806,743,727	795,779,800	932,227,996	913,583,504	887,236,617

（出所）　独立行政法人国立病院機構：平成 16 年度—平成 25 年度財務諸表より作成した．千円以下は四捨五入している．

表6　国立病院機構の法人化10年間の「資本の部」の推移

(単位：千円)

B/S	2004年度 H17年 3月31日	2005年度 H18年 3月31日	2006年度 H19年 3月31日	2007年度 H20年 3月31日	2008年度 H21年 3月31日	2009年度 H22年 3月31日	2010年度 H23年 3月31日	2011年度 H24年 3月31日	2012年度 H25年 3月31日	2013年度 H26年 3月31日
政府出資金	144,240,592	143,758,277	143,758,277	143,758,277	143,758,277	195,608,277	212,958,277	209,945,409	208,174,740	208,174,740
資本剰余金	97,639,949	113,856,066	120,049,349	127,523,794	139,152,284	195,293,843	199,211,324	226,218,965	226,705,743	225,930,814
当期未処理損失	△1,560,864	△1,233,808						△100,798	△237,114	
当期未処分利益			7,741,204	23,892,037	29,995,994	34,755,730	49,531,483			1,816,725
当期総利益	△1,560,864	327,056	8,975,013	23,892,037	29,995,994	34,755,730	49,531,483	△100,798,090	41,872,785	2,053,839
繰越欠損金	△1,560,864	△1,233,808						△42,109,899	△237,114	
利益剰余金			7,741,204	31,633,241	53,888,031	34,755,730	84,287,214			1,816,725

(出所)　独立行政法人国立病院機構：平成16年度—平成25年度財務諸表より作成した．千円以下は四捨五入している．

　また2006（平成18）年度から2010（平成22）年度まで利益剰余金が設定され，2005（平成17）年度から2010（平成22）年度までに，企業会計導入後，従来の損失から利益へ経営改善され，それにともない繰越欠損金が解消したことになる。しかし，2011（平成23）年度には，前述した臨時損失が多額に生じ，そのため，2011（平成23）年度には再度当期純損失となり，繰越欠損を繰り越すこととなる。2013（平成25）年度の経営は当期純利益となり，利益剰余金が積み立てられている。

　「資本の部」で，臨時損失が生じている理由として，2011（平成23）年度，注記事項の重要な会計方針には，整理資源負担金を計上したためである[19]とされる。従来，整理資源負担金は，運営費交付金を財源として支出していたが，2012（平成24）年度より医業収益を財源として支出することになった[20]。この財務諸表における注記事項から，「臨時損失×××　退職給付引当金×××」と会計処理されたことで，臨時損失額が大きくなったと判断される。

　次に，貸借対照表の「資産の部」について，診療材料の在庫は，総資産額との割合からみて減少傾向にある。それに対して医薬品の在庫状況はほぼ平均的に安定している（表7）。

　また固定資産については，減価償却累計額による償却が示されるが，表7では建物及び医療用器機に設定される減価償却累計額の他に，2006（平成18）年

表 7 国立病院機構の法人化 10 年間の「資産の部」の推移

(単位：千円)

B/S		2004 年	2005 年	2006 年	2007 年	2008 年	2009 年	2010 年	2011 年	2012 年	2013 年
		平成 16 年度	平成 17 年度	平成 18 年度	平成 19 年度	平成 20 年度	平成 21 年度	平成 22 年度	平成 23 年度	平成 24 年度	平成 25 年度
債権	医業未収金	109,344,240	112,225,720	115,075,702	120,736,550	122,282,963	129,110,262	136,835,593	142,552,180	142,808,645	145,212,842
	資産総額	1,150,569,787	1,149,016,508	1,151,868,862	1,160,129,314	1,154,512,654	1,219,566,519	1,277,071,795	1,309,277,466	1,329,204,734	1,320,061,282
	医業未収金/資産総額（％）	9%	9%	10%	10%	11%	11%	11%	11%	11%	11%
棚卸資産	医薬品	3,477,675	3,180,015	3,198,240	3,131,286	3,215,012	3,342,986	3,790,867	3,542,941	3,820,078	4,434,211
	医薬品/資産総額（％）	0.30%	0.26%	0.28%	0.27%	0.28%	0.27%	0.30%	0.27%	0.29%	0.34%
	診療材料	3,106,044	2,551,728	2,280,290	2,038,185	1,917,479	1,898,632	1,853,232	1,657,098	1,642,590	1,637,833
	診療材料/資産総額（％）	0.27%	0.21%	0.20%	0.18%	0.17%	0.16%	0.15%	0.13%	0.12%	0.12%
	資産総額	1,150,569,787	1,219,566,519	1,151,868,862	1,160,129,314	1,154,512,654	1,219,566,519	1,277,071,795	1,309,277,466	1,329,204,734	1,320,061,282
固定資産	固定資産総額	942,946,447	924,199,003	915,459,411	914,318,116	923,062,142	964,893,175	968,221,004	974,054,664	994,285,636	1,029,658,293
	固定資産総額/資産総額（％）	82%	76%	79%	79%	80%	79%	76%	74%	75%	78%
	建物	393,986,176	419,899,579	428,659,406	439,632,810	473,338,748	535,002,864	550,020,941	575,798,504	611,649,732	664,776,299
	減価償却累計額	31,613,843	65,150,222	89,498,250	112,256,196	133,363,811	154,954,719	176,156,593	198,755,530	220,602,633	242,183,078
	減価償却累計額/建物（％）	8.02%	15.52%	20.88%	25.53%	28.18%	28.96%	32.03%	34.52%	36.07%	36.43%
	減損損失累計額			800,552	968,489	4,973,986	5,189,905	3,664,788	5,006,106	7,160,978	8,622,996
	建物/資産総額	34%	34%	37%	38%	41%	44%	43%	44%	46%	50%
	医療用器械備品	57,128,100	69,709,427	85,657,344	97,745,888	111,365,350	133,667,451	150,561,672	169,321,491	193,291,571	220,257,346
	減価償却累計額	14,466,001	30,665,641	43,404,013	55,089,843	65,273,452	76,206,951	89,665,664	105,230,729	121,439,948	136,725,915
	減価償却累計額/医療用器械備品（％）	25.32%	43.99%	50.67%	56.36%	58.61%	57.01%	59.55%	62.15%	62.83%	62.08%
	医療用器械備品/資産総額（％）	4.95%	5.72%	7.44%	8.43%	9.65%	10.96%	11.79%	12.93%	14.54%	16.69%
	土地	478,406,609	480,018,746	479,228,303	479,270,859	479,709,893	479,707,445	479,163,109	475,556,879	474,474,439	474,887,054
	減損損失累計額				99,845	587,847	587,847	1,156,135	2,908,960	2,908,960	6,211,340
	土地/資産総額（％）	41%	39%	42%	41%	42%	39%	38%	36%	36%	36%
破産更生債権	破産更生債権等	3,053,259	2,966,194	2,780,152	2,952,042	2,970,469	2,790,524	2,644,185	2,542,587	2,252,801	2,085,093
	破産更生債権等/資産総額（％）	0.26%	0.24%	0.24%	0.25%	0.26%	0.23%	0.21%	0.19%	0.17%	0.16%
	資産総額	1,150,569,787	1,149,016,508	1,151,868,862	1,160,129,314	1,154,512,654	1,219,566,519	1,277,071,795	1,309,277,466	1,329,204,734	1,320,061,282

（出所）独立行政法人国立病院機構：平成 16 年度～平成 25 年度財務諸表より作成した。千円以下は四捨五入している。

第6節　経営状況の改善策　　*35*

度財務諸表に減損損失累計額が設定されているのが特徴的である[21]。その結果，資産総額に占める建物及び土地の固定資産の割合が高いといえる。

2. 損益計算書分析

　次に，改革案に示されている費用削減と効率性について，損益計算書（表8）には，どのような影響があるのかについてみていくと，まず企業会計が導入されていることの特徴の1つは，診療業務別，教育研修業務別，臨床業務別に部門別収益（セグメント別情報）が区分表示されていることである。経営改善に各部門の管理が有用な情報となっている。各業務別の医業収益は上昇傾向にある。それに対して，運営費交付金収益は減少傾向にある。そのことから，経営改善の効果が表れているといえよう。

　医療機関の中心的業務である診療業務に焦点を絞ると，人件費対医業収益率は約50%を維持し，数字的には下降傾向にある。医薬品費対医業収益率は約13%を維持している。減価償却費対医業収益率は約6～7%を維持していることから，総務省が示している公立病院の経営指標目標に近い数字といえる。

　しかし財務諸表における会計数値だけでは判断できないことも注意すべきである。それは会計数値だけの目標値に近づけるためには比率の分母を増やすか，或いは分子を減らすことで，比率は調整できるからである。会計数値の他に「質」の観点からの分析が必要となる。その例としては，人件費対医業収益比率の場合にみられる事例である。従業員数を減らすことで，人件費対医業収益比率を下げることが可能である。というのは，医療サービスの場合には，一般的に患者を取り巻く人件費比率が高い。しかしこの人件費を引き下げることが，どれだけ「医療サービスの質」を維持できるかについて課題が残る。医療機関は医療サービスを提供することから，人件費率ではほぼ50%が目安にされる根拠である。以上が主たる診療業務における病院の損益計算書の経営分析の結果である。

　医業収益に対する人件費，医療材料費，医薬品費，減価償却費，経費，水道費等の割合について示したのが，表8である。

36

表 8　国立病院機構の法人化 10 年間の「損益の部」の推移

(単位：千円)

部門別		年度	2004 年 H16	2005 年 H17	2006 年 H18
収益部		経常収益	746,059,333	766,475,319	767,665,830
診療業務	診療業務収益		688,573,290	709,477,763	711,084,398
	医業収益		682,648,048	700,436,455	700,017,502
	運営費交付金収益		3,516,576	3,992,352	4,502,850
	資産見返運営費交付金戻入				
	保険等査定減			2,321,203	2,036,976
教育業務研修	教育研修業務収益		3,240,085	3,817,252	4,164,355
	看護師等養成所収益		2,898,790	3,414,093	3,661,727
	研修収益		224,171	314,664	354,096
	運営費交付金収益		30,758	30,758	11,270
究臨業床務研	臨床研究業務収益		6,423,799	7,369,076	8,225,040
	研究収益		2,446,341	2,955,511	3,393,050
	運営費交付金収益		3,055,297	4,257,956	4,637,451
その他の経常収益			47,822,158	45,811,229	44,192,037
財務収益		受取利息	1,644	3,109	250,397
土地建物等貸付料収入			708,975	726,433	770,034
宿舎貸付料収入			1,073,900	1,121,766	1,140,267
運営費交付金収益			44,951,034	42,638,598	40,633,993

部門別		年度	2004 年 H16	2005 年 H17	2006 年 H18
費用部		経常費用合計	745,863,065	762,911,653	755,258,766
診療業務	診療業務費用		658,762,716	679,225,152	674,485,391
		診療業務費用/診療業務収益(%)	95.67%	95.74%	94.85%
	給与費		367,457,329	373,694,056	375,661,967
		給与費/医業収益 (%)	53.83%	53.35%	53.66%
	材料費		159,496,529	164,980,171	165,876,791
		材料費/医業収益 (%)	23.36%	23.55%	23.70%
	医薬品費		89,413,814	92,545,869	93,402,910
		医薬品費/医業収益 (%)	13.10%	13.21%	13.34%
	整備関係費		69,615,215	80,845,590	71,895,359
		整備関係費/医業収益 (%)	10.20%	11.54%	10.27%
	減価償却費		55,486,811	59,024,497	46,978,324
		減価償却費/医業収益 (%)	8.13%	8.43%	6.71%
	経費		33,773,253	28,468,408	29,494,604
		経費/医業収益 (%)	4.95%	4.06%	4.21%
	水道光熱費		13,731,821	15,660,569	16,082,594
		水道光熱費/医業収益 (%)	2.01%	2.24%	2.30%
修教業育務研	教育研修業務費		6,733,609	7,170,877	7,367,174
	給与費		5,275,209	5,382,614	5,394,310
	水道光熱費		265,263	298,861	282,365
臨業床務研修	臨床研究業務費		7,759,477	8,394,904	8,943,532
	給与費		2,979,178	3,837,682	4,046,304
	材料費		936,982	903,640	886,936
	経費		3,843,317	3,653,582	4,010,292
一般管理費			48,996,916	43,369,705	43,300,787
給与費			47,943,041	42,507,904	42,646,098
経費			1,053,875	861,800	654,689
その他経常費用合計			23,610,347	24,751,016	21,161,881
支払利息			21,911,165	20,383,852	18,873,444
臨時利益			23,277,135	654,641	790,487
臨時損失			25,034,266	3,891,250	4,222,538
当期純利益				327,056	8,975,013
当期純損失			1,560,864		

(出所)　独立行政法人国立病院機構：平成 16 年度—平成 25 年度財務諸表より主要な項目を抜粋して作成. 千円以下は四捨五入.

（単位：千円）

2007 年 H19	2008 年 H20	2009 年 H21	2010 年 H22	2011 年 H23	2012 年 H24	2013 年 H25
798,927,879	807,804,186	827,002,569	879,574,587	891,550,516	908,455,098	926,042,952
742,486,387	752,619,869	776,068,268	826,830,192	842,471,702	864,232,288	887,420,460
731,184,139	740,893,054	762,560,088	815,171,516	834,206,599	855,191,000	878,062,598
5,526,361	6,542,244	7,372,699	4,436,415	407,589		
	20,943	233,131	482,540	532,847	530,926	505,833
1,928,530	1,830,412	1,738,851	1,992,960	2,193,947	2,526,993	2,767,837
4,139,445	4,205,605	5,598,755	5,174,126	5,064,143	5,079,906	5,117,671
3,949,409	4,032,976	4,310,051	4,369,924	4,296,438	4,270,021	4,299,511
97,305	126,861	111,000	102,628	105,831	112,993	120,739
17,200	20,328	1,118,569	629,473	620,405	636,274	635,869
9,385,717	10,799,003	11,709,060	10,823,522	8,978,762	9,770,045	10,678,238
4,242,166	4,877,034	5,288,470	5,726,533	5,408,314	6,273,361	6,761,665
4,895,674	5,688,069	5,941,525	4,731,158	3,124,425	3,038,627	2,940,644
42,916,330	40,179,709	33,626,486	36,746,746	35,035,910	29,372,859	22,826,583
763,632	683,150	449,079	324,415	381,476	291,371	157,634
891,313	764,645	801,514	768,126	807,896	872,328	945,559
1,078,617	1,024,239	987,999	936,091	907,576	861,784	856,933
38,562,363	36,282,521	29,766,701	33,194,933	31,449,071	25,820,733	19,441,397
2007 年 H19	**2008 年 H20**	**2009 年 H21**	**2010 年 H22**	**2011 年 H23**	**2012 年 H24**	**2013 年 H25**
770,005,334	768,566,034	788,242,387	821,265,151	845,786,460	858,630,141	894,363,099
691,694,853	697,909,213	722,879,997	753,536,410	780,816,528	799,183,188	835,656,936
93.16%	92.73%	93.15%	91.14%	92.68%	92.47%	94.17%
386,954,114	387,752,058	402,001,750	412,916,338	426,730,015	432,547,847	444,461,369
52.92%	52.34%	52.72%	50.65%	51.15%	50.58%	50.62%
172,682,822	174,184,006	182,953,728	192,098,885	199,175,003	203,092,362	213,356,332
23.62%	23.51%	23.99%	23.57%	23.88%	23.75%	24.30%
96,920,811	98,228,933	103,727,103	111,008,612	116,119,604	118,561,790	124,556,423
13.26%	13.26%	13.60%	13.62%	13.92%	13.86%	13.86%
68,801,927	67,569,103	70,064,387	76,881,883	80,994,288	85,919,105	94,435,205
9.41%	9.12%	9.19%	9.43%	9.71%	10.05%	10.75%
44,511,976	43,137,661	44,263,554	49,606,935	52,611,838	56,237,407	62,354,362
6.09%	5.82%	5.80%	6.09%	6.31%	6.58%	7.10%
30,414,915	33,663,758	31,864,077	33,888,254	34,949,301	37,237,639	40,986,445
4.16%	4.54%	4.18%	4.16%	4.19%	4.35%	4.67%
16,821,669	18,501,213	15,449,040	16,793,327	17,690,809	18,667,199	21,133,515
2.30%	2.50%	2.03%	2.06%	2.12%	2.18%	2.41%
7,451,940	6,526,925	6,634,644	6,616,433	6,466,045	6,466,785	7,830,257
5,238,902	4,618,577	4,636,226	4,530,445	4,488,346	4,373,550	4,482,885
287,040	263,612	235,358	244,223	234,285	245,044	281,119
9,400,025	10,727,251	10,949,772	11,142,506	11,554,406	11,866,627	12,398,107
4,272,217	5,110,921	5,468,742	5,738,318	6,264,449	6,481,717	6,609,101
778,955	846,882	862,842	972,895	873,664	857,257	971,581
4,348,852	4,769,448	4,618,189	4,431,293	4,416,293	4,527,653	4,817,425
41,078,220	35,774,466	32,052,407	35,893,327	34,290,388	29,657,024	27,801,879
40,403,546	35,028,182	31,588,873	35,461,635	33,851,178	29,173,274	27,208,886
674,673	746,285	463,533	431,692	439,211	483,750	592,992
20,380,296	17,628,179	15,725,566	14,076,475	12,659,093	11,456,518	10,675,920
17,339,377	15,295,341	13,364,023	11,768,996	10,255,904	8,891,101	7,939,862
365,915	213,681	495,972	682,312	1,235,284	240,744	405,054
5,396,422	9,455,839	4,500,423	9,460,265	147,797,429	8,192,916	30,031,069
23,892,037	29,995,994	34,755,730	49,531,483		41,872,785	2,053,839
				100,798,090		

グラフ1　長期借入金と支払利息の会計数値推移

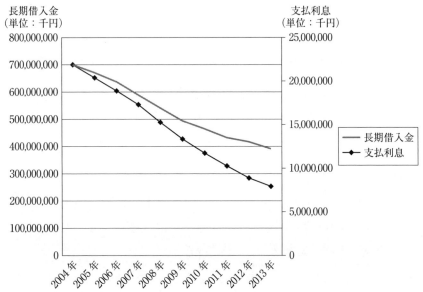

(出所) 独立行政法人国立病院機構：平成16年度-平成25年度財務諸表より作成。千円以下は四捨五入している。

　表8から明らかになることは，①医業収益は10年間の会計数値の推移において上昇傾向にある。独法化後10年間において，当期純損失となったのは，2004 (H16) 年度，2011 (H23) 年度である (表8)。「負債の部」(表5) について，②長期借入金の減少から，資金の内部運用に向かっていると考えられる。前述した長期借入金の減少にともない支払利息の減少となる。

　グラフ1に示すように，医療経営においては支払利息の減少は費用削減になることから，経営における設備投資のための長期借入金が減少することで，経営負担を軽減することができる。

　医療領域では先端医療が加速するなかで，医療機関における建物及び施設のような固定資産が増加し，それにともない医療設備等の減価償却費は増加する。減価償却費は実際には資金の支出で裏付けられない。そのため費用と収益の対応から期間損益に影響を及ぼす。したがって医療法人の場合，減価償却が

特に注目されるのは，固定資産の購入のための長期借入金の返済原資にもなり
うる[22]からである。

　以上の国立病院機構の損益計算書が3つの事業に部門別区分の損益状況か
ら[23]，区分開示されることは，全体的な医業収益の上昇に向けた各部門管理に
重要な資料となる。表8で示すように，医療機関の主たる医業収益は診療業務
であることから，診療業務に焦点を絞り，診療業務における費用削減と効率化
の経営改善が，どのように会計数値に表れているかを明らかにした。以上，独
法化後10年間の財務諸表から，国立病院機構の経営状況を分析した。

お わ り に

　本章では，中央省庁等改革の一環として行われた国立病院機構の独法化後
10年間について独立行政法人会計基準に準拠して作成された財務諸表をとお
して経営状況をみてきた。当該機構が経営改善の基盤となった企業会計を導入
したことによって明らかになったことは，1つには財務諸表の開示によって，
会計数値による経営内容を公開することで，経営改善の方向性がみえてきたこ
とである。2つには運営費交付金の削減に向って診療業務，教育研修業務，臨
床研究業務の部門別の収益と費用のバランスが明確にされた。そのことによっ
て，結果的には，医業収益上昇による黒字経営への転換をもたらしたといえよ
う。3つには国立病院機構の社会的役割を尊重し，採算性だけを重視すること
なく，また赤字経営を支援するための運営費交付金及び補助金だけに依存する
のではなく，「医療の質」向上に向けた医業外収益の内容について開示されて
いる。4つには，各医療経営の組織内の比較が可能となり，経営内部の多面的
な無駄な費用削減，効率性の判断にとって有用な損益情報を提供することにな
る，という結果が明らかになった。その際に，本章では経営改革の「費用削減
と効率化」に注目して，国立病院機構の独法化後の外部への情報公開の中心と
なる貸借対照表と損益計算書を分析の対象とした。

　本章では，国立病院が特別会計から企業会計へ移行したことで，財務諸表上

ではどのような変化がみられるのかについて検討した。その結果，企業会計は
経営改善に向けた指標を示すという役割を果たしている。固定資産設備の購入
には，運営費交付金が投入される会計処理が行われ，補助金の受け入れに際し
て，損益に影響を及ぼす各部門別の補助金の開示に透明性が与えられている。
経営の結果が最終的に示される「資本の部」への影響については，後章で公立
病院改革における「経営形態の見直し」とともに考察する。本章は，公立病院
の「経営形態の見直し」に際して，地独法化への方向性を検討するための先行
事例として，国立病院機構の独法化 10 年間の財務諸表を中心に会計処理の事
例に着目して，独法化後の企業会計導入の影響について検討した。

［注］

（1） 岩渕豊著（2013）前掲書，3 頁
（2） 新日本監査法人医療福祉部(2005)『病院会計準則ハンドブック』医学書院，14-16 頁。
（3） 拙稿（2015a）309-324 頁。
（4） 独立行政法人国立病院機構会計規程（2004（平成 16）年 4 月 1 日規程第 34 号），根
拠規定（通則法第 37 条省令第 8 条）。
（5） 独立行政法人国立病院機構（http://www.hosp.go.jp），「第 1 回 独立法人国立病院
機構債券」債券内容説明書（2005 年 12 月 1 日付）。当該国立病院機構の債券は，証券
取引法第 2 章は適用されず，その募集について同法第 4 条第 1 項の規定による届け出
は必要ではない。なお当該債券内容説明書は，同法第 13 条第 1 項の規定に基づく届出
目録書ではないとしており，国立病院の財務諸表は，「中央省庁等改革基本法」（1999
（平成 11）年 7 月 16 日法律第 103 号）第 37 条により，原則として，企業会計原則によ
るものとして，国立病院機構法及び「独立行政法人国立病院機構の業務運営及び財務
及び会計に関する省令」(2004（平成 11）年 3 月 31 日厚生労働省令第 77 号）等に基づ
き，「独立行政法人会計基準」及び「独立行政法人会計基準注解」（2000（平成 12）年
2 月 16 日独立行政法人会計基準研究会）に準拠して作成し，当該機構の監事及び会計
監査人が監査を行い厚生労働大臣の承認を受けたものである。そのため，証券取引法
［現：金融商品取引法］第 193 条の 2 の規定に基づく監査証明は行われない。
（6） 独立行政法人国立病院機構には，九州ブロック 28 病院，中国四国ブロック 25 病
院，近畿ブロック 20 病院，東海北陸ブロック 20 病院，関東信越ブロック 34 病院，北
海道東北ブロック 22 病院などの病院の他に，付属看護学校 61 校，付属看護助産学校 5
校，付属視能訓練学院 1 校，付属リハビリテーション学院 6 校が所属する（独法化
時）。
（7） 独立行政法人国立病院機構，会計規程，第 4 条，第 35 条-第 36 条参照。税負担に

おわりに *41*

拠ることなく財投資債券の発行によって調達した財源となる。その使途としては長期・
低利の資金供給や大規模・長期プロジェクトの実施に使用される。

（8） 地方税法第25条第1項第1号参照。

（9） 「通則法第38条　独立行政法人は，毎事業年度，貸借対照表，損益計算書，利益の
処分又は損失の処理に関する書類その他主務省令で定める書類及びこれらの附属明細
書（以下「財務諸表」という。）を作成し，当該事業年度の終了後三月以内に主務大臣
に提出し，その承認を受けなければならない」（[通則法] から抜粋）。

（10）　通則法第39条　独立行政法人（その資本の額その他の経営の規模が政令で定める
基準に達しない独立行政法人を除く。）は，財務諸表，事業報告書（会計に関する部分
に限る。）及び決算報告書について，監事の監査の他に，会計監査人の監査を受けなけ
ればならない（[通則法] から抜粋）。

（11）　「第40条　会計監査人は，主務大臣が選任する」（[通則法] から抜粋）。

（12）　独立行政法人国立病院機構（http://www.hosp.go.jp）から会計規程はダウンロード
できる。

（13）　独立行政法人国立病院機構（http://www.hosp.go.jp）の財務諸表附属明細書に説明
されている。

（14）　独立行政法人国立病院機構「独立行政法人国立病院の沿革」（http://www.hosp.go.jp）。

（15）　独立行政法人会計基準第81条参照。

（16）　厚生労働省，国立病院機構改革案（資料）1-6頁：（http://www.mhlw.go.jp/jigyo_
shiwake/dl/byouin2.pdf）。

（17）　厚生労働省「国立病院機構の組織・業務全般の見直し当初案について」（2013年9
月20日），1-2頁。

（18）　同上，1-2頁。

（19）　国立病院機構，平成23年度財務諸表。

（20）　国立病院機構，平成24年度財務諸表。

（21）　固定資産の減損に係る会計基準（固定資産の減損に係る会計基準設定に関する意見
書（企業会計審議会2002（平成14）年8月9日）及び「固定資産の減損に係る会計基
準の適用指針」（企業会計基準適用指針第6号2003（平成15）年10月31日）が適用
されている（平成23年度財務諸表13頁）。それに加えて，「独立行政法人国立病院機
構の業務運営並びに財務及び会計に関する省令」（2004（平成16）年厚生労働省令第
77号）が適用されている。減価に対応すべき収益の獲得が予定されていないと認めら
れる償却資産については，固定資産減損失として計上しないで，資産の減損と同額を
資本剰余金から控除する会計処理が行われている。

（22）　福永肇著（2007）『病院ファイナンス』医学書院，203頁-212頁参照。

（23）　独立行政法人国立病院機構法（平成14年12月20日法律第191号）では，第十三
条に，「機構は，第三条の目的を達成するため，次の業務を行う，一　医療を提供する
こと。二　医療に関する調査及び研究を行うこと。三　医療に関する技術者の研修を
行うこと。四　前三号に掲げる業務に附帯する業務を行うこと。」と規定している。こ
の規定からも診療事業，研究事業，教育及び研修事業を行うことが，医業収益の区分
表示で示されることになる。

第2章

公立病院改革ガイドライン

は じ め に

　公立病院は各自治体における地方公営企業であり，公立病院改革は総務省によって自治体の財政健全化を基盤に進められている。公立病院改革は，2007（平成19）年「公立病院改革ガイドライン」（以降，前ガイドライン）の公表によって始まった。その後，総務省は各自治体の公立病院改革ガイドラインの実施調査結果を公表し，その実施調査を基礎として，2015（平成27）年に公立病院改革ガイドライン（以降，新ガイドライン）を公表した。それを受けて2016（平成28）年には各自治体の公立病院は新ガイドラインのプランを作成することが求められた。その後，2022（令和4）年には「公立病院経営強化ガイドライン」（以降，経営強化ガイドライン）が公表され，2023（令和5）年には公立病院はプランの策定が義務づけられた。

　前章で述べた国立病院機構とは異なり，公立病院は各自治体の管轄のもとで運営されている。公立病院改革は厚労省によって医療政策が実施され，その政策実施には財政措置が行われる。公立病院には各自治体から他会計繰出（入）金が給付され，他会計負担金・補助金等の会計処理が行われる。その際に公立病院への補助金はどのように会計処理されているのか，補助金の受け入れと医業経営による収益は区別した会計処理が必要と考える。したがって補助金の会計処理が，公立病院の財務諸表にどのように開示されるのか，なかでも2012

（平成24）年施行「地方公営企業会計制度の見直しについて」の資本制度改革は，財務諸表にどのような影響を及ぼすかが注目される。

　本章では，総務省から公表された「公立病院改革ガイドライン」を中心として，地方公営企業の1つである公立病院改革に焦点をあてて，公立病院改革の背景と会計の関係を探究する[1]。

第1節　公立病院経営改革の動き

　総務省による「公立病院改革ガイドライン」公表後，各自治体の管轄のもとで，地方公営企業の1つである公立病院改革が始まった。この改革では，これまでの組織における「経営形態の見直し」，経営の効率化，再編・ネットワーク化を3つの柱として，Plan→Do→Check→Actの民間的経営手法が導入された。公立病院の財務諸表の作成には，地方公営企業法に従った会計制度が基本となっている。一方，厚労省が公表した「病院会計準則」に準拠した財務諸表の普及が進められている。そのねらいは，さまざまな組織の医療機関があるなかで，それぞれ異なる法体系の会計基準に従った財務諸表が作成されている現状において，それぞれ異なる開設者の組織形態の医療機関にも，他の組織の医療機関の経営との比較可能な財務諸表を作成させるためである。各公立病院には統一した財務諸表と，それとともに経営分析表の公開が義務づけられている。さらに総務省は前ガイドラインで公立病院規模別（経営効率化に係る目標数値例）の経営分析指標を設定したことから，その経営分析指標は，公立病院の間だけではなく，医療法人（民間医療機関）の経営との比較が可能となった[2]。

　医療機関は，基本的には病院と診療所に分類され，厚労省による設立主体に基づき，前章（第1章表1・表2）で示すように，わが国の医療機関の開設別では，国立，自治体（公立），公的，社会保険団体，医療法人，個人に分類される[3]。そのなかで公立病院（自治体病院）の開設主体は，都道府県及び市町村である。公共サービスを提供する自治体の地方公営企業として，病院事業は「質の維持及び向上」に努め，厚労省・自治体の医療政策の影響を受ける。近年，

グラフ1　病院病床数の推移

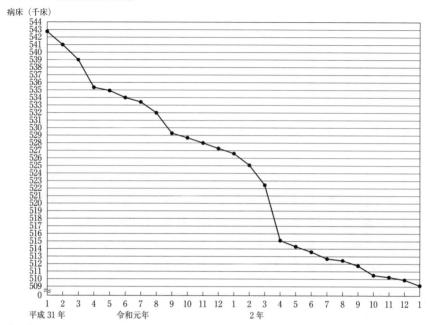

（出所）厚生労働省，政府統計「医療施設動態調査〔2022（令和4）年5月末〕」抜粋。

　人口減少という社会現象にともない医療政策は，公立病院の病床数削減に向けられた。そのため，グラフ1に示す病床数の削減が医療政策の1つとなっており，人口減少にともない病床数は年々減少している。

　これまで各自治体では，公共サービスを提供する地方公営企業の間では競争が好まれず，画一性が求められてきた。また公立病院の人事及び予算の権限が本庁の財務部にあったことから，公立病院の会計は行政における予算至上主義が定着し，このことが公立病院の経営改善の遅れとなった[4]と指摘される。

　公立病院の経営改善改革における民間的経営手法の導入は，特に「経営形態の見直し」，効率化及び費用削減，経営指標の目標数値の設定等に重点がおかれ，従来の不採算性の経営から黒字経営に転換する方向に向けられている。

　次節では，まず公立病院改革の背景，つまり公立病院改革の「経営形態の見

直し」，効率化及び費用削減，経営指標の目標数値設定に至るまでの財政措置，会計制度に焦点を絞り，医療経営改革によって，公立病院にどのような改革が求められているのかについて検討することにする。

第2節　公立病院改革の背景

　本節では，公立病院改革とその基盤となっている財政健全化との関係について考察する。これまで地方公共団体の財政再建政策では，赤字経営の地方公共団体に対する地方財政再建促進特別措置法（1955（昭和30）年法律第195号）と赤字経営の地方公営企業に対する地方公営企業法（1952（昭和27）年法律第292条）が，それぞれ分離していた。そのため，監査委員会の監査・議会への報告，住民への公表等に向けて，財政情報の開示，財政指標を整備して，早期健全化及び再生のために基準を設け，その基準に適合しない地方公共団体には財政健全化計画の策定を義務づけるという新たな制度が提言された。その結果，財政健全化法の制定に至った。この健全化法は，地方公共団体の財政全体像を明らかにする制度となっている[5]。以上のことから，公立病院改革は自治体の財政運営と密接に関係することとなり，自治体には公立病院の「経営形態の見直し」を余儀なくされることとなった。その経緯は，2008（平成20）年「公立病院に関する財政措置の改正要綱」が決定された後に，公立病院の経営改善を支援することとし，2009（平成21）年以降には，公立病院に関する地方交付税措置が大幅に拡充された[6]ことにも表れている。

　総務省が2007（平成19）年前ガイドラインを公表した後に，2008（平成20）年プラン策定，2010（平成22）年プラン実施状況，2012（平成24）年プラン実施結果が公表され，その流れで公立病院改革が進められた。第3節では公立病院改革の背景にある国の財政措置について探究する。

46 第2章 公立病院改革ガイドライン

第3節 公立病院を支える財政措置

1. 国の財政政策

2010（平成22）年6月22日「財政運営戦略」が閣議決定され，財政健全化のために中期財政フレームワークが策定された。この計画は，国及び地方の基礎的財政収支について，2015（平成27）年度までに債務赤字（対GDP）を，2010（平成22）年の水準から半減させ，2020（令和2）年度までに黒字にすることを目標とした。その結果，財政運営の基本ルールとして，財源確保，財政赤字縮減の構造的な財政支出に対する財源確保が掲げられた。そのなかで構造的な増加要因となる経費として，年金，医療及び介護の給付に対する社会保障費が挙げられた。

また歳入・歳出の両面からの改革によって，安全な財源の確保が求められた。つまり歳入と歳出両面の取り組みとして，①国債発行額の抑制，②抜本的税制改革，③基礎的財政収支の改善目標の達成が掲げられた。歳入については，税制改革によって必要な歳入を確保することをめざし，歳出については，基礎的財政収支対象の経費を削減する（但し，国の一般会計歳出のうち，国債・決算不足補填繰戻しを除く）ことになった[7]。このような国の歳入と歳出の両面改革の財政政策が自治体へ及ぼす影響は大きい。

2. 自治体の財政措置

2011（平成23）年度，歳出については，経費全般の徹底した節税合理化に努め，他方では，社会保障関係費の増加を適切に反映して計上するとともに，地域活性化・子育て施策等に取り組むための必要な経費が計上された。なお歳入においては，「財政運営戦略」（2010（平成22）年）に基づき，地方の安定した財政運営に必要である一般財源総額について，2010（平成22）年度の水準を下回らないよう確保することを基本として，地方財政の運営に支障が生じないように適切な補填措置を講じることとした。それを受けて，2011（平成23）年度の

地方公共団体の歳入及び歳出総額が査定された。その査定のなかで，地方公営企業の経営基盤の強化，上・下水道，交通，病院等の住民生活に密接に関わった社会資本の整備推進，公立病院における医療提供体制の整備をはじめとする社会経済の情勢の変化に対応した新事業展開等を図るために，経費負担区分に基づき，一般会計から公営企業会計へ繰り出しを行うこととなった[8]。

3. 一般会計負担金

以上のことから，地方公営企業に対しては，2011（平成23）年度には，公営企業会計と一般会計との間に経費区分の原則等を基礎として，地方公営企業への繰出金が地方財政計画に計上されている。この地方財政措置として，病院事業については地域における医師確保対策に地方交付税措置を創設し，国民健康事業では，都道府県調整交付金，国保被保険者の保険料負担を緩和するために，市町村が保険料軽減相当額に応じて，一般会計から国民健康保険特別会計へ繰り出しを行うこととした。その際に当該費用に対して，都道府県が一部を負担し，その所要額について地方交付税措置が講じられた。また高齢化社会が加速するなかで，後期高齢者医療制度について財政基盤強化のための支援措置が行われ，保険料軽減制度として，後期高齢者の被保険者の保険料負担の緩和が図られ，それに地方交付税措置が講じられた[9]。

したがって財政健全化法に基づき財務状況が悪化した公立病院の「経営形態の見直し」が進められることとなった。その際に財政健全化の指標として，①実質赤字比率，②連結実質赤字比率，③実質公債費比率，④将来負担比率等の4つの指標に加え，早期健全化基準と財政再生基準を超える自治体には，財政健全化計画と財政再生計画の策定を実施することが義務づけられた。そのため自治体の赤字及び債務等，また地方公営企業，つまり公立病院の赤字及び債務を含めた連結評価を公表することが義務づけられることとなったのである。そのことから，経営状況の悪い公立病院は，「経営形態の見直し」が余儀なくされることとなった。つまり多額の赤字（債務）累積を抱える公立病院を自治体から切り離すために，地独法化，指定管理者制度の導入，或いは民間譲渡等に移

48 第2章 公立病院改革ガイドライン

す[10]という「経営形態の見直し」の検討が求められることとなったのである。

4. 公立病院に対する財政措置

公立病院において不採算医療については，診療報酬と財政措置の組み合わせ（地方交付税，国庫補助金等）による医療提供体制が確保された[11]。しかし公立病院改革前の 2007（平成19）年決算における公立病院の経営状況は，4分の3（667 全体数）が赤字，約2千億円の経常損失，累積欠損金2兆円という状況であった。その赤字経営の原因は，公立病院のへきち医療，救急医療，高度先進医療等，採算がとれない医療によるものであった。その他の原因として，医師不足，医療報酬のマイナス改定等による医療収入の減少等が挙げられる。さらに公立病院の不採算性に対する地方公営企業法等の規定によって，一般会計等から繰り出すべきとしたにもかかわらず，一般会計の財政状況の悪化等によって繰り出しが行われず，財政上の原因によって赤字が拡大するケースもあった[12]からである。

基本的には，自治体が行う病院事業に要する経費には，一般会計等からの繰り出しは，自治体の普通会計全体の収支見込みを示す「地方財政計画」に計上された。総務省は，「繰出基準」として自治体に示し，その一部を「地方交付税」で講じる[13]こととした。このように公立病院改革が円滑に推進されるために，2008（平成20）年度に限り，公立病院特例債の発行が容認された。また病院再編に新しい医療機能整備に要する経費（例：遠隔医療設備，患者輸送者の整備費等）の他に，一般会計出資債，改革に必要な経費について財政措置が講じられた[14]。

自治体の病院事業は地方公営企業と位置づけられているが，運営経費には病院事業の経営収入をもって充てることが基本となる。しかし病院事業の収入の大部分は社会保険診療報酬である。したがって行政の医療提供体制確保に係る費用を診療報酬では賄いきれない不採算部分があり，基本的には一般財源である地方交付税で講じられることになる。ただしもし特別の必要があると認められる場合には，国庫補助金で講じられる[15]。

近年,保険財源不足が課題となるなかで,市町村所管の自営業者及び商店の医療保険制度として発足した国民健康保険の財源不足により,市町村から都道府県への移管が求められている[16],動きもあった。ともかく公費及び一般会計からの繰り出しについても,財政基盤の強化は重要な課題となっている。いずれにせよ医療費の削減が課題となった。

医療費の削減と医療収益の増収をめざすには,公立病院の財政措置についての諸策を認識したうえで,保険と診療報酬のしくみを理解する必要がある。次に,病院会計について考察する。

第4節　公立病院における会計のしくみと経営改善

1. 病院会計のしくみ

わが国の国民皆保険制度に基礎づけられる医療費の支払いは,公費負担,保険料,患者負担から構成される。すべての国民は,国民健康保険,或いは社会保険,組合保険等のいずれかの保険に加入して,保険料を支払っている(国民皆保険制度)。医療機関で被保険者(患者)が医療費を支払う場合には,保険者からの診療報酬と自己負担額によって支払うことになる[17]。診療報酬の支払いの流れは,図1のようなしくみである。

図1　診療報酬の流れ

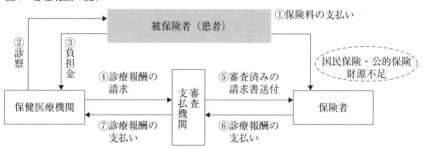

(出所)　TKC全国会医業・会計システム研究会編(2006)『病医院の経営・会計・税務』TKC出版,24頁。----筆者加筆

被保険者と保険者・医療機関の間には，診療報酬の支払機関の審査が入る。図1の流れは，まず①保険者はあらかじめ被保険者（患者）から保険料を受け取っている。②被保険者（患者）が医療機関で診療サービスを受けることになり，その診療サービスは医療機関の診療報酬となる。その診療報酬は厚労省の2年毎の診療報酬改定に従っている。一般には医療機関での被保険者（患者）の診察は，診療報酬点数の範囲内で診察をすることとなる。その被保険者の診療内容が正当であるかどうかを審査して，診療報酬が支払われる。医療機関で被保険者に対して診療が行われた後に，医療機関から診療報酬が請求され，それについて④審査支払機関の審査が行われる。その審査を経て，⑤保険者へ審査済みの請求書が送付され，⑥⑦医療機関は保険者から診療報酬を受け取る。しかし審査がとおらなければ，患者への医療サービスの費用は医療機関の負担となる（或いは診療報酬点数の範囲外の診療費用は被保険者の自己負担となる）[18]。

　そのため診療報酬内での診察は，医療機関の経営にとって重要となる。その際に，医療機関が患者を診察して受け取る医療費の診療報酬は，図2のような構成になっている。

　医療機関における診療報酬の受け取りは，医療経営における医業収益として基本的収入源となる。したがって医療経営において発生する必要なコストについて経営内部の管理が必要となる。しかし基本収入源では多くのコストを賄う資源としては不足する傾向にあり，公立病院は，2007（平成19）年「公立病院改革ガイドライン」の公表前までは，表2に示すように，完全に赤字経営である。公立病院の経常損益は地方自治体からの他会計繰入金（補助金）によって

図2　診療報酬の構成

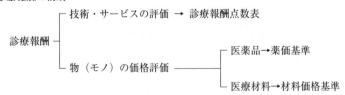

（出所）TKC全国会医業・会計システム研究会編（2006）『病医院の経営・会計・税務』TKC出版，24頁。

補助される。

　前ガイドライン公表後，表2の経常損失及び純損失がわずかではあるが減少傾向とみてとれる。すなわちこれまで経常損益及び純損益はマイナスであったが，ようやく2010（平成22）年には経常損益及び純損益はプラスに転じている。さらに表2に示されるように，前ガイドラインの実施後，公立病院の不良債務は暫定的に減少している。

　しかし公立病院の累積欠損金は繰り越され，不良債務は減少している。そのことで2008（平成20）年には，2003（平成15）年以降の医師不足によって新たに発生した不良債務は長期債務に振り替えられて解消されることになり，公立病院特例債が発行可能となった。その発行できる団体としては，2007（平成19）年度決算において，1) 不良債務比率が10%以上，2) 公立病院改革プラン策定により単年度収支の均衡を見込める団体，3) 2003（平成15）年以降医師不足等により不良債務が著しく増加している団体が対象とされた[19]。

　したがって公立病院が採算性のない医療を引き受けて，社会的な役割を果たしてきた時代から，公立病院改革では自治体は財政健全化法の措置により，地

表2　公立病院の医療改革前における経常損益及び累積欠損金の状況

（単位：億）

	2003年	2004年	2005年	2005年	2007年	2008年	2009年	2010年	2011年
総収益	41,978	41,586	41,544	40,090	40,272	39,901	39,987	39,789	39,515
内他会計繰入金	5,509	5,370	5,246	5,254	5,290	5,668	5,664	5,417	5,378
経常収益	41,843	41,281	41,364	39,791	39,955	39,597	39,646	39,558	39,203
内医業収益	36,668	36,256	36,410	34,948	35,008	34,464	34,463	34,510	34,229
総費用	42,991	42,847	43,021	42,075	42,219	41,717	41,056	39,780	39,528
経常費用	42,775	42,598	42,794	41,788	41,960	41,442	40,749	39,501	39,108
内医業費用	40,283	40,128	40,319	39,353	39,517	39,119	38,507	37,355	37,067
純損益	△1,013	△1,261	△1,476	△1,985	△1,947	△1,187	△1,070	9	△11
経常損益	△932	△1,317	△1,490	△1,997	△2,006	△1,814	△1,103	56	95
累積欠損金	16,190	16,826	17,820	18,736	20,015	21,368	21,571	20,707	20,326
不良債務	742	761	834	953	1,186	575	2,676	307	155

（出所）　総務省「公立病院に関する財政措置のあり方検討会報告書」（2008年11月25日）3頁，総務省HP資料より抜粋。

52　第2章　公立病院改革ガイドライン

方公営企業の事業の1つである公立病院の経営改善の方向へ転換させるための政策が求められることになった。さらに人口の少子高齢化，高度先端医療のための医療費高騰等の社会環境の変化にともない，各公立病院が，それぞれ各自で財政状態と経営成績を適正に把握して，他の医療機関との経営比較によって，各公立病院の長短所を認識して，経営改善のための経営戦略を打ち出すためには，統一した会計制度が必要となった。しかしそれぞれの組織の医療機関には，それぞれ法規定があり，その規定に従った会計処理をして財務諸表は作成されている。このような現状では，各医療機関の経営比較は困難であることから，厚労省は統一的な会計基準の必要性を踏まえて「病院会計準則」の改定を行ったのである。

2. 病院会計制度

厚労省は，病院会計準則「1. 総則　1. 目的」において「病院会計準則は，すべての病院を対象に会計基準を定め，病院の財政状態及び運営状況を適正に把握し，病院の経営体質の強化，改善向上に資することを目的とする」としている。社会環境の変化によって，長年改定されていなかった病院会計準則は，表

表3　病院会計準則の変遷過程

病院会計準則の変遷過程		2004年病院会計準則の構成
1963年	勘定科目規定（厚生省）	総則
1965年	病院会計準則制定	一般原則
1983年	病院会計準則（企業会計原則に基づき全面改訂）	貸借対照表原則
2000年	病院会計準則改正（介護保険の影響）	損益計算書原則
2004年	病院会計準則改正	キャッシュ・フロー計算書
	病院会計準則適用ガイドライン	原則
	病院会計準則の改正に伴う実務上の取扱	付属明細表原則

（出所）　TKC全国会医業・会計システム研究会編（2006）『病医院の経営・会計・税務』TKC出版，24頁．新日本監査法人，医療福祉部（2007）『病院会計準則ハンドブック』医学書院，14-15頁，厚労省「病院会計準則について」（http://www.mhlw.go.jp）［2017年4月13日］を基礎として作成。

3 に示すように，1965（昭和40）年 10 月 15 日に「病院に係る財務諸表の様式
及びその作成方法などに関する諸原則」が制定された。それ以来，1983（昭和
58）年の全面改定を経て，病院を取り巻く経営環境の変化，企業会計，公会計
や非営利組織会計の分野での会計基準の見直し等を考慮して「医療を安定的に
提供するための効率的で透明な医業経営を確立するために，病院会計準則を
2004（平成16）年現行の「病院会計準則」に改定された」（医政発第 0819001 号
[2004（平成16）年 8 月 19 日]）。

　この病院会計準則は，病院の財政状態と運営状況を適正に把握し，病院経営
の改善向上に資することを目的にしている。したがって新病院会計準則には，
これまでの基本財務諸表に加えて，2004（平成16）年にはキャッシュ・フロー
計算書原則，新しい企業会計基準が導入された。病院会計準則は開設主体の
「施設病院会計」を対象としているが，前章で述べたように医療機関の開設主
体が複数あるなかで，他開設の病院間の経営比較にも役立つことを基礎とし
て，また他開設主体の独自の会計基準があることも考慮しつつ，厚労省は，
「医療法の一部を改正する法律の一部施行について」（1992（平成4）年健政発第
418 号通知）として，病院を開設する医療法人の会計処理は，原則として「病院
会計準則」により会計処理をするものとする」（同通知第三 2(2)）[20] と定めてい
る。

　なかでも公立病院は，地方公営企業法と同施行規則が会計の基本的な事項を
定めていることから，損益計算書に表示する費用と収益項目は，他の医療機関
とは異なっている。したがって，公立病院は地方公営企業法における会計に影
響を受けることになる。なかでも大きく異なるのは利益の概念である。

　1）利益概念に法人税・法人住民税及び法人事業税の納税義務がないことに
　　よる。
　2）医業外収益に他会計負担金，他会計補助金，国庫補助金，自治体補助金
　　等が含まれる。

　公立病院は病院会計準則に従って財務諸表を作成し，開示する方向にある。
しかし財政における診療報酬の削減は，医療費の支払いにあたり患者の負担を

増やすことになる。公立病院の経営改善のための効率化と費用削減は，特に損益計算書項目の分類では収益と費用の関係にあることから，収益の増加は黒字経営に向うが，費用の増加は赤字経営に向うことになる。また図2診療報酬の構成で示すように，「物」の価格評価にある費用要素のマネジメントが必要となる。さらに「技術・サービスの評価」を基礎とする診療報酬点数表では，診療報酬点数がもっとも高い点数となる部門及び領域に重点をおく経営に向けることで医業収益を上げることができる。つまり効率性を高め，費用を削減することが経営改善であるが，その際に診療報酬点数表の影響は大きい。

しかし医療サービスの提供は，製品及び商品とは異なり，「医療質の維持或いは向上」を基本理念にしている。この基本理念を基盤にして経営改善するには，経営の判断指標が各医療機関の経営状況との比較のための評価基準となる。そのため，総務省によって，各医療機関の病床数規模，民間医療機関及び公立病院の赤字病院と黒字病院別に経営指標が設定されている。さらに各医療機関の平均的な経営指標が設定されており，他組織の経営との比較をとおして目安となる目標指標が設定されることとなった[21]。

これまで，自治体は採算のとれない医療において社会的な受け皿の役割を果たす公立病院の医療を支援してきたが，経済成長の後退による財源不足の現状に，総務省は，次のような前ガイドラインを公表することで，経営指標の設定等によって，企業経営を導入して経営改善を促しているといえよう。

3. 公立病院改革ガイドライン

総務省が公表した前ガイドランの主たる柱となっているのは，以下の3つである。

1) 経営の効率化

経営の効率化の手法としては，①数値目標の徹底管理，②財政（地方交付税）措置による政策が掲げられた。そのなかで，数値目標の徹底管理は，収益性の追求として経常収支比率・医業収支比率・不良債務比率等，さらに適正規模化のために病床利用率，労務指標として人件費比率・病床100床あたりの職員数

等をもとに数値目標が設定された。

2) 再編・ネットワーク化

再編・ネットワーク化は，病院の統廃合を推進することで，①二次医療圏単位で医療供給体制を検証し，②経営統合の対象を他の公的医療機関及び民間医療機関にまで拡大して，④再編・ネットワーク化のモデルパターン等を示している。

3)「経営形態の見直し」

「経営形態の見直し」として，地方公営企業法の全部適用，地方独立行政法人化（非公務員型），指定管理者制度の導入，民間への譲渡を掲げている。

2011（平成23）年公立病院改革プランの実施状況（2011［平成23］年9月30日・2012［平成24］年3月31日）が公表され，各公立病院の経常収支の赤字と黒字の明暗が明らかにされた[22]。

第5節　経営改善プラン実施調査結果（総務省）についての考察

1. 経営の効率化

公立病院の経営指標数値は，総務省が「2006（平成18）年地方公営企業決算状況調査」に基づき算出した平均値であり，民間病院及び公的病院の数値は，全国公私病院連盟による「病院経営実態調査報告」（2006（平成18）年6月調査）及び「病院経営分析調査報告」（2006（平成18）年6月調査）を基礎としている（総務省：前ガイドライン参照）。その実態調査報告によると，2010（平成22）年決算における公立病院の平均化された経営指標は民間病院に比べ低いが，経常収支比率，職員給与費対医業収益比率については，経営の効率化のため医業収益の向上と費用削減に向かっている。また1床あたりの他会計からの繰入金は減少傾向にある。その背景には病床利用率の引き上げが予想される。しかし職員給与費対医業収益比率は，地方公営企業のなかで病院事業における職員数が他の地方公営企業よりも多い。そのため人件費削減としてリストラも予想される

ため，従業員数の増減，職種別の給料等とも比較する必要があろう[23]としている。

2. 再編・ネットワーク化

総務省の公立病院医療改革前と改革後（2007［平成19］年以降）では，病院の再編及びネットワーク化は変化している。厚労省の医療費抑制のための病院及び病床数の削減は，民間病院を対象に削減ができないことから，国立病院，公立病院及び公的病院の統廃合を進めることになる[24]という事情がある。前章で述べたように病院数及び病床数は削減政策の傾向にあり，当該調査結果からみても病院から診療所への転院或いは各医療機関の統合へ移行していることが明らかになる。

その際に都道府県別に，公立病院がどのような再編・ネットワーク化をしたのか，わが国では，株式会社の病院が少ないなか，病院のグループ化，統合，病院から診療所への移行，病床数の削減，病院の廃院等がみられる。そのなかで公立病院の場合には，地独法化，指定管理者制度等の「経営形態の見直し」が問われることになる。

3. 「経営形態の見直し」

「経営形態の見直し」は，地独法化の他に，地方公営企業法の①全部適用，②一部適用，さらに指定管理者制度には③指定管理者（代行制），④指定管理者（利用料金制）がある。その際に経営を直営する場合は，収益を上げるには効果がある一方，費用負担も多いことが明らかであるとして，医療経営改善改革には，経営形態の組織変更は重要であるものの，医療組織におけるガバナンス構造の適正化，医療の質向上，自立性の醸成（全職員の意識改革等）が[25]必要であることが指摘される。以上，総務省が公表した前ガイドラインの要点と実態調査結果をみてきた。

お わ り に

　地方公営企業の1つである公立病院改革の前ガイドラインに従った公立病院の経営改善改革では，まず「企業会計の役割」を明らかにするために，本書では「経営形態の見直し」と「経営の効率化」における経営改善の目標数値の設定に焦点をあててみていくことになる。

　2007 (平成19) 年に公表された前ガイドラインでは，医療機関の組織改革（「経営形態の見直し」）とともに，これまでの不採算性の医療経営に効率性が求められ，組織のネットワーク化を進めるという基本的なガイドラインから始まった。その際に総務省が公表した調査結果はまだ改革の途にあり，今後も継続されるであろう。なかでも医療機関のネットワークは，新ガイドラインでは，「地域医療構想」・「地域包括ケアシステム」によって各地域における医療と福祉及び介護の連携を進め，各組織の経営における効率的な地域医療を「病院完結型」から「地域完結型」へ移行することで，高齢化する患者への医療及び介護サービス提供を切れ目ない医療提供体制に整える制度へ展開されていくことになる。

［注］

（1）　拙稿 (2014a) 184-198 頁。
（2）　総務省，「公立病院ガイドライン」（平成19年12月24日）
（3）　斎藤貴生著 (2012)『自治体病院の経営改革―原則と実践―』九州大学出版会，v頁。公的医療機関には，日本赤十字，済生会，厚生農業協同組合連合会，国民健康保険連合会，北海道社会事業協会が挙げられる。
（4）　斎藤貴生著 (2012) 前掲書，30-38 頁。
（5）　総務省「地方公共団体の財政の健全化に対する法律」（http://www.soumu.go.jp）［総務省ホームページ］。地方財政再建促進特別措置法（1955 (昭和30) 年法律第195号，旧再建法）による赤字地方公共団体，地方公営企業法（1952 (昭和27) 年法律第292号）による赤字公営企業の財政再建制度が設けられていた。財政健全化団体，財政再生団体，経営健全化団体に分類する財政指標の4基準が設けられた。

58   第2章　公立病院改革ガイドライン

(6)　総務省,「公立病院等に対する地方財政措置について」(2021 (令和3) 年12月6
　　　日) (資料)。
(7)　総務省, 地方公共団体の財政の健全化に関する法律 (2007 (平成19) 年法律第九十
　　　四号) において, 地方公共団体の財政の健全化が定められている。2010 (平成22) 年
　　　6月22日付閣議決定には,「財政運営戦略」における新たな成長戦略の実行として医療
　　　及び介護, 健康分野が掲げられている。総務省『地方財政白書』2. 平成23年度の地
　　　方財政, (1)財政運営戦略, 地方公営企業に対する財政措置 (2013 (平成25) 年3月),
　　　33-34頁,「財政運営戦略」(閣議決定) 7-10頁。
(8)　総務省,『地方財政白書』(平成23年度版), 35頁。
(9)　総務省, 同上, 36頁。
(10)　金川佳弘著 (2008)『自治体病院分析』自治体研究社, 2008年, 28-30頁。地方公
　　　営企業の経営組織替えすることで④将来負担比率のみが自治体の指標に関係してくる
　　　からである。①〜④の4指標のうち, 早期健全化基準の1つでも超えると早期健全化
　　　基準団体となり, また財政再生基準の3指標の基準を1つでも超えると再生団体とな
　　　る。このような団体になれば, 財政健全化計画を策定して, 実施状況を議会及び総務
　　　大臣への報告が課せられる。健全化法は, 国の中央統制の強化が強くなる。
(11)　総務省,「公立病院に関する財政措置のあり方等検討会報告」(2008 (平成20) 年
　　　11月25日) 18頁。
(12)　総務省, 同上, 2頁。
(13)　総務省, 同上。地方交付税の原資は, 国税5税 (所得税, 法人税, 酒税, たばこ
　　　税) である。税金は地方公共団体間の財源の不均衡を調整して, 行政サービス提供の
　　　財源を保障する一般財源として交付される。地方交付税には, 普通交付税と特別交付
　　　税とがある。病院事業に共通した性質のものには普通交付税, それに対して不採算地
　　　区病院及び特殊医療等には特別交付税により措置される。
(14)　総務省, 同上, 4頁。
　　　総務省「(参考) 公立病院特例債の創設について」「平成20年度地方債計画」(2007年
　　　12月24日)。発行可能額は, 2003年末から2007年末までの間の不良債務の増加額等
　　　を基準として算定した額, 発行年度2008年, 償還期間：概ね7年以内, 2008年地方債
　　　計画計上額600億円 (地方債計画上, 病院事業債の内数), 公立病院特例債の利払い額
　　　は, 特別交付税措置の対象としている。
(15)　総務省, 同上, 6-7頁。
(16)　社説「国民健康保険都道府県移管は必要な方策だ」『読売新聞』(2013年8月4日
　　　付)。
(17)　TKC全国会医業・会計システム研究会編 (2006年)『病医院の経営・会計・税務』
　　　(改訂新版) TKC出版, 24頁。
(18)　同上。
(19)　総務省「公立病院特例債の創設について」(平成20年度地方債計画) (2007年12月
　　　24日)。
(20)　みすず監査法人編 (2007)『病院会計と監査』じほう, 3-10頁。本書では, 病院会
　　　計制度として法人会計と施設会計に分類して定義され, 各開設主体の病院は独自の会

計基準に準拠して外部目的の会計報告を行っている。したがって病院の全体の施設を含む開設主体全体の会計報告を行う会計を法人会計と区分している。他方，施設会計とは個別の施設の会計を取り扱う会計制度として，また病院施設の会計として病院会計準則が定義づけられている。新日本監査法人，医療福祉部編（2005）『病院会計準則ハンドブック』医学書院，14-15 頁，厚労省「病院会計準則について」（http://www.mhlw.go.jp）〔2017 年 4 月 13 日〕。

(21)　TKC 全国会医業・会計システム研究会編（2008）『病医院の経営・会計・税務』TKC 出版，24 頁。

(22)　金川佳弘著（2008）前掲書，34-35 頁。

(23)　総務省，「前公立病院改革ガイドライン」（平成 19 年 12 月 24 日），総務省，「公立病院改革ガイドライン」の実施調査結果は総務省のホームページで公表されている（https://www.soum.go.jp）。

(24)　金川佳弘著（2008）前掲書，12 頁。

(25)　斎藤貴生著（2012）前掲書，39-46 頁。

第3章

新公立病院改革ガイドラインの
医療経営への影響

は じ め に

　前述の 2007（平成 19）年の前ガイドラインを基礎として，2015（平成 27）年
に新公立病院改革ガイドライン（以降，新ガイドライン）が公表された。新ガイ
ドラインでは，各地域における第 1 次医療圏，第 2 次医療圏，第 3 次医療圏と
いう機能分化をとおして，再編・ネットワーク化の他に，新たに「地域医療構
想」の連携が打ち出された。さらに経営の効率化を前提として，「医療の質」
の向上が強調された[1]。2025（令和 7）年には，団塊の世代が後期高齢者医療に
入ることから医療費の増大が見込まれ，厚労省は 2 年毎の診療報酬改定及び医
療政策による医療提供体制の改革を行い，それに対して，総務省は各自治体の
地方公営企業の 1 つである公立病院の経営改革を推進している。

　この 2 つの省庁の政策が実施されるなかで，本章では，まず前ガイドライン
から引き継がれた新ガイドラインの内容について考察する。そのうえで 2012
（平成 24）年施行「地方公営企業会計制度の見直し」において，新しい企業会
計基準を踏まえて制度改定された「資本制度の見直し」が，病院事業の会計処
理に及ぼす影響に焦点をあてたい。

　総務省が，2007（平成 19）年に各自治体に対して，公立病院改革として前ガ
イドラインを公表したことから始まった経営改善改革のねらいは，経営改善の
ために民間的経営手法が導入され，企業会計の役割は，経営分析指標が他組織

との経営比較，さらに経営目標数値の設定にあり，これまでの累積損失を解消
することにあった。その後には「経営形態の見直し」（組織再編）の検討である。

　本章では，新ガイドラインにおける公立病院の経営改善の方向性を会計制度
改革に焦点をあてて考察する。

第1節　新公立病院改革ガイドライン公表の背景

　2000（平成12）年から進められてきた三位一体改革（国庫補助負担金の廃止及び
縮減・税財源の移譲・地方交付税の一体的な見直し）のもとで，地方分権化が進めら
れ，それは，地方財政の健全化が基盤となった。これを背景にして，2007（平
成19）年前ガイドラインは，地方公共団体が運営する病院事業の経営改善をめ
ざすものであった。その前提となったのは「経済財政改革の基本方針2007」
である。この方針は同年6月に閣議決定されたもので，同年12月には，総務
省が各自治体に対して，「公立病院改革ガイドライン」が公表される[2]という
経緯を経て，公立病院改革が始まった。

　前ガイドラインの公表後は，2008（平成20）年に公立病院改革プラン（以降，
改革プラン）が策定され，2009（平成21）年に改革プランが実施された。さらに
2010（平成22）年から2013（平成25）年にわたって公立病院の調査結果が公表
された[3]。この改革プランに従って，公立病院では，「経営の効率化」・「再編・
ネットワーク化」・「経営形態の見直し」を3つの柱として改革が進められた。
しかし同改革は，前述したように，まだ改革の途にある。そのため，2015（平
成27）年に新ガイドラインが公表された。

　新ガイドラインは，これまでの公立病院改革による調査結果を踏まえて，公
立病院の経営改善を継続するものであった。2015（平成27）年の新ガイドライ
ンでは，2025（令和7）年の後期高齢者医療の時代に入る高齢化社会を背景に，
公立病院には何が求められるようとしているのか，これまで公立病院は「地方
公営企業法」に準じた会計処理を行ってきた。本章では，新しい資本制度改正
による財務諸表への影響を探究する。

次節で，まず前ガイドラインと新ガイドラインには，どのような相違がみられるかを明らかにしたうえで，新しい資本制度は，公立病院の会計にどのような影響を及ぼすのかを考察する。

第2節　前・新公立病院改革ガイドラインの比較

1. 新ガイドラインの枠組み

前・新ガイドラインを比較すると，その相違は，以下の点である。

1) 地方公共団体における前改革プラン策定では，「当該病院の果たすべき役割及び一般会計負担の考え方」となっているのに対して，新ガイドラインでは，「地域医療構想を踏まえた役割の明確化」が追加されている。

2) 地域医療構想の策定，管内公立病院の施設の新設・建替等について，都道府県の役割・責任の強化が新たに追加されている[4]。

以上の1)と2)のなかで，「地域医療構想」が，新ガイドラインに新たに示された。この「地域医療構想」は，2014（平成26）年度診療報酬改定に際して，地域医療介護総合確保基金の財源が確保されたことから始まっている[5]。このことから「地域医療構想」は，2014（平成26）年度以降から進められており，2015（平成27）年新ガイドラインに盛り込まれた。

2. 新たに追加された「地域医療構想」

「地域医療構想」は，以下2つの法律が関係する[6]。

1) 医療従事者の確保・勤務環境の改善，消費税増収分を活用した基金（「地域医療介護総合確保基金」）の設置を内容とする「地域における医療及び介護の総合的な確保を推進するための関係法律の整備等に関する法律」（「医療介護総合確保推進法（2014（平成26）年6月25日公布）」）が施行された。

2) 医療法（1948（昭和23）年法律第205号）に基づき，都道府県が地域医療構想を策定するうえで，公立病院・民間病院を含めた各地域の医療提供体制の将来めざすべき姿が示され，これを実現するための各種措置が法律

で定められた。

この2つの法律のもとで，医療法に基づき「地域医療構想」を検討して，整合的に進めるものである[7]。この点で，新改革プランには，医療法と「地域医療構想」との整合性が求められた。しかし新改革プランの策定後は，地域医療構想調整会議での協議で合意が生じた場合には，新改革プランを修正することが認められる。そのうえで各自治体では，2015（平成27）年から2020（令和2）年の間に新改革プランの策定が行われた。

新改革プランは，経営の効率化，再編・ネットワーク化，「経営形態の見直し」，地域医療構想を踏まえた役割の明確化という4つの柱から構成されることになる。つまり，前ガイドラインの3つの柱に，新ガイドラインには「地域医療構想を踏まえた役割の明確化」が追加された。

第3節　前公立病院改革ガイドライン実施調査結果（総務省）についての考察

新ガイドライン公表のねらいは，前ガイドラインに従った改革プランによって，2010（平成22）年から2013（平成25）年までに実施されてきた公立病院の経営改革の結果を踏まえた公立病院経営改革の内容となっている。すなわち総務省が前ガイドラインで示した3つの柱となる改革を引き継ぎ，新ガイドラインの主たるねらいとして，以下2つの改革をみいだすことができる。

1.「経営形態の見直し」

前ガイドラインと同様に，新ガイドラインも「経営形態の見直し」を継続しているなかで，地方公営企業法の全部適用，地独法化，指定管理者制度の導入，民間への譲渡等が提示された。それに新たに追加されたものに「地域医療構想」がある。そのなかで医療の需要と病床機能区分ごとの将来の病床数の必要量が示されている。すなわち介護及び福祉サービスの需要動向を検証することによって，病院事業から診療所・老人保健施設への事業形態の見直しが，新

64　第3章　新公立病院改革ガイドラインの医療経営への影響

たに求められた[8]。

　「地域医療構想」のねらいは，医療機関から「かかりつけ医院」への転院，また医療機関に入院した患者の高齢化が進む傾向から，高齢者の医療機関から老人保健施設への転院等の医療から介護への連携と考えられる。この連携には，再編・ネットワークを含め地域医療のネットワークの構築が伺える。

2. 経営の効率化

　厚労省が病院会計準則に会計基準を統一する方向にある一方では，総務省は病床数の規模，病院経営状況（赤字・黒字・採算性・不採算性等），病院の規模に従った経営指標の目標数値を設定している。その目標数値に全国平均値と類似病院の平均数値を提示することで，各公立病院は財務諸表を作成するにあたり，各自治体における他の公立病院の経営状況との比較が可能となっている（表1参照）。これは，前ガイドライン実施後の実態調査結果を基礎として，全国平均の経営指標を設定し，さらに民間病院との比較を可能にした。

　表1の全国平均経営数値は，民間病院と公立病院の前ガイドライン，プラン実施後の調査結果を基礎とした平均数値である。病床利用率の平均数値につい

表1　全国平均経営数値

（単位：%）

目標指数	平成22年	平成23年	平成24年	平成25年
経常収支比率	100.1	100.2	100.3	99.4
医業収支比率	92.4	92.3	92.7	91.9
人件費率	53.3	53.5	53.5	53.2
医療材料費率	23.6	23.6	23.2	23.6
薬品費率	12.2	12.2	12.0	12.1
委託費率	10.7	10.2	10.1	10.4
病床利用率	76.2	76.0	75.3	74.6
他会計繰入金比率	15.3	15.2	14.8	14.4

（出所）　総務省「新公立病院改革ガイドライン」2013（平成25）年決算書より作成。注）各項目は医業収益との比率で示されている。

ては，前ガイドラインでは，病床利用率70％未満が3年間連続する医療機関には，病床数削減及び診療化に取り組むことが求められた。しかし新ガイドラインでは70％未満の病床利用率の病院については，全国的に相当数あるとして，これらの病院には抜本的な見直し[9]が促された。以上のことから，4つの柱の内容は，会計の観点からみて，次の2つの提案が主なねらいと考えられる。

第4節　新公立病院改革ガイドラインの要点

　公立病院の新ガイドラインでは，以下のことが説明されている。つまり（1）と（2）は組織の連携，（3）と（4）は会計に係ることである。

（1）地域医療構想を踏まえた当該病院の果たすべき役割

（2）医療と介護が総合的に確保される

（3）一般会計負担の考え方

　公立病院は，地方公営企業として運営される以上，独立採算を原則とすべきとしている。一方，地方公営企業法上，一定の経費については，一般会計等において負担するものとしている。したがって，新改革プランの前提として，当該公立病院が地域医療の確保のため果たすべき役割を明らかにしたうえで，これに対応して一般会計が負担すべき経費の範囲についての考え方と一般会計等からの負担金の算定基準（繰出基準）を記載することが求められている。

（4）医療機能等の指標に係る数値目標の設定

　ガイドラインでは，医療機能・医療品質に係るものとして，救急患者数，手術件数，臨床研修医の受入件数，医師派遣等の件数，紹介率・逆紹介率，訪問診療・看護件数，在宅復帰率，リハビリ件数，分娩件数，クリニカルパス件数等，患者満足度，健康・医療相談件数についての数値目標の設定が，「医療の質」を高めるとしている。

　新ガイドラインでは，前ガイドラインにはみられなかった新しい情報が開示されなければならないことになる。そのため公立病院は「地域医療構想」のなかで果たすべき役割を十分認識したうえで，医療から介護への連携に努め，地

域医療確保のために一般会計等による負担が認められる。しかしその際には，一般会計からの繰出基準を算定して明示することになる。さらに住民の理解も必要であることが新たに盛り込まれた。それとともに経営の効率化のために，決算書における目標数値が開示されなければならない[10]。

　厚労省はすべての病院に「病院会計準則」の適用を勧めているが，公立病院は，地方公営企業法を適用することから，これまでの前・新ガイドラインの「経営形態の見直し」に対して，「一部適用」から「全部適用」へ移行する「経営形態の見直し」を選択する公立病院が多く，地独法化への組織変更はまだ停滞している状況である（第4章グラフ1参照）。

　これまで診療報酬を賄ってきた財源が不足する状況と自治体という開設主体の公立病院の経営状況の悪化等，病院経営を取り巻く環境が変化している現代において，各自治体の病院事業が，経営改善と「経営形態の見直し」にどのように対応するかが注目される。次節で「経営形態の見直し」にあたり，地方公営企業会計制度にはどのような変化があるかを，みていくことにする。

第5節　公立病院改革における資本制度の見直し

　「経営形態の見直し」は，2022（令和4）年3月に公表された「持続可能な地域医療提供体制を確保するための公立病院経営強化ガイドライン」においても強調されている。しかし多くの公立病院は，地方公営企業法の全部適用にとどまっている。地方公営企業法は第1章総則第3条で「経営の基本原則」として「地方公営企業は，常に企業の経済性を発揮するとともに，その本来の目的である公共の福祉を増進するように運営されなければならない」としている。しかし「第3章財務（第17条-第35条）」において，「経費の負担の原則」（同法第17条の2）では，地方公営企業である公立病院は，地方公営企業法の財務規定の一部適用，或いは全部適用に従って「地方公共団体の一般会計又は他の特別会計において，出資，長期の貸し付け，負担金の支出その他の方法により負担するものとする」としている。その事例として「1.その性質上当該地方公営企

業の経営に伴う収入をもって充てることが適切でない経費，2. 当該地方公営企業の性質上能率的な経営を行っても，なおその経営に伴う経費のみをもって充てることが客観的に困難であると認められる経費」について，2の例として，「へき地における医療の確保を図るために設置された病院に要する経費」（総務省：地方公営企業繰出金基準の設定）が挙げられ，当該経費には財政措置が設けられている[11]。地方公営企業法を適用する公立病院が多い現状，2012（平成24）年施行の「資本制度の見直し」の改正が行われた。

1. 資本制度の見直し

地方公営企業の経営の自由度を高める等の観点から地方公営企業の「資本制度」が見直され，地方公営企業法の一部が改正された[12]。主な改正点は，次の規定，つまり地方公営企業法「剰余金の処分等」（第32条），「欠損の処理」（第32条の2）である。

「第32条　地方公営企業は，毎事業年度利益が生じた場合において前事業年度から繰り越した欠損金があるときは，その利益をもってその欠損金をうめなければならない。

　2　毎期事業年度生じた利益の処分は，前項の規定による場合を除くほか，条例の定めるところにより，又は議会の議決を経て，行わなければならない。

　3　毎事業年度生じた資本剰余金の処分は，条例の定めるところにより，又は議会の議決を経て，行わなければならない。

　4　資本の額は，議会の議決を経て，減少することができる。

　第32条の2　地方公営企業は，事業年度欠損が生じた場合において，前事業年度から繰り越した利益があるときは，その利益をもってその欠損金をうめなければならない。」

以上の規定から，「地域の自主性及び自立性を高めるための改革の推進を図るための関係法律の整備に関する法律（第1次一括法）」（施行：2012（平成24年）4月1日）によって，以下のような改正が行われた。

(1) 法的積立金（減債積立金，利益積立金）の積立義務廃止，条例又は議会の議決によりできる。

68　第3章　新公立病院改革ガイドラインの医療経営への影響

(2) 条例の定めるところにより，又は議会の議決を経て，利益及び資本剰余金の処分が行われなければならない。

(3) 経営判断により，議会の議決により資本金額を減少させることができる。

　このような規定からみても，地方公営企業における会計制度では条例と議会の議決が優先されているといえよう。

　この改正において，1) 借入資本金は，負債に計上（条例第15条2），ただし1年以内に返済期限が到来する債務は，「流動負債」の分類となる。2) 建設又は改良等に充てられた企業債・他会計長期借入金は，他の負債と区分する。3) 次年度一般会計負担分は，その旨を注記に記載する[13]。

　新しい地方公営企業会計制度の見直しは，補助金の会計処理にも及んだ。

2. 補助金等による固定資産取得の会計処理

　補助金によって固定資産を取得して，各年度減価償却を行うが，これまで任意適用が認められていた「みなし償却」の会計処理が廃止された。

　みなし償却の会計処理は，これまで以下の仕訳で処理されていた。

【みなし償却の会計処理】[14]

　事例）X年度期末に補助金（資本剰余金）¥50億と企業債（借入資本金）¥50億をもとに，¥100億の資産を購入した。さらに，決算日には，補助金額の分は資産の帳簿原価¥50億につき，耐用年数10年，残存価額¥0，定額法による減価償却をするとしたら，次のような仕訳となる。

　資産の購入時

（借方）資産　　　　　　100　　　（貸方）　資本剰余金（補助金）　50

　　　　　　　　　　　　　　　　　　　　　借入資本金（企業債）　50

　各年度決算日：減価償却費：¥5億

（借方）減価償却費　　　5　　　（貸方）　減価償却累計額　　　　5

　X+6年度決算日

　過去6年間の減価償却累計額：¥30億となり，借入資本金（企業債）の償還となるが，しかし，補助金（資本剰余金）の6年間の資産は償却されないことか

ら，**資産**として存続する。

　以上の仕訳例から，「みなし償却」の廃止の理由は，貸借対照表上で，補助金によって購入された資産は減価償却されないことから，資産価値の実態を適切に表示できないという理由である。また「みなし償却」を採用することは任意規定であり，「みなし償却」の採用の有無により財務諸表への影響は大きい。そのため，各団体間の財務諸表の比較を阻害するという理由が以前からあった[15]。そこで，新会計処理では，以下のようになる。

3. 補助金による固定資産取得の新会計処理

　上記と同様の事例の会計処理は，以下の事例に示すように新しく改正された[16]。

　事例）X年度期末に補助金（資本剰余金）¥50億及び企業債（借入資本金）¥50億をもとに¥100億の資産を購入した。

　固定資産取得に際して，一般会計負担金によって取得したとする。減価償却方法は前事例と同じとする。

　X年度の購入時：

（借方）資　　　産　　100	（貸方）企　　業　　債　50
	長　期　前　受　金　50

　各年度決算日

（借方）減価償却費　　　10	（貸方）減価償却累計額　　5
	長期前受金戻入　　**5**

　X＋6年度決算日

（借方）減価償却費　　　10	（貸方）減価償却累計額　　5
	長期前受金戻入　　5

　過去6年間の減価償却累計額¥30億となり，各決算日には補助金で購入した資産の償却額，**長期前受金戻入¥5億**は各年度の**収益**となる。その後，各年度4年間の償却及び戻入しない資産残額¥40億は貸借対照表上の「**資産の部**」に計上され，また長期前受金残額は貸借対照表上の**負債の部**に計上される。

70　第 3 章　新公立病院改革ガイドラインの医療経営への影響

　新しい会計処理では，各補助金を負債の部に「長期前受金」として受け入れることによって，固定資産を購入した場合には，毎決算日にはその補助金額の分だけの減価償却費を「長期前受金戻入」として損益計算書の収益の部に計上することになる（収益化）。

　したがって国庫補助金，都道府県補助金，工事負担金，他会計繰入金，寄付，受贈等は長期前受金として計上され，補助金で固定資産を購入した場合には，毎期決算日には長期前受金戻入によって減額される。貸借対照表上の長期前受金の内訳は，国庫補助金，都道府県補助金，工事負担金，他会計繰入金，寄付，受贈，その他に分類される。

　2012（平成 24）年施行の地方公営企業法上の「資本制度の見直し」の改正が行われ，2015（平成 27）年新ガイドラインのもとで，公立病院が地方公営企業法の全部適用・一部適用している公立病院が多いなか，補助金，他会計繰入金の会計処理を行っている公立病院に対して，資本制度の見直しによって「資本の部」に影響する補助金の会計処理に透明性が与えられたことになる。

第 6 節　新公立病院改革ガイドラインにおける効率性の評価

　さらに新ガイドラインでは，医薬品費，医療材料費等の経費節減や「医療の質」の向上等による収入確保に積極的に取り組む[17]ことが求められている。全国の公立病院，民間病院等の状況を参考にしつつ，原則として，各病院単位を基本として新改革プラン対象期間末時点における数値目標を定めている。その例として，経常収支比率・医業収支比率が挙げられている。「必ず数値目標を設定するとともに，自らの経営上の課題を十分に分析し，以下の例示も踏まえ，課題解決の手段としてふさわしい数値目標を定めること」（新ガイドライン抜粋）としている。

　前ガイドラインでは，2010（平成 22）年度から 2013（平成 25）年度決算書が対象となるが，2014（平成 26）年度以降は，新会計基準が採用されることになる。そのなかで，

第6節　新公立病院改革ガイドラインにおける効率性の評価　　71

1.　退職給付引当金を設定することで，費用の負担が嵩むことから，経過処置が設けられている。過去分の退職給付引当金を除いて経常黒字化の数値目標をつくることができる（新ガイドライン抜粋）としている。

2.　公立病院の経営目標指標を設定することで，民間病院との経営比較が可能となる。

したがって，民間病院との経営比較を行い，当該公立病院の果たす役割を踏まえつつ，民間病院並みの効率化を目指して取り組むべきである（新ガイドライン抜粋）としている。

以上のことから，2012（平成24）年に資本制度の見直しが検討され，2014（平成26）年度予算及び決算から地方公営企業の会計制度が改正された。これまでの地方公営企業会計制度に新たな変化をもたらした。

1996（平成8）年以来大幅な改正がなされてこなかったことからも，「相互比較分析を容易にするためにも，企業会計制度との整合性を図る必要が生じている」[18]とされる。このように地方公会計の会計モデルに，企業会計原則に準じた会計制度が導入された。

これまで公立病院の経営が各自治体の地方公営企業として，国の財政を基盤として自治体の管轄のもとで運営されてきたことから，行政領域では予算至上主義が問題とならなかった。また厚労省によって2年毎に改正される診療報酬によって医療収益は確保され，医師及び看護師等の医療従事者の数，国民皆保険制度，病床数等，国の医療政策による運営が行われてきたことから，市場原理は機能しなかった。しかし財政が厳しくなると医療経営の改善に費用対効果が注目され，公立病院の運営は経営改善政策に転換されるようになった。

医療機関の診療報酬は図1に示されるように，被保険者（患者）は，診療行為を受けた際に医療費の一部を支払うが，医療費の残額には保険会社との契約で支払っている保険料が充てられる。保険者（組合及び会社）が支払っている診療報酬は，医療機関が患者への医療提供について診療報酬の支払機関の審査を受けた後に，医療機関は診療報酬を受け取ることとなる。そのため査定で不当な診療となれば，医療機関は査定減返戻をすることになる。したがって医療機

関にとって診療報酬として得られる医業収益は査定をとおして確定されるという限定的なものである。つまり医療機関は診療報酬の点数表に従った診療を行うことになり，医業収益の幅を拡げる方法も残されているが，2年毎の診療報酬改定は，国の医療政策として経営に影響が及ぶことになる。すなわち医療機関の医業収益には診療報酬改定における経済及び社会の変化を考慮した政策的な影響が及ぶといえる。

一般に企業会計が導入されたという理由の1つは，これまで現金収支計算を基盤とする単式簿記から複式簿記の「収益－費用＝純利益或は純損失」という計算へ移行したことである。つまり，この損益計算の費用領域には，無駄な費用を削減する効果が期待される費用マネジメントの余地が残されているからである。医療機関における主要な収益は，診療報酬（入院診療収益と外来診療収益）である。したがって医療サービス提供と管理に消費されるコストをどのように管理していくべきかが重要となり，損益計算書における収益と費用のマネジメントに重点がおかれる。

図1　診療報酬の給付における医療機関への損益計算書への影響

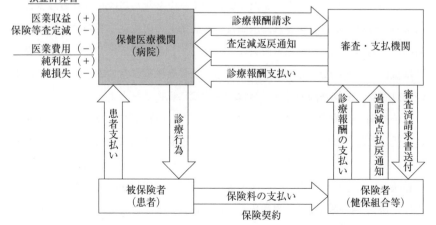

（出所）あずさ監査法人編（2010）『公立病院の経営改革』同文舘出版，139頁を基礎に作成。

おわりに　　73

　医療経営への影響要因として，まず1つには，厚労省の2年毎の診療報酬改
定がある。つまり，医療機関での診療行為について診療点数が診療報酬の評価
となり，その点数に従った診療行為が医療経営に影響することである。2つに
は，医療機関での患者への診療行為が診療報酬内の行為であるかどうかについ
て，診療報酬の支払機関の審査が行われることである[19]。以上の2つの制約の
もとで医療機関は診療報酬を受け入れることから，患者への診療行為がすべて
診療報酬につながるわけではない。診療報酬支払審査において，医療機関への
支払いが認められなかった場合には，診療報酬のうち，損益計算書の医業収益
から「保険査（等）定減」（第1章表4参照）という会計項目が控除される。医療
機関にとって「保険査（等）定減」は，診療報酬の医業収益（マイナス）に影響
することになる。

お　わ　り　に

　新ガイドラインは，当該公立病院が地域医療の確保のために果たすべき役割
を明らかにしている。これを受けて公立病院は，一般会計が負担すべき経費の
範囲についての考え方及び一般会計負担金の算定基準（繰出基準）を明示しな
ければならない。公立病院としての役割を果たすことを前提として，一般会計
等の繰出金（経費の負担の原則）が給付されることになる。したがって公立病院
改革では，民間的経営手法と企業会計が導入されたことで，経営目標の指標数
値設定をとおして，各医療機関の将来の持続可能な運営と民間病院を含め各医
療機関との経営比較を可能にすることになった。このことは「地域医療構想」
における各医療機関の機能分化及び統合によって，新ガイドラインでは，「医
療の質」の向上のため経営の効率化が求められている。医療経営における効率
化は，無駄な費用の削減等の資金的な経営だけではなく，再編・ネットワーク
化，地域医療構想・地域包括ケアシステムの構築は医療提供における人的及び
組織的なマネジメントに影響する。それには，地域における医療の機能分化に
おいて自治体の責任の明確化が求められる。それとともに地域における公立病

院の役割も明確化されるべきである。新公立病院改革ガイドラインでは住民の理解が重要となっていることも無視できない。しかしまだ医療，福祉及び介護領域のネットワークの構築，つまり新ガイドラインで打ち出された地域医療構想の構築には，まだ多くの課題が残されていることはいうまでもない。

[注]

（1）　総務省，自治財政局準公営企業室「新公立病院の現状と病院改革について」（2020（令和2）年7月10日）2頁。
（2）　内閣府「経済財政改革の基本方針2007」（閣議決定［平成19（2007）年6月19日付］）参照。
（3）　総務省，公立病院改革（http://www.soumu.go.jp）参照，東日本税理士法人編（2015）『病院再編・統合ハンドブック』12-35頁。
（4）　総務省，公立病院改革（http://www.soumu.go.jp）参照，東日本税理士法人編（2015）前掲書，159-160頁。
（5）　厚生労働省「平成27年度社会保障の充実・安定化について」（平成27年1月13日）6頁（参考資料4），平成27年度：公費904億，基金の負担割合：国2/3，都道府県1/3として，平成27年度以降は地域医療構想によって各医療機関の役割分担を策定して，①病床の機能分化・連携，②在宅医療の推進，③医療従事者等の確保・養成を計画している。
（6）　総務省，「新公立病院改革ガイドライン」1頁。
（7）　総務省，公立病院改革（http://www.soumu.go.jp）参照，東日本税理士法人編，前掲書，161-162頁。公立病院改革ガイドラインのなかで，「医療法（昭和23年法律第205号）に基づき，今後，都道府県が，地域医療構想を策定することとなる。」（2頁）としている。
　川渕孝一著（2014）『第六次医療法会計のポイントと対応戦略60』日本医療企画，67頁：医療法第六次改正では，都道府県は各医療機関からの病床機能の報告を活用して，医療計画を策定することが盛り込まれている。
（8）　総務省，「公立病院改革」（http://www.soumu.go.jp）参照。総務省「公立病院ガイドライン」（前ガイドライン，12頁）から引き継ぎ，同報告書では数値目標の達成に向けて，民間的経営手法の導入，事業規模・事業形態の見直し，経費削減・抑制対策，収入増加・確保対策などについて，具体的にどのような取り組みをどの時期に行うこととするかを明記する（6-7頁）ことを求めている。
（9）　総務省「新公立病院改革ガイドラインQ＆A（改訂版）」（改訂平成28年4月28日）によると，前ガイドラインで病床利用率の70％以下の3年連続が，事業の見直しの対象となった。通常一般病床では約80％が普通である。しかし新ガイドラインでは「職員給与費対医業収益比率」と「病床利用率」が必須目標からはずされ，「医業収支

おわりに　75

比率」が必須目標とされた。

(10)　総務省，公立病院改革（http://www.soumu.go.jp）参照。総務省「新公立病院改革
　　ガイドライン」4-5 頁。

(11)　同上，13-15 頁。

(12)　総務省，「資本制度の見直し」（http://www.soumu.go.jp），「地方公営企業会計制度
　　等研究会報告書」（2009（平成 21）年 12 月）参照。

(13)　同上。

(14)　総務省，総務省自治財政局公営企業課「地方公営企業の会計制度の見直しについ
　　て」（2013（平成 25）年 12 月），2012（平成 24 年 6 月）8 頁。（http://www.soumu.go.
　　jp）。本節では総務省の貸借対照表における図解説を会計処理に変えて解説している。

(15)　総務省，自治財政局公営企業課『地方公営企業会計制度の見直しについて』（2013
　　（平成 25）年 12 月）8-10 頁。

(16)　同上，10 頁。

(17)　同上，5 頁。

(18)　同上，2 頁。

(19)　あずさ監査法人編（2010）『公立病院の経営改革』同文舘。139-140 頁。

第4章

公立病院経営強化ガイドライン
―持続可能な地域医療提供体制の確保―

は　じ　め　に

　前述してきたように，総務省は「公立病院改革ガイドライン」を 2007（平成 19）年（以降，前ガイドライン），2015（平成 27）年（以降，新ガイドライン）[1] を公表して，各都道府県内の公立病院の経営改革を進めてきた。各自治体の管轄のもとガイドラインに従ったプランの策定が各公立病院に義務づけられ，各自治体は公立病院の経営改革を実施してきた。その間実態調査を行い，その結果を踏まえて，厚労省が行う医療政策とともに，総務省は財政措置を行ってきた。それを受けて各自治体は，地域における医療機関等との調整会議を重ね，各政策を実施した。

　その後，2022 年（令和 4 年）3 月 29 日には「持続可能な地域医療提供体制を確保するための公立病院経営強化ガイドライン」（以降，経営強化ガイドライン）が公表された。2020（令和 2）年以降コロナ禍に入り，2022（令和 4）年に公表された経営強化ガイドラインは，2015（平成 27）年新ガイドライン公表後，予定より遅れての公表であった。

　人口減少と少子高齢化に向けた病院数や病床数の削減は，これまで予想しなかった新型コロナ禍の状況に遭遇し，新たな「経営強化ガイドライン」では公立病院改革がどのような方向に向かうのかが注目される。

第1節　公立病院経営強化ガイドライン

　経営強化ガイドラインは，先の前ガイドラインと新ガイドラインを踏襲した内容である。しかしこれまでとは異なり，新型コロナ禍の医療現状を考慮し積極的な感染者の受け入れと病床確保，PCR 検査及びワクチン接種等に対応する公立病院の役割の意義が強調されている。それを受けて，①機能分化・連携強化の取り組み，②医師及び看護師等の人材不足への対応，③「経営形態の見直し」等の経営強化のプランの策定内容が[2]示された。これまでと同様に，③「経営形態の見直し」については地独法化が示唆されている。

　当該ガイドラインでは，公立病院に高質で効率的かつ持続可能な医療提供体制の整備が求められ，地域医療構想，地域包括ケアシステムが踏襲されるとともに，新たに医師の働き方改革・医師偏在対策等が追加された内容となっている。

1) 地域医療構想では「地域における医療及び介護の総合的な確保を推進するための関係法律の整備等に関する法律」（2014（平成26）年法律第63号），「新経済・財政再生計画改革工程表2021」（2021（令和3）年12月23日経済財政諮問会議決定）等，各都道府県における第8次医療計画（2024（令和6）年度-2029（令和11）年度）の策定作業，「地域医療構想に係る各医療機関の対応方針の策定や検証・見直しを求める」[3]といった公立病院への課題が示された。

2) 医師の働き方

3) 医師偏在対策

　経営強化ガイドラインの基本的な考え方は，公・民の役割分担のもと，地域における必要な医療提供体制の確保，公立病院の安定した経営のもと，へき地・不採算性の医療機関への医師等の派遣等，医療・高度医療等を持続的に提供する役割を公立病院が担うこと，医師・看護師等の医療資源を地域全体で効率的に活用することを重視すること，地域連携強化のため「機能分化・連携強

化」について中核的医療を行う基幹病院を中心として行うことなどである。したがって不採算地域の病院への医師・看護師等の派遣等，公民の医療機関との連携，さらに，かかりつけ医療を担う診療所等との広範囲の連携が求められている。

当該ガイドラインに従って，各地方公共団体は，2022（令和4）年又は2023（令和5）年中に公立病院経営強化プランを策定して改革に取り組むことになる。

第2節　公立病院経営強化プラン策定の内容

当該プランの策定[4] には，以下の内容が盛り込まれている。

(1) 地域医療構想等を踏まえた当該病院の果たすべき役割・機能

(2) 地域包括ケアシステムの構築に向けて果たすべき役割・機能

(3) 機能分化・連携強化

(4) 医療機能や医療の質，連携強化等に係る数値目標 （経営の効率化）

(5) 一般会計負担の考え方

(6) 経営形態の見直し

以上の内容を基盤として，持続可能な地域医療提供体制を確保するため医師・看護師等の不足に対処し，新興感染症の感染拡大時等への対応を含めた公立病院改革をめざしている。

なかでも一般会計負担は補助金であることから，一般会計負担について，当該ガイドラインから抜粋することにする。

地方公営企業又は公営企業型地方独立行政法人として運営される以上，「独立採算を原則として，①当該病院の経営にともなう収入をもって充てることが適当でない経費，②当該病院の性質上，能率的な経営を行ってもなおその経営にともなう収入のみを持って充てることが客観的に困難であると認められる経費については，一般会計や設立団体等において負担するものとされる」として，一般会計からの繰り出しが認められている。したがって2つの設立団体は，プランには当該公立病院の果たすべき役割と機能に対応することで，一般

会計等で負担すべき経費の範囲についての考え方とその算定基準（繰出基準）を記載することで，一般会計負担が容認される[5]。以上の内容から地方公営企業と地方独立行政法人の経営形態を前提として，一般会計負担の考え方が示されている。

次節では，前・新ガイドラインからの引き継ぎの課題である「経営形態の見直し」に焦点を絞ることにする。

第3節　総務省の「経営形態の見直し」の方向性

公立病院（853病院数：2020（令和2）年末時点）の「経営形態の見直し」における現状はグラフ1の状況にある。経営強化ガイドラインでは，総務省は，以下のように「経営形態の見直し」について述べているものの，地独法化を示唆している[6]。

1) 地方独立行政法人（非公務員型）

地方公共団体が直営で事業を実施する場合に比べ，予算・財務・契約・職員定数・人事・給与等の面で，自律的・弾力的な経営が可能となるとして，権限

グラフ1　公立病院（853病院：2020（令和2）年末時点）における「経営形態の見直し」の状況

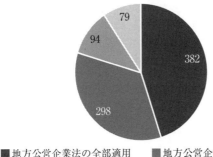

■地方公営企業法の全部適用　　■地方公営企業法の一部適用
■地方独立行政法人　　　　　　■指定管理者制度

（出所）総務省，「持続可能な地域医療提供体制を確保するための公立病院経営強化ガイドライン」資料1抜粋。

と責任の明確化に資する。

2) 地方公営企業法の全部適用（同法第2条第3項）

この経営形態は，財務規定のみならず，同法を全部適用するものであり，事業管理者に対して人事・予算等に係る権限が付与され，自律的な経営が可能である。しかし比較的取り組みやすいが，経営の自由度拡大の範囲は，地方独立行政法人に比べ，限定的である。

3) 指定管理者制度（地方自治法第244条の2第3項）

指定管理者制度は，法人その他の団体に属する。地方公共団体が公の施設を管理し，民間の医療法人等を指定管理者として指定して管理させる。

4) 事業形態の見直しを検討する場合は，当該公立病院の地域における役割と機能の見直しをした場合には，将来への持続可能性の観点から，民間譲渡又は診療所，介護老人保健施設等への転換等の場合には，当該見直しの概要について記述する[7]。

以上のような内容で，経営強化ガイドラインでは「経営形態の見直し」につ

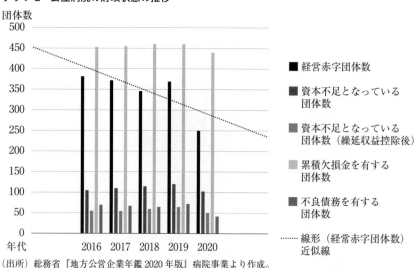

グラフ2　公立病院の財政状態の推移

（出所）総務省『地方公営企業年鑑2020年版』病院事業より作成。

グラフ3　地方独立行政法人化した医療機関の赤字経営の現状

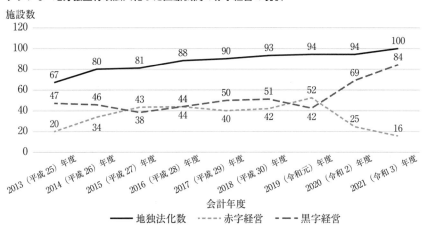

（出所）総務省、『地方公営企業年鑑』病院事業決算状況（2013年-2020年度決算）より作成。

いて述べている。「経営形態の見直し」の各自治体の状況は、前述のグラフ1に示すように地方公営企業法の一部適用・全部適用にとどまっているのが現状である[7]。

しかしグラフ2の累積欠損金を繰り越している団体が多い現状からみて、地独法化への移行はまだ課題が多いといえる。グラフ3から経常赤字団体数は減少傾向にあるが、グラフ2からは累積欠損金を有する団体は減少傾向とはいえない。地独法化への組織変更には累積欠損金がゼロになることを条件としていることから、現状からみて地独法化への組織変更はむつかしいであろう。これまで公立病院が地独法化した後も、グラフ3に示すように赤字経営がみられるからである。

次に、総務省は、経営強化ガイドラインの実施にあたり、以下のような財政措置をした。

第4節　経営強化ガイドラインの財政措置

総務省は、都道府県が医療法に基づき地域医療構想、医師確保計画等の整合

性を確認して，経営強化プランに基づく取り組みを実施する際に生じる必要な経費（原則，2022（令和4）年から2027（令和9）年度までの間を対象）について，以下のような財政措置を講じる[8]としている。

1. 経営強化プランの作成等に係る措置
2. 機能分化・連携強化にともなう施設・設備等に係る措置
3. 医師派遣等に係る措置

以上の事項について財政措置を行うとして，2の機能分化・連携強化にともなう施設整備等に係る病院事業債（特別分），3の医師派遣に係る特別交付税措置の拡充が示されている。その背景にある理由は，公立病院規模の大小によって修正医業収支比率に格差があり，小規模公立病院は厳しい状況にあるとしている。これは，200病床未満の医療機関の医師確保が進んでいないという調査結果によるものである。また機能分化・連携強化は，病院や経営主体の統合よりも，病院間の役割分担と連携強化に主眼をおき，持続可能な地域医療体制の確保のための「経営強化」が示された[9]。

お わ り に

以上，前ガイドライン（2007（平成19）年），新ガイドライン（2015（平成27）年），経営強化ガイドライン（2022（令和4）年）等，3つのガイドラインが公表され，公立病院改革プランの策定が各公立病院に義務づけられた。

経営強化ガイドラインの「経営形態の見直し」では，地独法化への方向性が示されている。しかし現在では地方公営企業法の全部適用と一部適用の公立病院が多いことから，多くの各自治体の公立病院は，地方公営企業会計制度，つまり地方公営企業法の財務規定に準拠した財務諸表を作成している。前述したように，2012（平成24）年に公営企業会計制度が改正され，資本制度の見直しに際して「みなし償却」は廃止され，企業会計に近づき透明性が付与された。

「経営形態の見直し」に際して，公立病院が地独法化した場合には，地方独立行政法人会計基準が適用されることになる。

おわりに　*83*

　つまり地方公営企業法の財務規定では,「資本の部」の会計処理には議会の決議及び条例の影響が及ぶが,地独法化した公立病院（公営企業型）は,地方独立行政法人会計基準に従って財務諸表を作成することとなる。それは企業と同様に,公認会計士の監査の承認を経て監査報告書が作成され,一般に公開されることとなる。

　地方公営企業会計制度に準拠した公立病院の財務諸表は,各自治体の運営のもとで,これまでどおり,未処理利益剰余金の処分等について条例及び議会の決議に委ねることになる。

　2つの会計制度のうち,どちらを選択するかは,「経営形態の見直し」の選択にかかっている。

［注］

（1）　総務省,総務省自治財政局「持続可能な地域医療提供体制を確保するための公立病院経営強化ガイドライン」（2022（令和4）年3月29日）当該ガイドラインは,各自治体に対して「新公立病院改革ガイドライン」（2015（平成27）年3月31日付総財準第59号総務省自治財政局長通知）を引継ぎ,新公立病院改革プランを策定して病院事業経営の改革を求めるものである。

（2）　同上,4頁-13頁。

（3）　同上,2頁。

（4）　同上,5頁-8頁。

（5）　同上,8頁。

（6）　同上,11-13頁。

（7）　同上,23頁。2020（令和2）年度末時点の「経営形態の見直し」の状況について,一部適用298病院（34.9%）,全部適用382病院（44.8%）,地方独立行政法人94病院（11.0%）,指定管理者79病院（9.3%）という総務省の調査結果となっている。

（8）　総務省,自治財政局準公営企業室「持続可能な地域医療体制を確保するための公立病院経営強化ガイドラインについて」（2022（令和4）年4月20日）（資料1）,10頁,「公立病院経営強化に係る地方財政措置について」（資料2）,「公立病院経営強化ガイドライン等に関する説明会」（資料1）（2022（令和4）年4月20日）（https:www.soum.go.jp）。

（9）　同上。

第Ⅱ部　ドイツ医療経営改革
（日独比較を踏まえて）

第5章

ドイツの公的医療機関の民営化の動き（2000 年代初期-2010 年）

は じ め に

　わが国における公立病院改革は，厚労省による医療提供体制の医療政策と総務省による財政健全化を基盤とした「公立病院ガイドライン」に従って実施されている。公立病院にとって，特に，「経営形態の見直し」は，財政難，少子高齢化という社会現象と，医師及び看護師不足の医療現場を取り巻く環境の変化のなかで直面する課題となる。その「経営形態の見直し」の選択肢には，地方公営企業法の全部適用，地独法化，指定管理者制度の導入，民間医療機関への譲渡等がある。どの経営形態をとるかは会計制度と関係する。

　以上のわが国の「経営形態の見直し」の課題を踏まえて，本章では，ドイツの公的医療機関の民営化の動きに注目する。というのは，ドイツの公的医療機関が会社形態へ組織替えした事例が，2000 年代初期から多くみられるようになったからである。その民営化には民間医療機関による公的医療機関の買収だけではなく，公的医療機関の間での組織再編等，医療機関の組織再編が顕著にみられる。民間医療機関のなかには，2000 年代初期に証券取引所に株式及び債券を上場し，株式会社（AG）形態をとるとともに，持株会社（コンツェルン）の会社形態をとる事例もある。

　わが国では医療機関は非営利組織として認識されてきたが，ドイツの医療機関は企業組織に民営化したことから，営利組織の会計をとることになった。さ

らに，その民営化が非財務情報の開示に向かうきっかけとなっている。企業の
グローバル化と同様に，医療関連組織の団体が，高質の医療サービスを提供す
ることをめざし，質的マネジメント報告書，環境保護を配慮した経営のための
環境報告書，コーポレート・ガバナンス報告書等，財務情報以外の内部情報を
公表し，上場企業に義務づけられた制度を取り入れた経営に向かっている。

　近年大規模民間医療機関がヘルスケア会社の傘下のもとにグローバル企業と
して，医療機関の経営は海外へ拡がっている。

　本章では，公的医療機関を買収している大規模民間医療機関に焦点をあて
て，組織形態と会計を考察することにする。

第1節　各州の公的医療機関と民間医療機関の動向

　ドイツの医療機関の形態[1]は，連邦統計（Bundesstatistik）で，公的（Öffentlich-
er Träger），非営利（Freigemeinnütziger Träger）及び私的形態（Privater Träger）[2]
に分類され，開設主体別に公的医療機関，非営利医療機関，民間医療機関に大
別される。わが国の各自治体の公立病院は医療行為の提供に特化した病院とし
て機能しているが，ドイツの公的医療機関（又は各州の自治体病院）・民間医療機関
は，医療だけではなく，リハビリ，介護等の一連の医療関連施設から構成される。

　ドイツの病院改革は，各州別の公的医療機関（自治体及び大学開設の病院）が対
象となっている。非営利医療機関と公的医療機関の民営化が進み，これら2つ
の組織形態数は減少傾向にあり，民間医療機関が増加傾向にある（第14章グラ
フ1参照）。

　これまで経営破綻するか，又は赤字に陥った公的医療機関が多かったことか
ら，2000年代初期以降，公的医療機関の経営改善に向けた民営化が進んだ。
その具体的な事例として，1つには各自治体の権限のもと公的医療機関が株式
会社（AG），或いは有限会社（GmbH）等へ組織変更する民営化（形式的民営化）
がある。また2つには民間医療機関による公的医療機関の買収等によって大規
模民間医療機関の傘下に入って組織変更する民営化（実質的民営化）がある。

まず形式的民営化は，民間医療機関と同様に公的医療機関が株式会社（AG）或いは有限会社（GmbH）に組織変更する形態である。その際に当該医療機関は，社会法［社会保障法］典第5編（Sozialgesetzbuch＝SGB V：以降，社会法典（SGB V））を基礎として企業と同様に商法典第Ⅲ編（Handelsgesetzbuch Ⅲ＝HGB：以降，商法（HGB））における会計規定を適用する。この形式的民営化では，医療機関が会社形態をとるため，商法上の個別決算書を作成し，官報で公開している。その会社形態の医療機関は，各州の自治体の所管のもとで運営が行われる。いわゆる州レベルでの公的医療機関の会社形態への組織替えである。その際に同州域内の他の公的医療機関（大学病院も含む）のグループが形成される。この医療機関の統合は持株会社（コンツェルン）形態をとり，各自治体による運営のもとに医療機関がグループを構築している。

一方，実質的民営化は，大規模民間医療機関（4大持株会社から3大持株会社へ組織再編：第7章参照）による公的医療機関の買収であり，公的医療機関が大規模民間医療機関の傘下に入る形態である。

ヘルスケア会社，保険会社等の全土に及ぶ医療機関のネットワークによるグループとなった大規模民間医療機関は，持株会社（コンツェルン）として経営の全体を統括する連結決算書を作成している。つまりグローバル企業の傘下にある公的医療機関は，商法（HGB）だけでなく，国際財務報告会計基準（以降，IAS/IFRS）を適用した連結決算書に組み入れられ公開される。したがって組織再編と会計制度の関係は密接に関わっている。

第2節　4大民間医療機関の経営組織

1. 医療機関の組織形態

ドイツにおける医療改革の背景を歴史的にみると，1970年代頃から医療費が増える傾向にあり，医療費抑制の必要に迫られた結果，それに関連した法改正が行われた。しかしその成果は得られず，1970年に社会法典第5編（SGB V）に公的医療保険制度が導入された。それを契機に医療保険改革が行われたが，

個人の医療費負担は拡大し，その影響は公的医療機関にも及ぶことになった。そのため公的医療機関の経営改善が必要となった[3]とされる。

医療機関の形態は法律的には定義されていない。そのため本書では，連邦統計の分類に従って，非営利，公的，私的の開設別の医療機関に分類している。そのなかで，公的形態には，連邦（国），州，管区（県），郡，市或いは社会法人団体（労働組合，目的別団体）・社会保険形態（州保険，職業組合）による施設に分類されている。また非営利形態には，教会及び福祉介護，教会自治，民法上の団体等の施設がある。私的形態（以降，民間医療機関）は営利企業としての施設，営業規則法（Gewerbeordnung）第30条に従って認可を必要とする施設の形態である[4]

3つの開設別の形態の施設について，1991年から2009年までの推移をみても，公的施設が減少している一方，私的施設が増加していることが明らかになる（第7章グラフ1参照）。

医療機関に関連する法律は，医療報酬法と連邦医療保険支給額省令，病院財政法（Krankenhausfinanzierungsgesetz＝KHG：以降，KHG）を基礎としている。医療機関の会計では，基本的には病院財政法（KHG）に基づき決算書を作成している[5]。いわゆる「病院会計」は，企業会計と同様に経営を数字的に認識し，計画及び管理するために，内部会計（原価計算）と外部会計（財務会計）に区分される。そのうち外部会計は，貸借対照表と損益計算書に，すべての取引を簿記に基づき計画的，網羅的及び規則に従って記載及び表示することを求めている。その記帳と決算書は，債権者保護，患者への情報ならびに経営者及びその他の監査機関への情報に役立つものでなければならない[6]。

私的形態の医療機関，つまり民間医療機関は個人病院の他に，組織的には有限会社（GmbH），有限合資会社（GmbH & Co. KG），株式会社（AG）等の形態をとる。しかし各組織が統合して規模が大きくなると，持株会社（コンツェルン）の形式をとるようになる。図表1に示すように，世界的にもドイツでは4つの民間医療機関（2000年から2012年頃まで）の規模が大きく，公的医療機関等を買収している医療機関でもある。その他民間医療機関のうち Mediclin AG., Mar-

seille-Kliniken AG., Maternus Klinik AG., Eifelhöhen Klinik AG., Median
Kliniken GmbH & Co. KG. 等[7] が証券取引所に上場している（2011年11月現在）。
本書では，図表1にある4大民間医療機関の経営をみていくことにする。

2. 民間医療機関の4大持株会社（コンツェルン）

　図表1の持株会社（コンツェルン）の医療経営には，図表2に示すように，そ
れぞれ特徴がある。証券取引所に上場している持株会社（コンツェルン）は企業

図表1　2008年の世界の大規模民間病院（コンツェルン）

	会社名	医業収益 （10億ユーロ）	従業員 （人）	病床	株式所有形態
アメリカ	Hospital Corporation of Amerika	20,1	183,000	38,000	① Bain Capital, ② Kohlberg kravis Roberts & Co, ③ Merrill Lynch Global Private Equity.
ドイツ	Rhön-Klinikum AG	2,1	33,679	14,828	①創立者16%　②機關投資家51%　③機関投資家9%　④新株発行に際して，企業創立者の株式12.45%
ドイツ	Fresenius Helios Gruppe	2,1	30,088	17,149	Pharma-und Medizintechnik SE, Else-Kröner Fresenius stiftung 50%以上
ドイツ	Asklepios Kliniken GmbH	2,3	36,000	21,000	Bernard Broermann
フランス	Générale de Santé	1,9	21,500	16,138	個人企業47%, DeA Capital（イタリア）43%
ドイツ	Sana Kliniken AG	1,1	16,500	8,200	33民間医療保険会社
スウェーデン	Capio	1,3	14,500	約8,100	APAX, Nordic Capital
南アフリカ	Netcare	0,8	19,681	8,678	Public Investment Corporation 17.0%
イギリス	General healthcare Group	0,9	9,200	2,840	Netcare SudAfrika 50.1%, APAX31.7%

（出所）　Böhlke, Nils/Gerlinger, Thomas/Mosebach, Kai/Schmucker. Rolf/Schulten Thorsten（2010），
　　　　Privatisierung von Krankenhäusern. S. 204 より抜粋。

92 第5章 ドイツの公的医療機関の民営化の動き（2000年代初期〜2010年）

と同様に，株式及び社債発行によって資金調達をしていることから，EU域内の証券取引所に株式及び債券を上場して，連結決算書にはIAS/IFRSを適用している。

　民間医療機関が持株会社（コンツェルン）として規模を拡大した背景には，小規模及び赤字経営の公的医療機関を買収していく現状がある。それとともに連携した医療機関を基礎として情報ネット網を活用し，広い範囲にわたって多くの患者を受け入れている[8]。また高齢化社会に適応するために老人ケア施設，リハビリ施設，健康増進施設，学校経営，ホテル経営等の多角経営を行っている[9]。資金調達の観点からみると，M-DAXに上場している医療機関の他に，企業の傘下にある医療機関は直接金融の資金調達方法をとる。その他に，民間医療保険会社が出資し，保険会社間で資金調達を行う[10]など，保険会社創設の民間医療機関がある。図表2は，4大民間医療機関の特徴を示している。

　上記の4大規模の民間医療機関の経営には，次のような特徴がある。

(1) HELIOS Kliniken GmbH（以降，HELIOS）は，2005年にFresenius SE（フレゼニウス欧州株式会社：以降，Fresenius SE）[11]が買収した医療機関である。Fresenius SEの傘下に入ったHELIOSはFresenius SEの子会社となった。HELIOSも2011年には，Damp Gruppe（11の医療機関を持つグループ）を買収し，さらにカトリック教会のルーイスブルク医療機関の51%の株を取得して経営規模を拡張している。それ以降もFresenius SEは他の医療機関を買収して規模を拡張している。

(2) Rhön Kliniken AG.（以降，Rhön）は，数多くの公的及び民間医療機関を買収し経営規模を拡大した（第7章参照）。Rhönは大学病院を最初に買収した医療機関であり，2006年にマールブルク・ギーセン大学病院を買収した。最初の資本増資は1989年であり，1989年11月27日にミュンヘン及びフランクフルトの証券市場（規制市場：優先株）に上場した。Rhönは，その後1991年には，2つの証券市場（普通株：優先株）で資本を増資し，1995年，さらに2009年に増資を続けて規模を拡張し続けた民間医療機関である。Rhönによる医療機関の買収数は2005年にピークに達し，12の

図表 2 大規模民間医療機関（コンツェルン）の開示に関する特徴

医療機関名	Rhön Klinikum AG	HELIOS Kliniken GmbH	Fresenius / HELIOS SE & Co. KGaA /	Sana Kliniken AG	Asklepios Kliniken GmbH & CoKGaA
本所在地	バード・ノイシュタット	ベルリン	バード・ホンブルク（フランクフルト）	ミュンヘン	ハンブルク
経営組織	取締役会・監査役会・理事会	有限会社	FreseniusSE（欧州株式会社）（監査役会・取締役会・監査委員会・人事委員会・指名委員会）	医療専門評議会（Medizin Board）	監査役会、取締役会、総会（同族会社）
上場形式	M-DAX, DAX-100, CDAX-総インデックス、CDAX-化学・健康、規制取引（プランツブルト・ミュンヘン）、自由取引（ベルリン・ミュンヘン・ブレーメン・デュッセルドルフ・ハンブルク・スッツガルト）	HELIOS有限会社（GmbH）は、2005年Fresenius に買収された（右段参照）。	1981年株式会社へ変換・1986年上場して、M-DAX（2000年）・CDAX（2001年）・Dow-Jones STOXX（2001年）、Fresenius が2005年 Helios Kliniken Gruppe を買収した。	2006年までは有限会社、2007年に株式会社に組織変更した。	社債をベルギー証券取引所で上場している（2010年9月9日以降）。
分野	急性期・大院・リハビリ等	急性期・リハビリ・入院及び外来・老人ケア等	医療技術・公衆衛生・薬品等	急性期・リハビリ・介護施設等	医療に関わる多角的分野
株主所有構造	Münch 16%, ドイツ機関投資家 9%, その他ヨーロッパ機関投資家 29%, アジア及び北アメリカ機関投資家 22%, 浮動株 24%		Else-KrönerFresenius58%, Allianz生命保険会社 10% その他 32%	保険会社100%所有（DKV 20.3%, SIGNAL 14.5%, Alianz Private 13.8%, Continentale 10.1%, Debeka 10.1%, Barmenia 3.7%, Deutscher Ring 4.2%・その他の26私的病院保険。23.3%）	
営業報告書　連結決算書の適用会計基準（初度適用）	IAS/IFRS（2004年）	IAS/IFRS（2002年）	US-GAAP（2001年）US-GAAP/IAS・IFRS（2004年）	IAS/IFRS（2007年）	IAS/IFRS（2008年）
営業報告書　その他	個別決算報告書、中間決算報告書、商法第289条に従った報告書・普通株の所有構造・利益告知、株主総会招集など	医学的報告書（2003年～2006年）（Wissensbericht）	四半期決算書・株式オプション計画・債務関係など	医療費の開示・医者及び医者の専門について開示	2007年から2009年営業報告書まで開示している。
営業報告書　コーポレート・ガバナンス報告　有/無	有	2003年～2005年営業報告書には、環境及びエネルギーの項目がある。その質的マネジメント処理の改善を目的にしている。	有（営業報告書とは別に開示している。）	有	概要が営業報告書で記述されている。
営業報告書　環境報告書　有/無	有		各所在地別に環境政策をホームページで公表している。	各販売店又は医者ネットワークで公表しているエネルギー等の節約、廃棄物削減など。	
営業報告書　質的マネジメント　有/無	有			3つの質的経営①配置されたホームページ②医療の相談②医療結果のシステムに沿った③患者の満足度の測定	企業責任報告書
営業報告書　内容	営業報告書とは別の報告書として公表している。	1999年以降、医療年報（Medizinische Jahresbericht）が2006年～2007年まで公表されている。医療におけるサービスが説明されている。2008年以降、医療の専門医の公開まれる。各地域及び部門別の専門医の測定。			営業報告書（状況報告書）に含まれる。

（出所）4 大民間医療機関（コンツェルン）の2010年営業報告書・HP より作成。

医療機関を買収している（第7章グラフ3参照）[12]。しかし2012年頃から4大規模の民間医療機関から撤退することになる（第7章，第14章参照）。

(3) Sana Kliniken AG（以降，Sana）は，民間医療保険会社が出資した民間医療機関会社であり，民間医療保険団体（Verband der privaten Krankenversicherung＝PKV）が出資者である。ブルー報告書を公表し，高齢化社会のなかで高齢者と若者が共存し，患者と医師が近代的な医薬品との付き合い方，質と信頼を築くことに努めるとともに，社会的責任の1つとして，予防（Preväntion）のサービスを提供している。ITをとおして各医療機関の医師の専門及び所在地の情報を公開することで，患者がドイツ全土から医師を探し専門医の治療を受けることができる体制を整備している[13]。

(4) Asklepios Kliniken GmbH & Co. KGaA（以降，Asklepios）は，従来は同族会社の医療機関であったが，2010年9月末に証券取引所に債券を上場した。患者へ医薬及び健康管理の情報提供（雑誌inter）を公開し，さらに予防報

図表3　ディスクロージャーの状況

	Rhön Klinikum	HELIOS Kliniken	Sana Kliniken	Asklepios Kliniken
資金調達	株式発行による増資・債権発行	Fresenius 欧州株式会社（SE）	33社の民間保険会社	社債・株式発行（ルクセンブルク証券取引所・規制市場）
営業報告書	連結決算書コーポレート・ガバナンス（質的報告書）リスクマネジメント	連結決算書質的マネジメント	連結決算書質的マネジメントリスクマネジメント業績報告書	連結決算書質的マネジメントリスク・チャンスマネジメント業績報告書
環境保護・エネルギー報告書	○			
学術報告書		○		
医療年度報告書		○		
医師の再教育	○			
医師のキャリア		○	○	
患者への情報開示		○	○*	○
予防報告書			○	○

（出所）　各4大民間医療機関（コンツェルン）の営業報告書2010及びホームページから作成。＊は雑誌発行。

告書（Präventionreport）を公表している。予防報告書に関する健康増進及び予防のための多角経営（例：フィットネス，ゴルフ，ホテル，学校等）が行われている[14]。

4大民間医療機関は，高齢化社会という環境のもとで経営組織の連携を拡大していることに共通点がみられる他，民間医療機関として公的・非営利医療機関より早い時期に，図表3に示すディスクロージャーを充実させている。

以上のような民間医療機関のディスクロージャーが進むなかで，赤字経営の公的医療機関を買収することにより，民間医療機関は国内的にはドイツ全土にネットワークを拡大し，国際的にもグローバル化を進めている。

第3節　4大民間医療機関の経営戦略

4大民間医療機関は，資金調達方法に向けた投資家保護を基礎として財務報告，環境保護，質的マネジメント等の戦略的経営を行っている。ディスクロージャーの対象となっているのは，特に，1. 医業収益及び費用，2. 環境への配慮，3. 高質の医業サービスの提供である。本節では，2010年営業報告書において，環境保護の数値的分析を開示しているRhönの事例を取り上げる。

1. 医業収益及び費用

民間医療機関にとって医業収益（売上高）は，外来患者及び入院患者からの医療報酬が対象であり，その収益は人件費及び諸経費を賄うために重要となる。医業収益と人件費，材料費，その他の費用の割合をグラフ1で示すと，売上高（医業収益）51%，材料費13%，その他の費用5%，人件費31%の収益と費用の構成で費用が賄われている。この収益状況から生じる図表4の税引前利益（EBT），EBIT，EBITDA等の5年間の収益力は上昇傾向にある。

2. 環境保護に関わる配慮

環境保護について，Rhönは，図表5のように環境報告書で有害物質及び残

グラフ 1

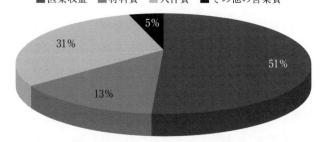

（出所）Rhön Klinikum AG, *Geschäftsbericht 2010*, S. 110 より作成。

図表 4　Rhön Klinikum AG 収益力の推移

（単位：1,000 ユーロ）

	2006 年	2007 年	2008 年	2009 年	2010 年
EBT	125,706	137,085	142,912	158,709	173,852
EBIT	146,143	157,490	172,077	181,998	197,857
EBITDA	221,176	249,262	262,757	283,994	307,256

（出所）　Rhön Klinikum AG, *Geschäftsbericht 2010*, S. 1 より作成。

余ゴミ，エネルギー及び水消費についての資料を開示している。

　図表 5 は，エネルギー消費が上昇しているにもかかわらず，患者 1 人あたりのエネルギー消費の節減に成功していることを示している。さらに水消費は，1 患者別の水消費の節減に努めている。またグラフ 2 で示すように患者及び従業員の総人数が増加しているにもかかわらず，水消費は減少している。一方残余ゴミ量は上昇しているなかで，患者数も増加しているが，1 患者別残余ゴミはゆっくりと減少傾向にある。今後課題となるのは，汚染物質の上昇と下降の繰り返しの変化に対して，安定した有害物質の削減に努めることが課題となるであろう。

　環境報告書を開示することで，環境を配慮した経営を行っていることが示さ

図表 5　環境報告資料

		2006 年	2007 年	2008 年	2009 年	2010 年
病院数		45	46	48	53	53
病床数・施設		14,703	14,647	14,828	15,729	15,900
従業員数		30,409	32,222	33,679	36,882	38,058
患者数		1,394,035	1,544,451	1,647,972	1,799,939	2,041,782
エネルギー						
主要なエネルギー消費	メガワットアワー	876,605	831,582	865,775	865,103	929,828
患者別消費	1患者あたり	0.63	0.54	0.53	0.48	0.46
排出量						
温室効果ガス排出量	リットル	193,858	182,687	190,200	190,128	202,925
汚染物質排出量	1患者あたり	255	235	244	243	265
水						
水消費	立方メートル	1,727,091	1,672,021	1,710,111	1,716,646	1,810,706
患者別消費	1患者あたり	0.89	0.95	1.04	1.08	1.26
ゴミ						
ゴミ残量	キログラム	9,007	9,447	9,799	10,084	11,235
患者別ゴミ残量	1患者あたり	6.5	6.1	5.9	5.6	5.5

（出所）　Rhön Klinikum AG, *Geschäftsbericht 2010*, S. 63.

グラフ 2

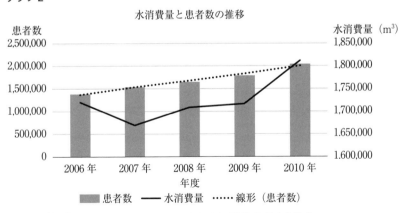

（出所）Rhön Klinikum AG, *Geschäftsbericht 2010*, S. 63 より作成。

98 第 5 章 ドイツの公的医療機関の民営化の動き（2000 年代初期～2010 年）

れている。そのことが民間医療機関の社会的責任につながり，質の高い組織経営を行っていることの表れとして，医療経営において質的マネジメントにも配慮することになる。

3. 質的マネジメント（QM）

各医療機関によって，「質的マネジメント」について，さまざまな方法が示されている。そのなかで，Asklepios の質的マネジメントを取り上げると，高質の医療サービスの提供をめざして，患者へのアンケート調査を行い，質の高いサービスを提供する方向性がみられる。質の哲学，質の測定，看護の質，ルーチンワークの改善，医療処理，医薬品等から医療に係るすべての評価を行っている[15]。

HELIOS の場合には，優れた質をめざすことは弱点を明らかにし，透明性を保ち，原因を調査したうえで具体的な改善に導かれなければならないとして，結果の改善のためには，医療処理に際しての誤りを回避することであるとしている。患者にとって直接有利となるコスト的な節減をすることで，質と経済性は互いに背反するのではなく，目的にあった効果ある医薬品が選定されている[16]，と質のマネジメントを示している。

以上の民間医療機関の医療経営では，非財務情報が開示されており，2009年会計法近代化法（BilMoG）の改正で制度化される以前に，民間医療機関は，既に非財務情報の開示に取り組んでいたことが明らかになる。証券取引所に株式及び債券を上場することで，経営戦略として，「医療の質」と非財務情報の開示に努めていた[17]。それは，民間医療機関が組織再編に際して，経営戦略として，非財務情報等の開示に取り組んでいたことを示している。

お わ り に

以上のことから，2000 年代初期の公的医療機関の民営化が加速する一方，民間医療機関による再編及び統合が進むなかで，「成果（収益）」追求の傾向は

否定できない。しかし民間医療機関における組織の拡大は，社会に及ぼす影響も大きく，その結果，組織の透明性が求められ，ディスクロージャーの対象が財務報告，質的マネジメント，環境報告を含めたコーポレート・ガバナンス等の非財務情報の開示に向かっていると考えられる。このような医療領域に新しい動きがみられるようになった背景には，公的医療機関の施設が減少し，民間施設が増加している現状がある。というのは2000年代初期に公的医療機関の経営改善の必要性が問われる社会現象があったからである。高齢化社会では医療費が上昇し，医療領域に市場原理が生まれたが，その一方では効率性追求の流れに，医療サービスに対する「質の向上」が求められた。

2000年代初期，NPMが公的領域へ普及し，民間的経営手法への移行の過渡期に，民間医療機関は新しい医療経営を先導していた。つまり，民間医療機関は，経営戦略として，公的医療機関の民営化にともない情報開示と環境問題，質的マネジメントに向けた動きをしていた。他方，ドイツの公的医療機関に非財務情報の開示が普及している背景には，2009年会計法近代化法（BilMoG）改正がある。後章では，民間医療機関と公的医療間の組織再編がどのように変化していくかを探究する。

[注]

（1）　Klinik, Krankenhaus, Einrichtung等で病院施設を示すが，Klinikはわが国の無床或いは病床数20床以下のクリニックとは異なり，わが国の総合病院，大学病院等の病院を意味している。本章では，ドイツの自治体病院を医療機関と称しているのは，一連の組織形態が病院を中心に医療関連業が統合した組織となっているからである。

（2）　ドイツ連邦統計局の資料では医療機関は，開設者別として非営利施設・公的団体施設，民間団体施設に区分される。非営利施設は，慈善団体，協会等の開設者による非営利医療機関であり，公的医療機関は，国，州，市町村，郡，行政管区等の開設者による医療機関，民間団体施設の開設者は私法上の団体による医療機関である。

（3）　ドイツは医療保障制度を導入した国として知られ，19世紀末頃から社会保険制度を整備してきた。20世紀初期には医療保険制度も体系的に整備され，医療保険給付が拡大されていた。しかし1970年頃から政府は社会法典（Sozialgesetzbuch＝SGB）の編纂に着手し，社会法典第5編に公的医療保険（GKV）を基礎に全面的な改定を行った。それは1970年代中頃に医療費の増加傾向が続き，医療費抑制をめざす医療保険改革が

100　第5章　ドイツの公的医療機関の民営化の動き（2000年代初期〜2010年）

行われる必要があったからである。1989年には医療保険改革法（GRG）が行われたが，期待される成果はなく，1993年に医療保険構造法（GSG）が制定され，GRGを上回る抜本的な改革が行われた。1997年第3次医療保険改革，2000年「医療保険改革2000」が施行され，2004年には「医療保険近代化法」（GMG）が制定され，患者負担の拡大，給付縮小，医療給付体制の改革等が行われた（医療経済研究機構編「ドイツ医療保険制度概要」『ドイツ医療関連データ集』平成22年3月，90-91頁）。

（4）　Statistisches Bundesamt, *Gesundheit-Grunddaten der Krankenhäuser 2009*, Wiesbaden 2011. Heubel, Friedrich/Kettner, Matthias/Manzeschke, Arne［Hrsg.］（2010）*Die Privatisierung von Krankenhäusern*, S. 18.

（5）　この法律は，病院及び介護の経済保障のための法律（1991年4月10日）として施行され，2000年医療保障改革法（健康改革法GKV）によって改正された。Hentze, Joachim/Kehres, Erich（2007）, *Buchführung und Jahresabschluss in Krankenhäsern*, Stuttgart, S. 13.

（6）　Hentze, Joachim/Kehres, Erich（2007）, *a. a. O.*, S. 14.

（7）　Investor情報（http://www.boersen-zeitung.de/）（2011年11月11日）。上場企業の株価を掲載している。証券取引所に上場している会社は，資本会社として株式会社だけが上場しているのではなく，有限会社，有限会社及び合資会社等の会社形態が上場する場合がある。上場した医療機関では，企業の傘下でリハビリ施設，高齢者施設等が経営されている場合が多い。

（8）　医療の連携が各州及び町に拡がる医療機関と提携していることから，患者はインターネットをとおして疾病の専門医を探すことができる（参照：各ホームページから検索できる）。

（9）　Asklepios Kliniken GmbH, *Geschäftsbericht 2010*, S. 154-157.

（10）　Sana Kliniken AG, *Geschäftsbericht 2010*, S. 35（図表2参照）.

（11）　Fresenius HELIOS AG, *Geschäftsbericht 2010*. HELIOSを買収した親会社Frssenius SE（Societas Europaea）は，EU加盟国の間で2004年10月8日に施行された欧州会社法に基づく会社形態である（外務省HP参照）。

（12）　Rhön Kliniken AG, *Geschäftsbericht 2010*.

（13）　Sana Kliniken AG, *Geschäftsbericht 2010*. Sanaの出資会社は民間保険会社であるが，その民間保険会社は保険財源の厳しさから合併が増え，加盟会社数は変動している。

（14）　Asklepios Kliniken GmbH, *Geschäftsbericht 2010*, S. 8-9.

（15）　Asklepios Kliniken GmbH, ホームページ（http://www.asklepios.com）で説明し，さらにホームページにアンケート記入のためのシステムを導入している。

（16）　HELIOS Kliniken, *HELIOS ein Blicke 2010*, S. 45-48.

（17）　Rhönは，ドイツで最初に大学病院を買収した民間医療機関であり，その後HELIOSとAsklepiosに保有株式の譲渡により医療機関の経営規模を縮小したが，研究・教育への方針に転換している（https://en.rhoen-klinikum-ag.com）参照。

第6章

ドイツ公的医療機関の経営と組織改革
─医療経営改善改革の日独比較を踏まえて─

は じ め に

　前章で，わが国の国及び公立病院の経営改善改革の現状を踏まえて，ドイツ
の公的医療機関を買収している民間医療機関の医療経営についてみてきた（実
質的民営化）。ドイツの民間医療機関が連邦（国）及び州の補助金だけに依存し
ないために，経済性（収益の向上）と経営戦略（医療の質）として，質のマネジメ
ントに向けた経営を行っている現状に視点をあてて考察した。

　わが国が中央集権国家から地方分権化へ移行している近年，地方の財政と医
療提供体制が密接に関係した地域医療を考えるうえで，ドイツの各州における
公的医療機関の民営化した運営は注目に値する。というのは，連邦（国）と各
州の自治体から給付される補助金は，医療機関の経営に影響を及ぼすからであ
る（第7章参照）。

　そのため，医療経営に影響する補助金の会計処理と経営の結果を示す「資本
の部」の開示について注目する必要がある。

　わが国の公立病院の「経営形態の見直し」が経営改善につながるのか，とい
う課題を踏まえて，ドイツの公的医療機関の組織変更にともない経営状況（会
計数値）は変化するのか，その焦点となる経営の結果を示す「資本の部」につ
いて探究する。

第1節 医療機関の経営改善改革の日独比較の枠組み

わが国の公立病院改革は，ドイツの医療経営改革と比較すると図表1のような枠組みで実施されている。両国に共通していえることは，経営改革が企業会計に近づいた会計制度へ移行していることである。これまで官庁会計（単式簿記）を基礎として運営されてきた組織に，民間の経営手法が導入されたことで経営の基盤となっている会計制度は，複式簿記を基礎とした会計システムに移行している（第11章—第13章参照）。しかし公立病院の多くは，地方公営企業法，地方財政法，条例等の法体制のもとで財務諸表を作成している。3つの「公立病院改革ガイドライン」の公表後は，常に直面している「経営形態の見直し」について，その経営形態の選択は各自治体に委ねられている。そのなかで，現状は各自治体の公営企業会計制度を適用している公立病院が多く，地方行政独立法人会計基準を適用している公立病院はまだ多いとはいえない（第4章参照）。したがって前述したように公立病院の運営及び会計（資本の部における剰余金等の処理等）には議会の決議が優先される。

　一方ドイツの公的医療機関は商法（HGB）の会計制度を適用する会社形態へ移行したが，完全な会社形態とは異なり，出資者が市であることから，議会の決議が運営の方針に影響を及ぼす（第12章参照）。

　わが国の公立病院改革は総務省と厚労省の政策によって実施されており，総務省は「公立病院改革ガイドライン」を公表し，各自治体の所管のもとで公立病院改革が行われている。しかし公立病院の会計制度では自治体の地方公営企業法，地方公営企業会計制度が中心となっている。その一方で，厚労省が各自治体の所管のもと公立病院の医療政策を実施し，2年毎の診療報酬の改定を行っている。厚労省の診療報酬の改定は医業収益に影響を及ぼすことから，公立病院運営への影響は大きい。そのため厚労省は病院会計準則でさまざまな組織形態の医療機関の会計基準を統一して，医療経営について比較可能性のある会計基準を整備する方向性にある。わが国の公立病院改革の現状（図表1）を

図表 1　医療機関の経営改善のための改革（日独比較）

	日　　本		ド　イ　ツ	
	国立病院	公立病院	形式的民営化	実質的民営化
対象事例	国立病院機構	公立病院（自治体病院）	Vivantes Netzwerk für Gesundheit GmbH, Klinikum Region Hannover GmbH, Nord Klinikverbund Bremen gGmbH, Stadt. Klinikum München GmbH 等	買収会社 HELIOS Klinken GmbH. Rhön-Klinikum AG, Asklepios Kliniken GmbH, & Co. KGoA Sana Kliniken AG 等
組織の再編	独立行政法人化	地方独立行政法人化/指定管理者制度/民間譲渡	公的組織から有限会社・株式会社へ組織変更	民間医療機関による買収
法適用	独立行政法人化法	地方公営企業法（財務規定）	商法	商法・証券取引法
経営改善	特別会計から企業会計へ移行	民間経営手法の導入	官庁会計から商法会計へ移行	上場企業の会計（連結決算書：国際財務報告書＝IAS/IFRS）
会計制度	独立行政法人会計	地方独立行政法人会計・公企業会計等	商法（有限会社法）会計	商法会計・IAS/IFRS
債券	国立病院機構債券	病院特例債		シニア債等の企業債
資金調達方法	運営費交付金（国） 内部金融	地方交付税（自治体） 金融機関からの借り入れ	州（資本所有）	株式及び債券 金融機関からの借り入れ
規模範囲	本部を含めた143機構	47都道府県市町村	州のネットワーク(病院, リハ施設, 老人施設等)	ドイツ全土にネットワーク（病院, リハ施設, 老人施設・診療所等）
財務諸表等の開示	貸借対照表	短信決算書	連結貸借対照表	連結貸借対照表
	損益計算書	経営分析表	連結損益計算書	連結損益計算書
	キャッシュ・フロー計算書		連結キャッシュ・フロー計算書	連結キャッシュ・フロー計算書
	行政サービス実施コスト計算書		連結状況報告書・連結付属説明書	連結自己資本変動表 連結附属説明書
	附属明細書		その他（エネルギー・リスク・チャンス・コーポレートガバナンス等について簡単に記述している。）	連結状況報告書 業績, リスク及びチャンス報告書 ＊環境報告書
「医療の質」の保証	第三者機関の評価（日本医療機能評価機構等）		医療制度における質保証と透明性に関する監督機関 (Institut für Qualitätssicherung und Transparenz in Gesundheitswesen = IQTIG)	
	当該評価機構の審査結果後、一定水準を充たしている医療機関には「認定病院」として認可され、その認可は5年間認められる。そのため医療機関は5年毎に、当該評価機構による審査を受ける必要がある。		医療質報告書	医療質報告書
			連邦政府・州政府の政策のもとで「質の評価基準」を適用している。「社会法典」による医療質の保証についての報告書を義務づけている。	

（出所）　総務省・財務省及び厚生労働省資料，ドイツ商法典及び社会法典の資料に基づき作成。＊制度化されていない任意開示（Rhön-Klinikum）。

踏まえて，ドイツの公的医療機関の経営改善改革における公的医療機関の民営化（形式的民営化）を探究することにする。

第2節　ドイツの公的医療機関の組織と会計（2000年-2014年）

　ドイツの公的医療機関の民営化の流れは，第1段階（2000年-2009年）と第2段階（2010年-2014年），第3段階（2015年-　　）に区分して探究することにする。3段階に区分している根拠は，会計的観点から，1つには2009年に会計法近代化法（以降，BilMoG），2015年会計指令変換法（以降，BilRUG）の改正があり，その影響を受けて連結決算書における会計制度が変化したこと，2つには医療関係法の制度の影響が及んだこと，さらに3つには民間医療機関の組織再編に新しい流れ（Rhönを中心としたAsklepiosとHELIOSによる買収）がみられることなど，公的医療機関の民営化の動きに大きな変化があったからである。また2019年以降は新型コロナ禍の影響も無視できない。

　2000年代初期からドイツの公的医療機関の民営化が進むなか，各州の組織形態にはそれぞれ特徴がある。その公的医療機関の代表的な組織として，以下4つの事例を挙げて，経営組織の特徴とその会計制度への影響について考察することにする。

　公的医療機関のうち，まず最大規模の公的医療機関がヴィヴァンテス医療機関有限会社（Vivantes Kliniken GmbH：以降，Vivantes）がある。その他，ハノーファー地域医療機関有限会社（Klinikum Region Hannover GmbH：以降，KRH），ミュンヘン市立医療機関有限会社（Städtisches Klinikum München GmbH：以降，Stadt. München），ブレーメン北部医療機関非営利有限会社（Gesundheit Nord gGmbH Klinikverbund Bremen：以降，Bremen）等が大規模公的医療機関（図表6）として挙げられる。

　これら4つの大規模公的医療機関グループの経営組織と会計の特徴について，次の点に絞ってみていくことにする。

　1つには，各州の公的医療機関グループの連結決算書がどのように連結されて作成されているのか，その際に親会社と子会社の持株会社（コンツェルン）の組織全体の経営状況を示す連結決算書における「資本の部」に焦点を絞り，民

営化から生じる連結決算書への影響を探究する。

　2つには，医療組織グループはどのような組織でネットワークを形成しているのか，その組織統合のなかで，連結決算書に連結される組織の損益状況と納税の状況について探究する。その際，民営化の組織再編にともない，医療機関は収入・所得税を支払っているのか，が注目するところである。

　最後に，Stadt. München が2020年に有限会社（GmbH）から非営利有限会社（gemeinnützige GmbH＝gGmbH）への組織変更に踏み切ったねらいを探究する。

第3節　ベルリン市立医療機関有限会社グループの事例（Vivantes Netzwerk für Gesundheit GmbH）

　Vivantes の組織形態は2001年に創設され，公的医療機関グループとしてベルリン地域に，図1のように，病院，介護，リハビリ，福祉施設等の事業施設のネットワークを構築している。この組織形態は，ドイツでは通常の大規模医療機関の組織形態であり，前述したように公的医療機関では各州域内で病院だけではなく，病院を取り巻く医療関係会社等のネットワークが構築されている。

　Vivantes のグループは9病院（図❶～❾）の医療を中心として，外来リハビリ（図■），デイサービス（図□）介護及び福祉，ホスピス（図▲）等が提携して運営されている。このネットワークで，子会社・関連会社の連結による損益状況を示す連結決算書（図表2）が作成されている[1]。

　図表3のような医療関係会社は，親会社の持株によって連結され，図表3のなかで，2010年に設立した Labor Berlin-Charité Vivantes GmbH と Labor Berlin-Charité Service GmbH，この2社は関連会社となる。すなわち2社は Vivantes（ベルリン市）と Charité Universitätsmedizin Berlin（シャリテー大学）がそれぞれ50％の持株で運営する共同会社である。

　2015年には MVZ Charité Vivantes GmbH, Berlin が関連会社となった。いわゆる3関連会社は大学と Vivantes（ベルリン市）の共同会社である。2010年年度決算書では，前述の2社は創立した年度でもあり，決算書上，損失が生じ

図1 Vivantes GmbH のネットワーク

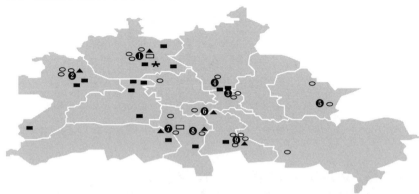

❶Vivantes Humboldt-Klinikum　❷Vivantes Klinikum Spandau　❸Vivantes Klinikum im Friedrichshain・Standort Landsberger Allee　❹Vivantes Klinikum im Friedrichshain・Standort Prenzlauer Berg　❺Vivantes Klinikum Hellersdorf　❻Vivantes Klinikum Am Urban　❼Vivantes Auguste-Viktoria-Klinikum　❽Vivantes Wenckebach-Klinikum　❾Vivantes Klinikum Neukölln
❶〜❾　病院　▲コンフォートクリニック(Komfortklinik)・○日帰り診療所(Tages Klinik)・□外来リハビリ(Ambulante Rehabilitation)・□デイサービス(Ambulante Krankenpflege)・■(Forum für Senioren)・○MVZ外来診療所(ambulante Fachpraxen)・＊Zentrale・▲ホスピス(Hozpiz)
注）日本のクリニックは無床診療所を意味しているが，ドイツではクリニックは総合病院（Klinikum）である。
(出所) Vivantes Kliniken GmbH, *Geschäftsbericht 2013* より抜粋。

ている。しかし2010年以降，共同会社は収益を上げている[2]。

　以上のようにベルリン市の公的医療機関（ベルリン市立病院）は持株会社（コンツェルン）として医療関係会社を運営している。本節では，まずこのネットワークによって，Vivantesが子会社，関連会社をどのように連結決算書に組み入れ，連結決算書を作成及び開示しているかを探究する。というのは決算書に組み入れる会社の経営状況は，連結決算書の損益状況に密接に関わっているからである。図表3は，その子会社の内訳と子会社となった年度の持株比率を示している。

　Vivantesは，図表3で示すような子会社を連結することで，連結貸借対照表の「資本の部」の連結損益と連結損益計算書における連結損益を開示している。この連結決算書における「資本の部」について明らかになったことは，連結決算書は親会社と子会社の全体的な経営状況を示す決算書であるということ

である。ただし各医療機関団体の損益は，連結決算書の「資本の部」で平準化
されて開示されている。そのため連結貸借対照表上の連結損益は損失であって
も，通常の親会社の活動によって発生した利益は個別決算書で計上されてい
る。その結果，連結損益計算書では組織全体の収入・所得税の支払いが計上さ
れる。しかし連結損益では収益を計上している場合にも，過去の繰越損失を補
填し，外部株主持分（少数株主或いは非支配株主）との調整等によって控除された
結果，連結損益は連結損失が生じ，繰越損失が繰り越される。この事例は図表
2で示すとおりである。Vivantes は会社形態に民営化したことで，収入・所得
税等を支払っていることになる。Vivantes は，2006 年度個別・連結決算書の
開示を開始し，2015 年会計指令変換法（BilRUG）に従って，2016 年以降の営
業報告書の連結損益計算書では，収入・所得税とその他の税（自動車税，固定資
産税等を含めた）は，図表 2 で示すような旧商法（HGB）とは異なる形式で開示
されている[3]。つまり連邦官報の「連結決算書 2016」では，その他の税は収
入・所得税が計上された後，税引後損益から控除して開示されている。

　グラフ 1 は連結損益と収入・所得税比率を示している。Vivantes の通常の
営業活動の収益は上昇傾向にあるが，その営業活動の収益で，過去の繰越損失
を補填している状況である。グラフ 2 では過去の繰越損失額は減少傾向にある

**図表 2　Vivantes Netzwerk für Gesundheit の連結貸借対照と損益計算書における連結損益の
　　　　表示**

連結損益計算書 （2010 年 1 月 1 日～12 月 31 日）（抜粋）	（単位：ユーロ）		連結貸借対照表 （2010 年 12 月 31 日）（抜粋）		（単位：ユーロ）
1. 売上高	836,508,669		A. 自己資本		
⋮			Ⅰ 資本金	55,000,000	
中間損益	7,954,010		Ⅱ 資本準備金	469,201,429	
⋮			Ⅲ 利益準備金	835,388	
17. 通常の営業活動からの損益	8,536,961		Ⅳ 連結貸借対照表損失	−211,847,476	
18. 臨時損益	1,814,610		Ⅴ 外部株主持分との		
19. 収入・所得税	293,727		調整勘定	878,672	314,068,013
20. その他の税	118,206				
21. 連結年度利益	6,310,417				
22. 少数株主持分への配当	−73,751				
23. 繰越損益	−218,084,142				
24. 連結貸借対照表損失	−211,847,476				

(出所) Vivantes Netzwerk für Gesundheit, *Geschäftsbericht 2010*,S.73-S.74. 1 ユーロ以下を切り捨て。

グラフ1　Vivantesの連結損益と所得税比率の推移

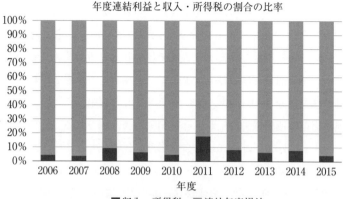

※2011年度は子会社の収入・所得税の追加税が増加
(出所) Vivantes Netzwerk für Gesundheit, *Geschäftsbericht 2006‒2015* より作成。

グラフ2　Vivantesの連結決算書における繰越損失の推移

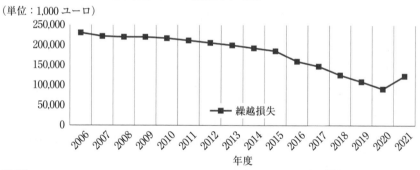

(出所) Vivantes Netzwerk für Gesundheit, *Geschäftsbericht 2006‒2021* より作成。

ことを示している。ただしVivantesの2020年以降は新型コロナ禍の状態により，2021年には繰越損失は上昇している。

　図表3では，連結会社数が増えていることが医療に関わる業者とネットワークを拡げることで，繰越損失を減少させ（グラフ2），医療経営の効率を図っていることが考えられる。

　2010年度連結決算書では，前述した関連会社2社，Labor Berlin-Charité

図表 3　Vivantes Netzwerk für Gesundheit GmbH の子会社及び関連会社の持株所有率

(単位：%)

連結・関連会社 ＼ 年度	2008	2009	2010	2011	2012	2013	2014	2015	2016	2017	2018	2019
子会社												
1　Vivantes Komfortklinik GmbH, Berlin	100	100	100	100	100	100	100	100	100	100	100	100
2　Vivantes Rehabilitation GmbH, Berlin	70	70	70	70	70	70	70	70	70	70	70	70
3　Vivantes personal GmbH		51	51	51	51	51	51					
4　SVL Speiseversorgung und-logistik GmbH, Berlin	100	100	100	100	100	100	100	100	100	100	100	100
5　VivaClean Nord GmbH, Berlin	100	100	100	100	100	100	100	100	100	100	100	100
6　VivaClean Süd GmbH, Berlin		51	51	51	51	51	51	51	100	100	100	100
7　Vivantes Service GmbH, Berlin			100	100	100	100	100	100	100	100	100	100
8　Vivantes-Forum für Senioren GmbH, Berlin	100	100	100	100	100	100	100	100	100	100	100	100
9　Vivantes-MVZ GmbH, Berlin	100	100	100	100	100	100	100	100	100	100	100	100
10　Vivantes Ambulante Krankenpflege GmbH, Berlin	100	100	100	100	100	100	100	100	100	100	100	100
11　Vivantes Hospiz gGmbH, Berlin						100	100	100	100	100	100	100
12　Vivantes Ida-Wolff-Krankenhaus GmbH, Berlin						100	100	100	100	100	100	100
13　Vivantes Therapeutische Dienste GmbH, Berlin								100	100	100	100	100
14　Vivantes International GmbH i. L., Berlin			100	100	100	100	100					
15　VivantesTextilversorgung GmbH, Beril	70	70	70	70	70	70						
16　Vivantes Ambulantes Schulterzentrum GmbH i. L., Berlin								100	100	100	100	
17　VIVAflex-Agentur für Zeitaebeit und Personaleinsatzt GmbH, Berlin	100	100	100									
18　BBG Berliner Bildungscampus für Gesundheitsberufe g GmbH, Berlin												100
関連会社												
1　Labor Berlin-Charité Vivantes Services GmbH, Berlin ＊)			50	50	50	50	50	50	50	50	50	50
2　Labor Berlin-Charité Vivantes GmbH, Berlin ＊)			50	50	50	50	50	50	50	50	50	50
3　MVZ Charité Vivantes GmbH, Berlin ＊)								50	50	50	50	50
4　Michels Klinik Service GmbH, Berlin	24.5	24.5	24.5	24.5	24.5	24.5	24.5	24.5	24.5	24.5	24.5	24.5

(出所)　Vivantes Kliniken GmbH, *Konzernabschluß 2008-2019*, 2008 年から 2019 年までの連結決算書より作成。
＊)　ベルリン市と大学との共同会社

Vivantes GmbH と Labor Berlin-Charité Vivantes Service GmbH は子会社一覧表に掲載されている。その際，Labor Berlin-Charité Vivantes GmbH は，9,000 ユーロの損失，Labor Berlin-Charité Vivantes Service GmbH は，18,000 ユーロの損失を計上しており，関連会社ないしは共同会社としている。しかし営業報告書では子会社一覧表に両社ともに 50% の持株所有と記載されている。その際，「商法第 312 条に従って持分評価ないしは共同会社は，商法第 311 条第 2 項ないしは同法第 296 条第 2 項に従って，関連会社の連結を放棄している」[4] と説明している。この会計規定は連結決算書における連結処理に際して重要な規定となっている。各連結決算書で連結から外す場合に適用されている

規定である。2011年営業報告書では，両社は関連会社として持分法に従って連結決算書に組み入れられている[5]。したがって2010年連結決算書では，前述の2つの会社は新設された年度で経営状況が未定であったと考えられる。

　以上，Vivantes の組織形態とその組織の経営状態を示す連結決算書における連結（株式所有率）と「資本の部」について探究した。次に，ハノーファー地域医療機関の組織形態と会計について考察する。

第4節　ハノーファー地域医療機関有限会社グループの事例 (Klinikum Region Hannover GmbH)

　KRH は，ハノーファー市と周辺地域（地方行政区画，郡等）の医療機関から構成される。2005年に KRH は有限会社（GmbH）として設立したが，100%株所有の完全連結の子会社（① KRH Psychiatrie GmbH，② KRH Servicegesellschaft mbH，③ KRH Ambulant GmbH，④ KRH Labor GmbH）等，10病院から構成されるグループである。

　KRH の地域医療機関グループは，商法第290条第1項に従って連結決算書を作成し，連結決算書の内容は商法第297条以下に従って親会社を基準に作成されている。したがって連結決算書の作成に際して，連結決算書は大規模資本会社の商法（HGB）と有限会社法（GmbHG），病院簿記規則（KHBV）に準じて作成されている[6]。KRH は，2006年度連結決算書から連邦官報に開示し，その連結決算書における連結損益はグラフ3に示すとおりである。

　KRH の連結決算書では，Vivantes のような過去の繰越損失の補填はないが，連結損失と利益の変動があるなか，連結損益の状況は近似曲線で示すと緩やかな上昇へ向かっている。グラフ3は親会社と子会社の連結決算書では子会社の損益を連結しているため，子会社の経営に損失が生じても，組織全体では「収入・所得税」を支払っていることを示している。

　次に，ミュンヘン市の大規模市立医療機関（病院）の組織形態と会計についてみていくことにする。

グラフ3　Klinikum Region Hannover GmbH の連結損益と収入・所得税の推移

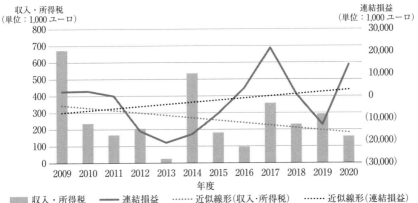

(出所) Klinikum Region Hannover GmbH, *Konzernabschluss 2009–2020* より作成。

第5節　ミュンヘン市立医療機関有限会社グループの事例 (Städtisches Klinikum München GmbH)

Stadt. München は，公的医療機関のなかで最大規模の Vivantes に次ぐ，第2の規模のバイエルン州ミュンヘン市が開設した医療機関である。この医療機関の構成は，以下の5つの医療機関からなるグループで，

① München Klinik Bogenhausen
② München Klinik Harlaching
③ München Klinik Neuperlach
④ München Klinik Schwabing
⑤ München Klinik Thalkirchner Straße

このグループに関連施設 (München Klinik Akademie Medizet・Medizinisches Dienstleistungszentrum 等) が附属している[7]。

　当該医療機関のグループは2000年代の民営化の波を受け，2004年8月19日に有限会社 (GmbH) として創設 (2005年1月1日発足) され，2006年12月7

日に商業登記簿に登記された。ミュンヘン市が株式100%を所有し，決算書は2007年から公開されている。当該公的医療機関は民営化によって，①から⑤の5病院の他に，介護施設，清掃センター，献血サービス等の施設からなる[8]。

2019年に定款で，Stadt. München は，2020年に租税基本法（Abgaben ordnung＝AO：以降，AO）第51条から第68条までの関連条文に従って会社の目的を条件に非営利有限会社（gGmbH）に移行したことが記された。その際に租税基本法（AO）の公的医療制度（AO第52条第2項3号）・福祉制度（AO第52条第22項9号）・職業教育（AO第52条第2項7号）を促進することを目的とする組織となる[9]。

Stadt. München には，民営化した2006年連結決算書から2012年度連結決算書までの経営状況から判断して，非営利有限会社（gGmbH）へ組織変更した根拠がある。

連結貸借対照表における「資本の部」の年度損益と連結損益計算書の年度損益は，Vivantes の場合には，前述の形式（図表2）で開示されている。

しかし Stadt. München の場合には，繰越損失が連結貸借対照表に計上されていることから，Stadt. München の連結貸借対照表の損益状況を理解するためには，連結貸借対照表上の「資本の部」が重要な資料となる。過去の繰越損失は年々増加傾向にあり，連結損益計算書の年度損益と収入・所得税との比較は，グラフ4で示すことができる。

グラフ4に示すように，Stadt. München は有限会社（GmbH）へ組織変更した後に，2006年連結決算書では－12,000（千ユーロ）の繰越損失が計上され，その後も年度損失は年々上昇している。そのため収入・所得税はゼロが続くことになる。グラフ4で注目すべきことは，2012年度連結決算書における損失は臨時費用の増加による損失の発生である。その処分について，監査役会で2013年に繰り越すことが承認されている。その臨時費用は，連結損益計算書上に，「固定資産調達のための病院財政法（KHG）に従った補助金から生じる費用」と「固定資産調達のためのその他の補助金から生じる費用」とに区分して計上されている。この2つの費用項目の計上が，2012年連結損益書で巨額

グラフ4　民営化後の年度損益・繰越損失・収入・所得税の推移

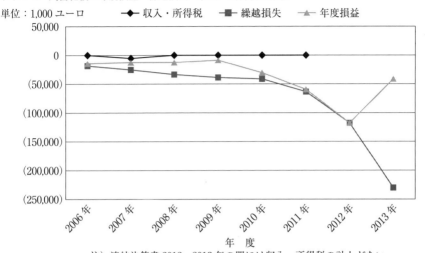

注）連結決算書2012・2013年の間には収入・所得税の計上がない。
（出所）Städtisches Klinikum München GmbH, *Konzernabschluß 2006–2013* より作成。

の損失となった[10]。これまで長期にわたる過去の損失と2012年の巨額の損失が，有限会社（GmbH）から非営利有限会社（gGmbH）に組織変更することになった理由の1つではないかと考えられる。

次に，非営利有限会社（gGmbH）の形態をとっているBremenを取り上げることにする。

第6節　ブレーメン北部医療機関非営利有限会社グループの事例（Gesundheit Nord gGmbH Klinikverbund Bremen）

Bremenは，2004年1月1日自由ハンザ都市ブレーメン（Freie Hansestadt Bremen＝HB）のもと，4医療機関が統合した医療機関団体である[11]。Bremenは，図表4に示すように組織の連結構造が再編成され，Vivantes，KRH，Stadt. Münchenとは異なった組織再編である。

図表4の公的医療機関の統合の目的は，統合の組織内の意思決定のスピードを図り，持続的な収益を上げ，公衆衛生システムの促進，住民の医療ケアを確保するためであるとしている。Bremen は，子会社として4つの医療機関の100％の株式を保有している。そのうち西地域の医療機関は，リハビリ施設の51％の株式保有，また中央地域の医療機関は，2つの施設の (51％・49％) 株式を保有している。

2006年には Klinikum Bremen Mitte gGmbH が，100％の株式を所有する2つの子会社を有した。当該団体は最初の2006年連結決算書には，統合した医療機関と子会社とした医療機関の株式保有率を開示して，統合した組織体系を説明している[12]。当該組織の会計制度は，商法第290条に従って連結決算書を作成している。Bremen の組織形態の特徴は，連結組織が改組されて変化することである (図表4・図表8)。この点について，2010年までの公的医療機関の組織形態と会計の変化をみていくことにする。

図表5の2008年連結決算書における「資本の部」に，連結利益を計上し資

図表4　Gesundheit Nord gGmbH Klinikverbund Bremen の連結構造

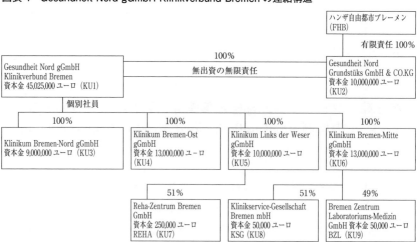

(出所) Gesundheit Nord gGmbH Klinikverbund Bremen, *Jahresbericht 2004*, S.6-7.

図表 5　連結決算書における「資本の部」の内訳

（単位：ユーロ）

資本の部　　　　　　年	2005	2006	2007	2008	2009	2010	2011
資本金	45,025,000	45,025,000	45,025,000	45,025,000	45,025,000	45,025,000	45,025,000
資本準備金				13,515,739	13,515,739	13,515,739	13,515,739
連結利益（損失）	1,852,097	(2,504,503)	(2,058,133)	2,601,806	7,580,937	9,184,494	1,857,766
外部株式持分との調整	412,937	509,378	406,764	473,061	411,499	380,658	251,505

（出所）　Gesundheit Nord gGmbH Bremen, *Konzernabschluss 2006-2011* より作成。

本準備金の設定が行われている。この「資本準備金の設定は，2008 年営業報告書のなかで損益の平準化によって資本準備金に分類された」[13] としている。連結決算書における連結利益（4,838,900 − 前年度損失繰越 2,058,100 − 179,000 ＝ 2,601,800 ユーロ：連結決算書は 1,000 ユーロ単位）は，図表 5　2,601,806 ユーロにあたる。

　すなわち 2007 年度連結決算書には計上されていない特別利益が，2008 年度の連結決算書には計上されている。その特別利益は，2007 年度と 2008 年度の連結損益計算書から，その額が偶発損失引当金の取り崩しによるものであることが明らかになる。また 2007 年度には病院財政法（KHG）に従って補助金が申請されたが，借方へ計上できない処理による費用が計上され，2007 年には連結損失となる。しかし 2008 年には特別利益を計上したことが，連結利益となった[14]。

　以上のように，公的医療機関の組織形態と会計（資本の部）における特徴は，各医療機関において異なる。民営化後の組織形態と会計の関係でいえることは，2010 年以降連結決算書に変化がみられる。すなわち，2009 年会計法近代化法（BilMoG）の法改正が影響している。

　次に，2010 年以降になると民営化は，どのように変化しているのか，その現状をみていくことにする。

第7節　公的医療機関の組織再編（2010年以降の動向）

　ドイツの公的医療機関では各州域内の自治体によって改革が行われ，民営化の動向は，2000年代初期から波及し，2010年以降から2020年新型コロナ禍までの間に組織形態の再編がみられる。本節では，図表6，大規模自治体病院連合（Allianz Kommunaler Großkrankenhäuser e.V.：以降，大規模自治体病院連合）に焦点をあてて，前節でみてきた4つの大規模公的医療機関の組織形態の変化を取り上げることにする。

　まず前述している大規模公的医療機関の損益状況は，連結決算書では経営状況は良好とはいえないことが共通している。ここ数年の新型コロナ禍の影響が及び，2000年代初期の経営改善の動きとは異なる傾向がみられる。また2015年病院改革に係る法改正によって，公的医療機関の間で「医療の質」を保証する動きがみられる。その特徴の1つとして，これまでの民営化には有限会社（GmbH），株式会社（AG）等の会社形態が多くみられたが，非営利有限会社（gGmbH）の組織へ変更する動きがあることである。大規模自治体病院連合メンバーは26機関である（2022年10月現在）。図表6に示すように，組織変更をする公的医療機関がみられる。

　各院の病床数開示は概算で変動的であるが，医療機関規模を病床数順に図表6に示すと，4つの公的医療機関が，自治体病院連合の4大規模の医療機関グループである。前述したように2000年から2010年度における年度損益には損失が目立ち，2000年代初期の医療経営改善の改革は，各州の自治体の公的医療機関においてさまざまな形で進められた。しかし図表6の公的医療機関のなかでドレスデンは組織変更を行っていない。すなわち公的医療機関の民営化が波及した当時，住民投票の結果によって民営化しないことが決定された（Sächsische Zeitung, 2012.2.1）ことによる。

　4大公的医療機関の2010年以降の連結貸借対照表の「資本の部」では，年度決算が欠損であっても「利益準備金」が設定されている。その根拠は商法

図表6 大規模自治体病院同盟（公的医療機関）メンバー

	大規模自治体病院	法形態（組織変更年）	開設主体	病床数
1	Vivantes-Netzwerk für Gesundheit	GmbH	ベルリン市	5,856
2	München Klinik	GmbH⇒gGmbH (2020)	バイエルン州、ミュンヘン市	3,500
3	Klinikum Region Hannover	GmbH	ニーダーザクセン州、ハノーファー市を中心とした州の医療機関グループ	3,400
4	Gesundheit Nord Klinikverbund Bremen	GmbH (2014)⇒gGmbH (2020)	ブレーメン市、ゲッティンゲン大学病院	2,800
5	Krankenhäuser Nürnberger Land	GmbH	バイエルン州、ニュルンベルク市	2,206
6	Klinikum Stuttgart (Krankenhäuser Bürgerhospital/Katharinenhospital/Olgahospital)	gGmbH	バーデン・ヴュルテンベルク州、シュトゥットガルト市	2,000
7	Mühlenkreiskliniken	AöR (2006)	ノルトライン・ヴェストファーレン州、ミンデン郡	1,912
8	Klinikum Chemnitz	GmbH (1994)⇒gGmbH (2020)	ザクセン州、ケムニッツ市	1,700
9	Klinikum Fulda	gAG (2004)	ヘッセン州、フルダ市：カッセル病院、フランクフルト大学病院、ギーセン・マールブルク大学病院と統合	1,700
10	Städtisches Klinikum Karlsruhe	gGmbH (1994)	バーデン・ヴュルテンベルク州、カールスルエ市を中心として、フライブルク大学を含む医療機関	1,538
11	Städtisches Klinikum Braunschweig	GmbH⇒gGmbH (2003)	ニーダーザクセン州、ブラウンシュヴァイク市	1,499
12	SLK Kliniken	GmbH	バーデン・ヴュルテンベルク州	1,460
13	Städtisches Klinikum Dresden	公法上の自治体経営	ザクセン州、ドレスデン市	1,453
14	Klinikum Dortmund	gGmbH	ノルトライン・ヴェストファーレン州、ドルトムント市	1,422
15	Kliniken der Stadt. Köln	gGmbH	ノルトライン・ヴェストファーレン州、ケルン市	1,400
16	Universitätsmedizin Mannheim	GmbH	バーデン・ヴュルテンベルク州、マンハイム大学病院	1,352
17	Sozialstiftung Bamberg	Stiftung (2004)	バイエルン州、バンベルク市	1,340
18	Städtisches Klinikum Bielefeld	gGmbH	ノルトライン・ヴェストファーレン州、ビーレフェルト市、ハレ市、ヴェストフ市	1,300
19	Carl-Thiem-Klinikum Cottbus	gGmbH	ブランデンブルク州、コトブス市	1,203
20	Klinikum Ernst von Bergmann	gGmbH	ブランデンブルク州、ポツダム市	1,100
21	Klinikum Ingolstadt	GmbH	バイエルン州、インゴルシュタット市	1,073
22	Märkische Kliniken (Klinikum Lüdenscheid/Stadtklinik Werdohl)	GmbH	ノルトライン・ヴェストファーレン州、メルキッシャー郡（リューデンシャイト）	1,033
23	Klinikum Darmstadt	GmbH	ヘッセン州、ダルムシュタット市	963
24	Klinikum Saarbrücken	gGmbH	ザールラント州、ザールブリュッケン都市連合	571
25	St. Geog Klinikum Eisenach	gGmbH	チューリンゲン州、アイゼナハ市	432

（出所）Bundesanzeiger/各医療機関（Allianz Kommunaler Großkrankenhäuser e.V.）の HP より作成。＊病床数は各医療機関による各表数に従っている。

（HGB）の 2009 年会計法近代化法（BilMoG）の改正によるものである。非営利有限会社（gGmbH）の公的医療機関では，利益準備金の設定の他に，租税基本法（AO）の規定による優遇課税措置が認められている（結章参照）。なお公的医療機関は商法（HGB）に従った会計規定よりも規制緩和された有限会社法（GmbHG）による会計規定を適用して決算書を作成する。したがって，市が株式 100% 所有する組織では，損益の処分は議会の決議によって決定される。その例として，Vivantes（いわゆるベルリン市立病院），Städt. München（いわゆるミュンヘン市立病院）の場合には，有限会社（GmbH）に組織変更した公的医療機関であることから，組織変更及び会計上の損益処分について議会の決議が優先された。

Vivantes の場合には，各年度の通常の医療活動からは収益を上げていても，過去の繰越損失が巨額であることから，その損失を補填することで，結果的に連結損益は損失となる。また Stadt. München の場合には，グラフ 7 で示すように過去の繰越損失が巨額であることから，2019 年には議会の決議によって優遇課税措置を受ける非営利有限会社（gGmbH）へ組織変更を選択することになった。その結果，これまでの医療経営改善から，Stadt. München は自治体病院としての公共の医療提供（Daseinsvorsorge）に重点をおく「医療の質」が前面に打ち出されることとなった[15]。

2020 年（登記年度）に Stadt. München は有限会社（GmbH）の会社形態から非営利有限会社（gGmbH）へ組織変更したが，連結決算書は，連結状況報告書とともに商法第 290 条第 1 項から第 4 項に従って原則上作成されることが義務づけられている[16]。しかし子会社は商法第 296 条に従って連結決算書に組み入れる必要がないことを理由に，商法第 290 条第 5 項に従って連結の必要のない子会社は連結決算書に組み入れない。Stadt. München ではミュンヘン市が 100% 株式を所有していることから，組織変更は議会の決議で実施された。その背景には，次のグラフ 7 に示されているように年度損益の状況は損失を計上しており，収入・所得税はゼロの状況であり，これまでの経営状況から，有限会社（GmbH）から非営利有限会社（gGmbH）への組織変更の見直しが行われたと考

第 7 節　公的医療機関の組織再編（2010 年以降の動向）　　*119*

グラフ 7　年度損益・繰越損失と収入・所得税の推移

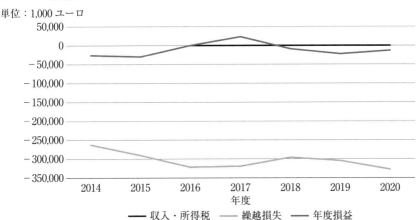

注）2012 年度から 2015 年度までの連結決算書ではその他の税金と区分されていない。
（出所）Städtischen Klinikum München GmbH, *Konzernabschluß 2014-2020* より作成。

える。

　一方，Bremen は，2014 年には持株会社（コンツェルン）の連結構造を見直している。前節の構造（図表 4）は，図表 8 のような持株会社（コンツェルン）の連結構造に変更している。したがって，2014 年以降は独立法人として 4 つの公的医療機関が統合し，外部株主持分の調整勘定が連結貸借対照表では開設されていない。その後，図表 7 に示すように，2017 年度連結決算書における「資本の部」には連結損失が計上されている。さらに 2020 年度連結決算書でも連結損失が増加傾向にある。

　前述した 2006 年度持株会社（コンツェルン）の構造は組織再編されているが，2019 年度営業報告書では，図表 8 のように，各ブレーメンの北西中東の地域の公的医療機関は独立法人として，有限会社（GmbH）を含めて，1 つの有限会社＆合名会社（GmbH & Co. KG.）に統合した組織となっている。この組織に関連会社が属している。会社形態は非営利有限会社（gGmbH）の会社形態に統合し，連結の形態が再編されている。2014 年以降の「資本の部」は図表 7 のような状況である。2014 年度連結決算書では，組織再編により前年度の連結決

図表7　Gesundheit Nord gGmbH Bremen 連結決算書における「資本の部」

(単位：ユーロ)

資本の部　　　　　年	2012	2013	2014	2015	2016	2017	2018	2019	2020
資本金	45,025,000	45,025,000	45,025,000	45,025,000	45,025,000	45,025,000	45,025,000	45,025,000	45,025,000
資本準備金	13,465,739	69,165,739	72,165,739	72,355,288	77,355,288	85,355,288	175,855,288	240,055,288	240,055,288
連結利益（損失）	(37,462,899)	48,663,544	30,513,108	14,990,012	3,935,844	(15,792,690)	(8,629,295)	(19,222,680)	(44,471,957)
外部株主持分との調整	280,249	296,539	306,176						

(出所)　Gesundheit Nord gGmbH Bremen, *Konzernabschluss 2014・2020* より作成。1ユーロ以下は切り捨て

図表8　Gesundheit Nord gGmbH Bremen 連結構造

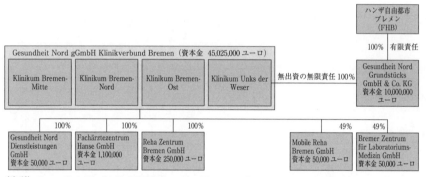

(出所)　Gesundheit Nord gGmbH Klinikverbund Bremen, *Geschäftsbericht 2019*, S.9.

算書の損失を繰り越している。図表7に示すように，2020年度に組織再編され，2015年連結決算書以降の「資本の部」には，2015年会計指令変換法（BilRUG）の法改正後，外部株主持分との調整勘定は開設されない[17]。

　2つの公的医療機関グループの2010年以降の組織再編を取り上げたが，1つは組織形態の変更，もう1つは組織内の連結構造の再編の事例である。したがって2つの組織再編は，連結決算書の会計数値に影響していることが明らかになる。「資本の部」には組織再編の影響が及ぶといえる。他方2015年病院改革では「医療の質」について，評価体制の法制度が整備された（第10章参照）。

図表9 連結損益と収入・所得税の推移

(単位：ユーロ)

資本の部＼年	2012	2013	2014	2015	2016	2017	2018	2019	2020
連結年度利益(損失)	(39,291,922)	86,142,734	(18,140,799)	(15,550,689)	(11,054,167)	(19,728,534)	7,163,394	(10,593,384)	(25,249,276)
収入・所得税	80,679	71,538	243,861	4,434	895,337	831,845	301,671	337,518	338,393
繰越利益(損失)	1,857,766	(37,462,899)	48,633,544	30,513,108	14,990,012	3,935,844	(15,792,690)	(8,629,295)	(19,222,680)

(出所) Gesundheit Nord gGmbH Bremen, *Konzernabschluss 2012-2020* より作成。1ユーロ以下は切り捨て

お わ り に

　以上，2000年代初期から民営化の動きが各州に波及して，会社形態へ組織変更した公的医療機関の連結決算書における「資本の部」をみてきた。なかにはドレスデンのように住民投票によって組織の民営化が否定された公的医療機関もある。しかし一般的に公的医療機関の民営化は，会社形態のうち有限会社（GmbH）の形態をとっている事例が多い。さらにStadt. Münchenのように，2020年に有限会社（GmbH）から非営利有限会社（gGmbH）へ組織変更した公的医療機関もある。これは過去の損失繰越が巨額であることから，優遇課税措置を得るための組織変更と考えられる。

　本章では，公的医療機関が民営化することで何が変化するのか，その変化について，組織形態の変更から生じる損益状況と税金の支払いに焦点をあてて考察した。1つには公的医療機関は民営化後，収入・所得税を納税している（図表9）こと，2つには，会社形態をとることで，決算書の開示が義務づけられたこと，その結果，会計制度を適用して組織全体の経営状況を示す連結決算書が作成され，公開されることで，民営化前に比べ経営全体の経営状況に透明性が与えられたといえる。3つには，ドイツの公的医療機関の組織改革は，商法会計（企業会計）の導入を基盤として，社会法（SGB V），各州法・各自治体の条例等の法制度の枠組みのもとで，病院簿記規則（KHBV）等を基礎とした会計制度が適用されている。しかし企業とは異なる非営利組織における連結決算書が作成され，連結組織の「資本の部」で示される損益には内部留保（準備金

等）の会計政策が内在している。

　各州における医療機関の組織形成には，それぞれ違いがあり，ドイツの医療提供体制のもとに公的医療機関の財政状態がそれぞれ異なっている。

　このような地域医療における特殊性を考慮しながら，わが国の地域医療構想等の連携（ネットワーク）が構築される必要があること，また財政を基盤に持続可能な医療提供体制を構築するには，安定した経営の強化が会計処理上，「資本の部」に組織の特徴が表れると考える。したがって公立病院改革には，高質の医療提供を前提として，経営強化のため，その地域に適合した組織連携が求められると考える。

［注］

（1）　Vivantes Netzwerk für Gesundheit GmbH, *Geschäftsbericht 2013*, S. 1.

（2）　Labor Berlin-Charité Vivantes GmbH は，2010年12月31日時点における損益状況（-17,322.15）を決算書に計上している。（Vivantes Netzwerk für Gesundheit GmbH, *Geschäftsbericht 2010*, S. 80.）。2022年にはドイツ中規模会社におけるトップ20位に入る（https://www.laborberlin.com）。

（3）　Vivantes Netzwerk für Gesundheit GmbH, *Geschäftsbericht 2006-2016.* における連結損益決算書の区分表示から2015年会計指令変換法（BilRUG）の商法改正により損益計算書の区分表示が改正され，収入及び所得税の区分表示も改正された。

（4）　商法第312条に従った持分評価は継続せず，商法第311条第2項ないしは商法第296条第2項の条件に従って，関連会社/共同会社は連結されていない。その根拠は，Vivantes のネットワークのなかで小規模の会社であることから，全体の経営状況の公正な概観性の伝達にそれ程重要な影響がないことから連結が免除される（Vivantes Netzwerk für Gesundheit GmbH, Geschäftsbericht 2010, S. 80.）。

（5）　Labor Berlin-Charité Vivantes GmbH と Labor Berlin-Charité Vivantes Service GmbH は商法第312条に従って，Vivantes のネットワークの2011年連結決算書には持分法に従って連結に組み入れられている（Vivantes Klinik GmbH, *Geschäftsbericht 2011.* S. 51.）。

（6）　Klinikum Region Hannover GmbH, *Jahresabschluss zum 31. Dezember 2007.* S. 1.

（7）　Städtisches Klinikum München GmbH, *Jahresabschluss zum Jahresabschluss Dezember 2006.* S. 1.

（8）　Städtisches Klinikum München GmbH, *Geschäftsbericht 2006.*

（9）　Städtisches Klinikum München GmbH, Meldung（02.05.2019）（https://www.muenchen-klinik.de）。

おわりに　*123*

(10)　Städtisches Klinikum München GmbH, *Geschäftsbericht 2006-2013.*

(11)　Gesundheit Nord gGmbH Klinikverbund Bremen, *Geschäftsbericht 2004.*

(12)　Gesundheit Nord gGmbH Klinikverbund Bremen, *Geschäftsbericht 2004.* S. 6-7.

(13)　Gesundheit Nord gGmbH Klinikverbund Bremen, Konzernabschluss zum Geschäfts- jähr vom 01.01.2008 bis zum 31.12.2008. における自己資本の部における資本準備金につ いての説明。

(14)　Gesundheit Nord gGmbH Klinikverbund Bremen, *Geschäftsbericht 2007-2008.*

(15)　(9) を参照。

(16)　商法第 296 条の解釈は（4）を参照，また商法第 290 条第 5 項に準じて連結決算書 に子会社の個別決算書は組み入れられない。その根拠は，親会社は連結決算書に組み 入れる必要のない子会社を有する場合には，その子会社を組み入れた連結決算書及び 連結状況報告書を作成する義務が免除される。

(17)　Gesundheit Nord gGmbH Klinikverbund Bremen, *Geschäftsbericht 2015-2020.*

第7章

ドイツ民間医療機関の公的医療機関への影響

は じ め に

　わが国の少子高齢化という社会の現状からみて，将来も社会保障費は著しく上昇し，医療及び介護費を賄う財源が不足することは明らかである（序章参照）。財政が厳しいことが，いずれは診療報酬及び公的補助金の削減につながり，患者の医療費負担が大きくなるのである。その影響は医療機関の経営にも及ぶことになり，医療提供体制と経営改善の改革は必然的なことになる。これまで述べてきたように，各自治体の公立病院改革は，総務省による 2007（平成19）年「公立病院改革ガイドライン」の公表によって始まった。その後 2015（平成27）年 3 月に新しい「公立病院改革ガイドライン」が公表され，それに続き 2022（令和 4）年 3 月には「持続可能な地域医療提供体制を確保するための公立病院経営強化ガイドライン」が公表された。したがって公立病院の経営改善改革は引き継ぎ実施されている。前章ではドイツの公的医療機関の民営化について考察した。民営化の背景には，公的医療機関の赤字経営は深刻な社会問題，つまり 2000 年から2003 年の間に 200 以上の医療機関が閉鎖され，多くの公的及び非営利医療機関が民間医療機関に買収されるという[1] 現状があった。公的医療機関を買収している民間医療機関の経営が，公的医療機関とはどのように異なるのかについてみてきた（第 5 章・第 6 章参照）。しかし公的医療機関の民営化の根底には，行政における「公共の医療提供」（Daseinsvorsorge）が

ある。すなわち公的医療機関は民営化しても，資本主が州（Land）・自治体（Gemeinde）・市（Stadt）・郡（Kreis）のもとで[2]，各自治体の議会の決議が公的医療機関の運営に影響を及ぼしている。この点で民間医療機関と会社形態に民営化された公的医療機関の運営には，著しい相違がある。

これまで日独医療経営改革の比較をとおして，民間及び公的医療機関の経営状況について考察した。本章では，民間医療機関が増加している現状を踏まえて，ドイツの民間医療機関の組織形態と経営の特徴について，組織再編と資本構造（資本の部）に注目して探究する。

第1節　医療機関の民営化とその形態

グラフ1に示すような状況で，非営利医療機関（教会及び慈善団体等）及び公的医療機関数（自治体等の公立施設）が減少傾向にあり，近年民間医療機関が増加している。その理由として，公的医療機関の民営化が考えられる。2つの民営化の形態のうち，その1つは大規模民間医療機関による公的医療機関の買収である[3]。その買収は，主に4つの大規模民間医療機関（持株会社）によって行われ，ドイツ全土に広大なネットワークが構築され，医療市場が拡大している。このグループによる医療機関の買収が2000年代初頭から増え，グラフ1に示すように，民間医療機関の増加は2013年までの推移に表れている。さらに2013年以降には4大規模民間医療機関の間での合併（Fusion）が進んでいる[4]（2013年以降の開設別推移については第14章グラフ1参照）。すなわち2012年以降になると，Rhönが民間医療機関による買収によって経営規模を縮小し，大規模民間医療機関における組織再編がみられるようになった。

第2節　4大民間医療機関による公的医療機関の買収

図表1で示すように，2010年以前までは4大規模民間医療機関の急性期医療の市場占有率は高く，ドイツの医療機関市場の大部分の病床率を占めるよう

グラフ 1

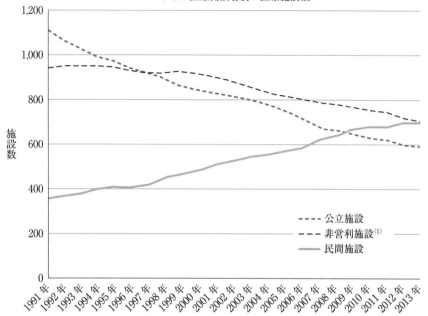

(出所) Statistisches Bundesamt, *Gesundheits, Kostennachweis der Krankenhäuser*, 2009－2013, S.13 より作成。
(注1) 教会，福祉，民法上の財団，非営利法人団体の施設。

になった。

　この4大民間医療機関の収益状況は，常に上昇傾向にあり，その売上高はグラフ2に示すとおりである。グラフ2は，RhönがHELIOSによる買収される前の収益状況を示している。Rhönは2011年まではAsklepiosよりも収益を上げ，多くの医療機関の買収を進めてきた。しかしグラフ2に示すように2011年以降はAsklepiosの収益が上昇し，収益状況の順位は逆転している。それは，2011年頃からHELIOSによるRhönの買収交渉が始まった時期と関係していると考えられる。

　4大民間医療機関のなかで，グラフ3に示すように，Rhönは，これまで他の医療機関の買収を行ってきた。2005年に買収した12医療機関のうち，9医

第 2 節　4 大民間医療機関による公的医療機関の買収　　127

図表 1　2009 年における急性期医療機関の市場占有率（病床率）

Fresenius-HELIOS	20.50%
Asklepios	19.90%
Rhön	19.10%
Sana	12.20%
Schön	4.80%
Ameos	3.90%
Damp	3.60%
SRH	3.30%
MediClin	1.80%
その他	10.80%

（出所）　Asklepios Kliniken, *Geschäftsbericht 2010*, S. 8.

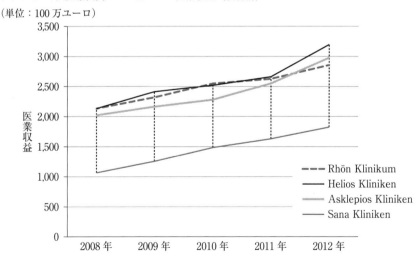

グラフ 2　4 大医療機関コンツェルンの医業収益（統合前）

（出所）Rhön-Klinikum AG, HELIOS-Kliniken GmbH, Asklepios-Kliniken GmbH, Sana-Kliniken *Geschäftsbericht 2008-2012* より作成。

グラフ3 Rhön Klinikum の医療機関買収数の推移

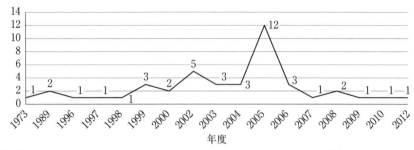

(出所) Rhön-Klinikum *AG, Geschäftsbericht 2012*, Unternehmensgeschichte より作成。

療機関は公的医療機関であった。さらに2006年には大学病院（マールブルク・ギーセン大学病院）を買収して，研究部門を充実させた。このRhönによる医療機関の買収は，2005年がピークに達している[5]。

1990年代以降公的医療機関の民営化が加速し，2004年医療保険近代化法（GMG）と2007年公的医療保険競争強化法（GKV-WSG）によって，入院及び急性期医療，治療領域間の連携が強化された[6]。これらの医療保険制度の改正は，急性期医療以外の医療サービスにも影響を及ぼし，医療サービスの拡大をもたらした。各医療サービスの連携というシステムは，各州に拡がる医療機関の持株会社（コンツェルン）が連携した医療サービスを提供することで，それは医療市場の拡大のきっかけとなったといえる。この4つの民間医療機関（持株会社）の組織形態をみていくことにする。

1．ヘリオス医療機関有限会社
（HELIOS-Kliniken GmbH：以降，HELIOS）

HELIOSは，1994年に医学博士 Lutz Helmig（共同経営管理者：Ralf Michels）によって創設され，HELIOSは2005年にFresenius SEの持株会社（コンツェルン）の傘下に入る[7]。図表2に示すように，HELIOSは2004年までは3部門から構成されていたが，2005年には4部門となった。図表2に示す①フレゼニウス・メディカルケア（Fresenius Medical Care）②フレゼニウス・カービ

図表 2　Fresenius SE GmbH & Co. KGaA の部門構成の変化

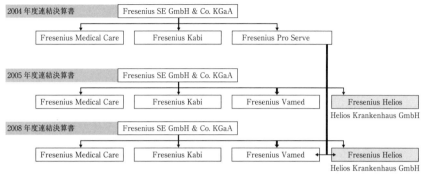

（出所）Fresenius SE GmbH & Co. KGaA, *Geschäftsbericht 2004・2005・2008* より作成。

(Fresenius Kabi) ③フレゼニウス・ヘリオス (Fresenius HELIOS) ④フレゼニウス・ヴァメド (Fresenius Vamed) の 4 部門での営業では，フレゼニウス・プロ・サーブ (Fresenius Pro Serve) が，2008 年以降はヴァメド (Fresenius Vamed) とともに，HELIOS に統合して営業活動を行っている。Fresenius SE による HELIOS 買収後は，医療サービス提供の際に，質的マネジメントの効果，医療質の向上，経済成長が達成できたとして，その効果が売上高の上昇に結がった。その際に HELIOS の医療（医師）のネットワークが貢献した[8]としている。

2. レーム医療機関株式会社
(Rhön-Klinikum AG：以降，Rhön)

Rhön は，創設基盤が1973年リハビリセンターの設立にあり，1975年に心臓及び血管の医療機関として開業され，1988 年に現在の Rhön-Klinikum AG へ組織替えした。代表取締役1名，監査役会3名で構成され，創業者 Münch Eugen を議長として，他に2名の監査役会から構成され，Münch Eugen を議長とした投資・戦略及び財務委員会，人事委員会，調整委員会，医療革新及び質委員会，指名委員会が設けられ，その他に監査委員会，汚職監視委員会が設置された。創業者 Münch Eugen が7委員会のうち，5委員会の議長を務めて

いる[9]。当該医療機関の主たる経営権は創業者にあるといえる。

3. サナ医療機関株式会社
（Sana-Kliniken AG：以降，Sana）

Sana は，1972 年 18 の民間保険会社によって設立された。2007 年には総計 94 組織から構成された株式会社（AG）である。その株式100%を 31 の民間保険会社（当時）が所有している。取締役会が経営を執行し，最高経営責任者と最高財務責任者の他に，医療及び看護，人事及び購入担当の取締役から構成され，また監査役会は株式法（AktG）に従って設置された監督組織として機能し，監査役会は取締役会に諮問し，監督している。その下に各州の5領域にオペレーションの管理権限がおかれている。その業種は急性期医療機関30，心臓科3，整形科7，リハビリ科3，介護施設12，診療所18から構成される[10]。

4. アスクレピオス医療機関有限会社
（Asklepios-Kliniken GmbH：以降，Asklepios）

Asklepios は，1984 年に Bernard gr. Broermann が創設した。2010 年までは，2 つの子会社 Asklepios Kliniken Hamburg GmbH（74.9%）と Asklepios Kliniken Verwaltungsgesellschaft mbH（100%）から構成されていた。図表3

図表3　Asklepios-Kliniken GmbH の経営組織

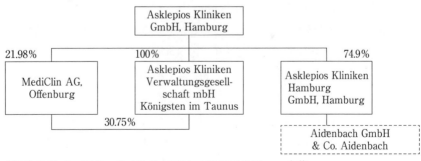

（出所）Asklepios Kliniken GmbH, *Geschäftsbericht 2011*, S. 31.　---加筆。

図表4　4大民間医療機関（持株会社）の規模

Rhön-Klinikum	2006 年	2007 年	2008 年	2009 年	2010 年
患者数	1,394,035	1,544,451	1,647,972	1,799,939	2,041,782
病床数	14,703	14,647	14,828	15,729	15,900
従業員数	30,409	32,222	33,679	36,882	38,058
HELIOS-Kliniken	2006 年	2007 年	2008 年	2009 年	2010 年
外来患者	773,155	1,127,613	1,418,325	1,634,170	1,696,919
入院患者	396,301	442,383	513,990	586,123	606,880
病床数	11,409	13,045	13,733	15,116	15,097
従業員数	21,170	23,635	23,533	25,930	25,832
Sana-Kliniken	2006 年	2007 年	2008 年	2009 年	2010 年
外来患者	518,488	626,256	696,556	829,471	965,763
入院患者	207,041	253,506	278,784	317,889	368,668
病床数	4,956	6,700	6,683	7,403	8,516
従業員数	12,407	16,338	16,495	19,148	22,483
Asklepios-Kliniken	2006 年	2007 年	2008 年	2009 年	2010 年
患者数	932,638	1,295,057	1,512,598	1,563,171	1,624,409
病床数	16,650	17,926	18,057	18,030	18,501
従業員数	22,546	25,127	25,700	26,123	26,917

（出所）　Rhön-Klinikum, HELIOS-Kliniken, Asklepios-Kliniken, Sana-Kliniken, *Geschäftsbericht 2006-2010* より作成。

のように，2011 年には MediClin AG を買収し，108 医療機関，32 健康施設（介護施設，診療所等）を所有している。また図表3に示すように，2011 年には Aidenbach GmbH & Co.（Betriebs-KG）を買収して，リハビリ及び介護領域を強化した[11]。ドイツ証券取引所及びシュトゥットガルト証券取引所に債券を上場し，またコンピュータ取引（Xetra）で取引している[12]。4つの持株会社（コンツェルン）の規模は図表4のとおりである。4大民間医療機関は，公的医療機関が赤字経営或いは破綻が多い傾向にあるにもかかわらず，収益上昇傾向にあるのはなぜか，次に4大民間医療機関の公的補助金と収益状況についてみていくことにする。

第3節　民間医療機関における補助金と医業収益

1. 補助金と医業収益の現状

ドイツの医療機関規模は，①最小規模50以下②小規模50〜150③中規模150〜400④大規模400〜650⑤比較的大規模600以上の病床数で規模が示される[13]。2008年から2012年にわたる連結決算書における医業収益（売上高）は，グラフ2で示すような状況である。ドイツの公的補助金は病院計画（Krankenplan）に補助金を申請して，その申請に従って補助金が給付される。しかしドイツ病院協会（Deutsche Krankenhaus Gesellschaft＝DKG）によると，近年連邦（国）及び州からの補助金が不足している現状にある。1972年に導入された病院財政法（KHG）に従った公的補助金は，グラフ4に示すように削減傾向にある[14]。

しかし病院財政法（KHG）による補助金は削減傾向にある一方で，4大民間医療機関グループの売上高は上昇傾向にある。連結決算書における当該補助金

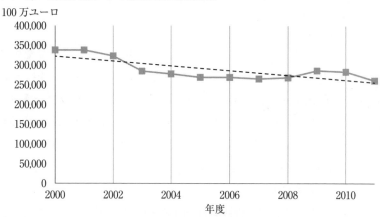

グラフ4　病院財政法による補助金と直線近似法

（出所）Deutsche Krankenhaus Gesellschaft, *Bestandsaufnahme zur Krankenhausplanung und Investitionsfinanzierung in den Bundesländern*. September 2010, Anhang より作成。

の開示は，医療機関によってそれぞれ異なっている。公的補助金の会計処理は
「資本の部」の開示に影響を及ぼすことから，返済義務のない補助金の会計処
理について，民間医療機関の対応について考察する。

　病院財政法（KHG）による補助金は，設備投資と経営上の補助金に区分され
る（第8章図1参照）。民間医療機関の補助金の会計処理と開示について，まず1
つには補助金の削減にかかわらず，収益上昇がみられる。2つには「資本の
部」において補助金の区分が開示されている。

　1つの事例としてHELIOSの場合には，補助金の削減傾向に対して収益上
昇が連結決算書の附属報告書（Konzernanhang）に示されている。HELIOSの場
合と同様に，Asklepiosは設備投資について自己資本による投資割合と補助金
による投資割合が連結決算書の附属報告書で開示されている。

　2つの事例としてRhönの場合には，補助金による設備投資の調達について
の会計処理を説明している。有形固定資産の購入に際して，貸方への資産計
上，貸方には補助金で購入した資産の減価償却費の控除，補助金の残額は貸方
の「資本の部」の下に「特別項目」として計上される。補助金の残額が「特別
項目」に開示されることで，透明性が与えられている。

　Sanaの場合には，連結決算書の附属報告書に補助金の会計処理が説明され
るにとどまる。本章では，3つの事例，HELIOS, Asklepios, Rhönの補助金
について，連結決算書の附属報告書における説明をみていくことにする。

2．ヘリオス医療機関有限会社
(HELIOS Kliniken GmbH : Fresenius-HELIOS SE)

　Fresenius SE は，アメリカ証券取引所，ドイツ証券取引所（DAX）に上場し
ている。そのため連結決算書にはアメリカ会計基準（US-GAAP）と IAS/IFRS
が適用されている。補助金と医業収益との関係はグラフ5のようになる。Fre-
senius SE の子会社 HELIOS では，補助金の割合が減少傾向にある一方，医業
収益は上昇傾向にある。2006年から2007年を境に医業収益と補助金の関係が
逆転している。前述したように2005年に Fresenius SE の傘下[15]に入ったこと

グラフ5 HELIOS-Klinikum の補助金割合と異業収益

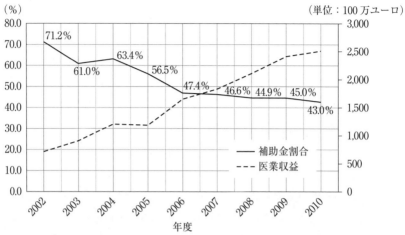

（出所）HELIOS-Kliniken, *Geschäftsbericht 2010*, S. 13, S. 108, HELIOS-Kliniken, *EinBlicke 2010*, S. 94. より作成。

を機に，グラフ5では，補助金減少に対して収益上昇となっている。すなわちFresenius SE による HELIOS の買収以降，経営上の効率性が上昇していることを示している。

3．アスクレピオス医療機関有限会社
（Asklepios-Kliniken GmbH：以降，Asklepios）

Asklepios は営業報告書で，自社の組織形態とドイツ全土における大規模民間医療機関における市場占有率を開示し，持株会社の状況報告書では投資情報を開示している。その投資内訳は無形固定資産，土地及び建物，設備，営業及び管理設備，建物及び施設等である[16]。Asklepios の売上高は年々上昇傾向にあり，図表5に示すように投資資金は病院財政法（KHG）による補助金と自己資本の割合がほぼ半々であることを示している。

第 3 節　民間医療機関における補助金と医業収益　　*135*

図表 5　Asklepios の投資における自己資本と補助金の割合

（単位：1,000 ユーロ）

年度	2006	2007	2008	2009	2010
投資（自己資本）	213,700	202,600	216,600	203,500	208,800
投資（補助金）	106,700	84,000	104,400	101,500	104,000
補助金の占める割合	50%	41%	48%	50%	50%
売上高	1,649,300	1,859,700	2,022,000	2,163,000	2,305,000

（出所）　Asklepios Kliniken GmbH, *Geschäftsbericht 2006-2010* より作成。

グラフ 6　売上高と KHG による補助金の推移

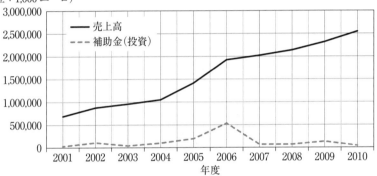

（出所）Rhön Klinikum AG, *Geschäftsbericht 2001-2010* より作成。

4. レーム医療機関株式会社
(Rhön-Klinikum AG：以降 Rhön)

　Rhön は 1989 年にミュンヘン及びフランクフルト証券取引所に株式を上場した最初の医療機関である。株式所有構造は，図表 7-1，図表 7-2 のとおり，創業者株の占める割合が大きい。2010 年頃までは，他の医療機関を買収しながら規模を拡張している。グラフ 6 は医業収益と病院財政法 (KHG) に従った補助金額の変動を示している。そのなかで，2006 年マールブルク・ギーセン大学病院の買収は補助金の急上昇と関係している[17]（グラフ 6 参照）と考えられる。2006 年営業報告書には，大学の研究補助金が長期債務に充てられている

ことが記述されている。

1998 年証券取引所への株式上場を機に，1999 年には医業収益が上昇している。2001 年から 2010 年間における設備投資に補助金を支出した会計処理が説明され，連結決算書の附属報告書には，病院財政法（KHG）による固定設備の投資への支出が説明されている[18]。

以上，民間医療機関の公的補助金による投資の開示は，それぞれ異なる形式であるが，収益上昇は補助金に依存していないことを示しているといえよう。

次に，民間医療機関による公的医療機関を買収する事例と民間医療機関の間における買収の事例についてみてくことにする。これらの事例をとおして，第 4 節では単なる民営化にとどまることなく，2010 年以降は各医療機関における統合の形態が顕著になっていることについてみていくことにする。

第 4 節　民間医療機関による公的医療機関の買収

4 大民間医療機関による公的医療機関の買収は，図表 6 に示すように 2003 年から 2004 年にみられる。そのなかで公的医療機関・非営利医療機関を買収する主な民間医療機関は 4 つの医療機関である。図表 6 の医療機関（網掛け）は公的医療機関である。

2012 年以降は 4 大民間医療機関の間で買収が行われた（グラフ 2 参照）。当時 HELIOS による Rhön の買収に際して，株式所有者が占める株式保有率をとおして市場における買収競争が激しくなった。図表 7-1 及び図表 7-2 は企業買収が，大株主による株買い占めによって行われたことを示している。4 大民間医療機関の最大規模 HELIOS は，医療機器及び医薬品会社 Fresenius SE の傘下にあり，これまでも Rhön は医療機関の買収を行ってきた。しかし 2012 年に民間医療機関（Dr. Horst-Schmidt-Kliniken）を買収し，その後は HELIOS による買収に遭遇するが，うまく行かず，Asklepios に阻まれた。さらに Asklepios は医薬品・医療機器会社 B. Braun と協力して，Rhön の株式保有率を 5% から 10.1% 引き上げて，HELIOS の Rhön 買収阻止を継続した。その間，買収阻止

第4節　民間医療機関による公的医療機関の買収　*137*

図表 6　2003 年～2004 年における主要な医療機関の買収

買収医療機関	買収期日	持分資本	被買収医療機関名	被買収医療機関	病床数
HELIOS	2003 年 1 月 1 日	94.9%	Klinikum Wuppertal	Stadt Wuppertal	1,006
	2003 年 7 月（？）	100.0%	En-süd Klinikum	Stadt Schwelm	1,121
Rhön	2003 年 1 月 1 日	100.0%	KH Dohna-Heidenau	Johanniter	124
	2003 年 1 月 1 日	100.0%	KH Hammelburg	LK Kissingen	114
	2004 年 1 月 1 日	100.0%	St. Elisabeth-KH	Kongr. d. Elisab	196
Sana	2004 年 1 月 1 日	94.8%	Ostholstein-Klinik	Landkreis	482
Asklepios	2003 年 6 月（？）	100.0%	Harzkliniken	LK Goslar	540
	2004 年 1 月（？）	74.9%	LBK	Hamburg	6,300
SRH	2003 年 10 月 1 日	100.0%	Waldklinikum	Stadt Gera	1,100
	2003 年 1 月 1 日	75.0%	Bad Wimpfen	Stadt Bad Wimpfen	327
	2003 年 7 月 1 日	75.0%	Sanitas	Familien Kliniken	3,100
HUMAINE	2003 年 4 月 16 日	100.0%	Vogtland-Klinikum	Stadt Plauen	668
Damp	2003 年 7 月 1 日	100.0%	Klinikum Waldwiese	Familien	75
	2003 年 7 月 1 日	100.0%	Klinikum der Stadt Stralsund	Stadt Stralsund	750
NEUE PERGAMON	2003 年 1 月 1 日	100.0%	St. Elisabeth Oberh.	St. Elisabeth Stift.	240

（出所）　Zech, Markus, *Die Privatisierung öffentlicher Krankenhäuser in der Bundesrepublik Deutschland*, S. 28. in：Gesundheitsreport HPS Research vom 05.01.2004.（？）は予定されている段階で未記載。

図表 7-1　HELIOS による Rhön 買収に際しての株式所有率の変動

2014 年		2013 年		2012 年		2011 年		2010 年	
B. Braun Melsungen	18.01%	B. Braun Melsungen	15.0%	B. Braun Melsungen	5.0%				
		Alecta	9.9%	Alecta	9.9%	Alecta	9.9%	Alecta	9.9%
EugenMünch	6.32%	EugenMünch	7.4%	EugenMünch	12.5%	EugenMünch	12.5%	EugenMünch	12.5%
Ingeborg Münch	4.95%	Ingeborg Münch	5.0%						
Asklepios	15.25%	Asklepios	5.0%	Asklepios	5.0%				
3% 以下の浮上株	51.3%	3% 以下の浮上株	49.4%	3% 以下の浮上株	58.9%	3% 以下の浮上株	63.2%	3% 以下の浮上株	63.4%

（出所）　Rhön Klinikum AG, *Geschäftsbericht 2009-2014* より作成。※買い占めに関わった会社・株主（太字）。

には Alecta も参加し，図表 7-1 に示すように，Asklepios と B. Braun 社，Alecta 社が株式買いを行っている。この買収はいったん中断したが，2013 年に HELIOS は Rhön の一部買収に成功した[19]。2019 年には Rhön の株式所有比

図表7-2　Rhön の株式所有構造の変化

2020 年		2019 年	
AMR Holding GmbH, Bernard gr. Broermann, HCM SE	93.38%	B. Braun Melsungen	25.2%
		Landeskrankenhilfe V. V. a. G.	5.2%
3% 以下の浮上株	6.58%	EugenMünch	14.6%
		Ingeborg Münch	5.4%
自己株式	0.04%	Asklepios	25.1%
		3% 以下の浮上株	24.5%

（出所）　Rhön Klinikum AG, *Geschäftsbericht 2019-2020* より作成。

率は，Asklepios 社と B. Braun 社の 2 社で半分（約 50%）を占め，この 2 社は Rhön の大株主となった（図表7-2参照）。2012 年以降は大規模民間医療機関の間で M & A が加速している。さらに 2020 年になると Rhön の 2019 年の株式所有構造は図表7-2のように変化した。

Rhön は医療機関規模を縮小して，2020 年以降は，図表7-2の株式所有構造にみられるように，AMR ホルデング・Bernard gr. Broermann（Asklepios 創業者）・HCM SE（Rhön 創業者財団）による 93.38% の株式所有の組織へ移行した。

また，Sana は民間保険会社によって開設された医療機関であり，その後（図表6参照），市立病院（Offenbach-Kliniken）を買収して医療市場を拡大している[20]。

以上のように，民間医療機関は，医療，リハビリ及び介護，老人施設等の多角経営を行う持株会社（コンツェルン）として，ドイツ全土に拡がる医療市場を拡大している[21]。

一方，各自治体のもと公的医療機関の民営化は，各州域内の統合に進んだ。つまり医療機関のネットワーク化は，民間医療機関のみならず，公的医療機関の間においても拡がっている。しかしその代表的な公的医療機関のネットワークは，前述した大規模公的医療機関である。

民間及び公的医療機関の組織再編，つまりネットワークは，1972 年病院財政法（KHG），DRG（Diagnosis Related Group：以降，DRG，わが国では DPC）診断群

図表8　主要な公的医療機関のグループ

公的医療機関グループ	設立	病院	病床数	従業員	対象
Vivantes Netzwerk für Gesundheit GmbH	2001 年(2000 年 11 月 28 日)	9	5,571	11,278	2014 年
Klinikum Region Hannover GmbH	2005 年	8	2,495 *1	7,168	2013 年
Nord Klinikverbund Bremen gGmbH	2004 年再編	4	2,700 *2	7,319	2013 年
Stadt.Klinikum München GmbH	2005 年(2004 年 8 月 19 日)	5	3,344	8,500 *2	2013 年

（出所）　Bundesanzeiger, *Jahresabschluß.Konzernabschluß 2013-2014* より作成。

（*1 リハビリ施設を除く，*2 概算数）

別分類の導入等による医療における費用削減に始まり，それは医療提供の効率化と関係している。このことは病院改革につながっていった[22]。他方，経営改善のため医療市場の行き過ぎに対する歯止めと考えられる法制度の動きもみられる。2015 年社会法典（SGB V）改正に際して，「医療の質」について，新しい規定が病院改革に組み入れられた[23]。

公的組織の組織再編（図表8）において，民間医療機関と異なるのは「資本構造」である。次に公的医療機関の「資本の部」について考察する。

第5節　4大公的医療機関の組織再編と資本構造

公的医療機関の統合が拡がり，公的医療機関の会計処理に，2009 年会計法近代化法（BilMoG）の会計制度の改正の影響が及ぶこととなり，各州域内のネットワークが構築されることによって，その組織の株式所有者が経営状況に影響する意思決定を行うことになる。その判断が経営に影響を及ぼし，その結果が表れるのが「資本の部」である。次に，2 つの公的医療機関の統合の組織形態と「資本の部」をみていくことにする。

1. ミュヘン市立病院（Städtisches Krankenhaus München：以降，Stadt. München）の事例

(1) 組　織　再　編

これまで赤字経営であっても行政によって運営されてきた公的医療機関が，

140   第7章　ドイツ民間医療機関の公的医療機関への影響

民営化によって会社形態に再編されるケースが多くなった。その際に，有限会社（GmbH）或いは株式会社（AG）等の会社形態への組織替えが行われる。これまでの公的任務（öffentliche Aufgabe）は営利企業の領域に引き継がれるのか，また組織再編に際して，決算書の会計数値に変化があるのかが注目される。

　図表8のミュンヘン市とベルリン市の公的医療機関グループが有限会社（GmbH）へ組織変更した事例を取り上げる。

　Stadt. München の統合の根拠は，以下の理由である。

　民間医療機関が公的医療機関を買収して市場を拡大しているなかで，公的医療機関は民間医療機関よりもコストがかかる。というのは，慢性疾患の患者を受け入れて治療を行うケースが多く，その際に倫理及び道徳的にも，質的に最適かつ義務的な治療を行うためには，「医療市場における成果のある状況」と「基本的な治療の確保」が求められるからである。公的医療機関の公的任務のもとで，競争に対する黒字経営をめざすためには，ミュンヘン市立病院が1つの企業として，4つの医療機関を統合することで，市の財政から病院に補助金を投入するのではなく，有限会社（GmbH）に組織再編することを選択した[24]とされる。

　その統合の理由の1つは，統合に厳しいコスト削減の相乗効果が期待されたことである。つまり統合することで医療品の購入，人件費，生活必需費等の物的購入の節約等が挙げられた。2つには，入院及び治療の改善等，その他専門診療科が各地に所在し，多くの診療科を1つのセンターを中心に統合することで，診療基準を設けることができる，というものである。

　したがって Stadt. München は有限会社（GmbH）の会社形態をとることとなった根拠は，

1）経済性として，企業的活動を行うことで，収益を上げるための投資資金が財政の負担とならない。

2）効果的でスピーディーな意思決定過程が，変動の激しい市場に素早く対応できる。

3）経営体規則法及び共同決定法等に従った経営会議と監査役会による業務

図表 9　Stadt. Klinikum München GmbH

（単位：1000 ユーロ）

	2007 年	2008 年	2009 年	2010 年	2011 年	2012 年	2013 年
資本金	10,250	10,250	10,250	10,250	10,250	10,25	10,25
資本準備金	138,324	138,324	138,324	138,324	138,324	338,324	338,324
利益準備金				203	203	203	203
損失繰越	19,338	26,204	32,086	34,738	58,699	111,677	228,306
年度損失	6,865	5,882	2,652	23,961	52,978	116,629	35,712

（出所）　Stadt. Klinikum München GmbH, *Geschäftsbericht 2008-2013* より作成。

への効果的な参加が期待できる。

　以上の 3 つの根拠に従って，新しい会社形態は，2005 年 1 月 1 日（2004 年 8 月 19 日設立）に発足した[25]。

(2)　資　本　の　部

　Stadt. München は有限会社（GmbH）の会社形態をとることで，年度決算書を連邦官報で公開している。その決算書における「資本の部」を図表 9 に示すと，赤字経営が続いている。年度損失及びその損失の繰り越しは，会社形態となった後も年々著しく増加している。商法（HGB）の会計規定では，前年度及び当年度の利益を利益準備金に積み立ててもよい（HGB 第 272 条第 3 項 1 号）という規定がある。しかし図表 9 に示すように各年度損失が生じている。それにもかかわらず，2010 年以降は利益準備金を積み立てている。

　このような事例は，他の公的医療機関グループにもみられる。

2.　ベルリン市立病院有限会社

（Vivantes Netzwerk für Gesundheit GmbH：以降，Vivantes）の事例

　Vivantes は，ベルリン市が資本出資した公的医療機関であり，2007 年以降，商法（HGB）に従って連結決算書を作成及び公開している。この Vivantes は，9 医療機関[26]，13 介護施設等から構成される最大規模の公的医療機関グループである（第 6 章図 1 参照）。

グラフ7　Vivants Kliniken GmbH の病床数と患者数の推移

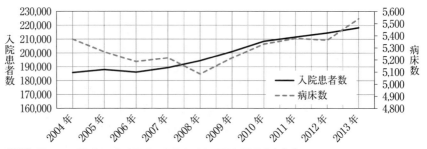

（出所）Vivantes Kliniken GmbH, *Geschäftsbericht 2004-2013* より作成。

(1) 組　織　再　編

Vivantes は，当初2001年（2000年契約締結）に有限会社（GmbH）として民営化された。2003年決算において，まだ組織の改善が十分でなかったことに対して，2008年を目途に，各病院の病床数を減らし経営改善する構想を立てた[27]。さらに2008年までの新戦略を目途に経営改善に取り組んだ。有限会社（GmbH）に組織変更した Vivantes は，病院及び介護簿記規則（KHBV/PBV）を基礎として，商法（HGB）の原則に従って連結決算書を作成している[28]。その連結決算書から明らかになるのは，グラフ7に示すように，2008年には病床数が削減されている。それにもかかわらず患者数が上昇傾向にあることである。しかし2008年以降は患者数の上昇にともない病床数も増加している。

これまでの経営が人件費の上昇等で経済的に悪化していることから，2003年営業報告書では経営改善に取り組むことが示されている。それは，2009年以降は，Vivantes は病院の財務規定が定められている病院財政法（KHG）改正案が可決することを考慮して，財務状況の改善を優先的目標[29]としたことによる。

次に，Vivantes の「資本の部」は，有限会社（GmbH）に組織再編したことによって，どのように変化したかについて考察することにする。

(2) 資　本　の　部

Vivantes は，2008年以降，図表3（第6章）に示したように，他の医療関係業

第5節　4大公的医療機関の組織再編と資本構造　*143*

図表 10　Vivantes Netzwerk für Gesundheit GmbH

(単位：1,000 ユーロ)

	2007 年	2008 年	2009 年	2010 年	2011 年	2012 年	2013 年	2014 年
資本金	55,000	55,000	55,000	55,000	55,000	55,000	55,000	55,000
資本準備金	469,201	469,201	469,201	469,201	474,201	474,201	474,201	474,201
その他の利益準備金	0	0	0	835	835	835	835	835
連結損失	222,558	220,491	218,084	211,847	207,087	200,719	193,231	185,735
その他株主との調整項目	74	395	759	879	1,533	1,533	1,603	1,554

(出所)　Vivantes Netzwerk für Gesundheit GmbH, *Geschäftsbericht 2008-2014* より作成。

社を子会社として組み入れた連結決算書を作成している。そのなかで2つの特徴がみられる。

　まず1つには，子会社を連結して，関連会社は持分法に従って連結を行っている。子会社については100%，或いは51%以上の株式所有率によって年度利益或いは損失を連結することになる。当該公的医療機関の子会社化は，医療関係会社のアウトソーシングと各医療関係会社との共同が医療活動にとって効率的な活動として求められる[30]。したがって Vivantes の連結子会社は図表3（第6章）からみても，年々増加し，2014年には14社を連結するようになり，その後も連結子会社は増加傾向にある（第6章図表3参照）。子会社は医療に関係する業種であり，子会社の連結は経営上の効率を図るためである。子会社の連結範囲は51%以上100%の持株率である。他方，関連会社は51%以下（50%，24.5%）である。しかし「資本の部」には，2007年以降，連結決算書の年度損失が続いている。つまり連結決算書における連結損失と各年度の損失の繰り越しは，連結子会社の損益状況について調整が行われた結果である。もう1つの特徴として，前述したように2010年以降利益準備金が設定されている（図表10）。

　公的医療機関が，経営において年度損失が生じ，或いは損失の繰り越しをしても利益準備金が積み立てられる。このような内部留保の会計処理は医療機関への補助金の削減が主要な理由である。つまり公的補助金の給付体制は設備投資のための補助金と経営コストのための補助金の2種類からなり，連邦（国）及び州から設備投資のための補助金が給付される。しかしその補助金は年々削

減されることから，公的医療機関では2009年会計法近代化法（BilMoG）の商法改正による会計処理に従って，会計補助的計上（Bilanzierungshilfe）の会計処理に代わる損益調整のために利益準備金が設定される。非営利組織，有限会社（GmbH）における利益準備金の積み立ては，設備投資のための資金として内部留保の処理となる[31]。この特徴については，第9章で考察することにする。

お わ り に

実質的民営化においては，大規模民間医療機関であるHELIOS，Rhönにみられるように，民間医療機関の親会社が上場企業として証券取引所で資金調達をしていることから，IAS/IFRSを適用した連結決算書が作成・開示される[32]。したがって民間医療機関に買収された公的医療機関は，親会社のIAS/IFRSに準拠した連結決算書に組み入れられることになる。また4大民間医療機関のうち，Sanaは民間保険会社の出資によって運営されているが，EU域内のIAS/IFRS適用義務に従ってIAS/IFRSを適用した連結決算書の作成及び公開が義務づけられている。このことからSanaは連結決算書にIAS/IFRSを適用している。民間医療機関における組織再編は，ヘルスケア会社の傘下のもとで，国内外の医療機関を取り込んだ企業間の競争が進んでいくことになるであろう。

他方，形式的民営化においては，会社形態の会計を基礎として医療経営の改善と管理が行われ，各州内における公的医療機関及び大学病院も含め，各自治体の運営のもと，医療関係会社の子会社化によってグループ企業としてネットワークが拡がっている。そのネットワークには，州域内の非営利組織と会社形態を兼ねる組織（gGmbH）も含まれ，公的医療機関の会社形態となったグループで組織される。

病院財政法（KHG）に従った公的補助金の削減によって，公的医療機関のグループの連結決算書には，商法会計制度のもとでの会計政策がみられる。その事例としてVivantesとStadt. Münchenの公的医療機関（市立病院）を取り上

げて，組織再編と「資本の部」を検討した。その結果，公的医療機関は商法
(HGB) に準じた決算書では，民営化後も損失が繰り越されている。その背景
には，公的医療機関の民営化のなかで，「公共の医療提供」(Daseinsvorsorge)
を基盤とした経営による持続可能性のための組織再編と会計政策がある。

　他方，民間医療機関は市場競争によるグローバル化が進み，公的医療機関は
「公共の医療提供」(Daseinsvorsorge) を基盤とする動きにあり，医療機関の2
つの対極（zweiordnungspolitische Gegenpole）[33] の現状が明らかになる。

　ドイツの医療機関には，社会法典（SGB V）において「医療の質」の報告書
を作成及び公開することが義務づけられている。その際，1915 年社会法典
(SGB V)（改正案）においても「病院改革」草案を巡って「医療の質」について
の規定が審議された[34]。このことからも，病院改革において「医療の質」にも
重点がおかれることはいうまでもない（第 10 章参照）。

[注]

(1)　Anker, Ingrid/Peter Rupp, Klaus (2004), Krankenhaussreform in München-Neue
　　Strukturen und Rechtsform für die städtischen Kliniken, in : *Das Krankenhaus*, 2/2004,
　　S. 85-87.
(2)　Landkreistag (2006), Positionspapier zur Entwicklung der kommunalen Kranken-
　　hausstrukturen in Baden-Württemberg, in : Schriftenreihe des Landkreistags Baden-
　　Württenburg, Band29. S. 9.
(3)　Landkreistag (2006), *a.a.o.*, S. 5-9.
(4)　拙稿 (2012b) 124 頁。
(5)　Röhn Klinikum AG, *Geschäftsbericht 2012*. Anker, Ingrid/Peter Rupp, Klaus (2004),
　　a. a. O., S. 87.
(6)　Zech, Markus (2012), *Die Privatisierung öffentlicher Krankenhäuser in der
　　Bundesrepublik Deutschland,* Saarbrücken, S. 22-23.
(7)　Fresenius SE & Co. KGaA, *Geschäftsbericht 2010.*
(8)　Fresenius 社の営業報告書に Fresenius HELIOS の財務状況が開示されている。
　　Fresenius SE & Co. KGaA, *Geschäftbericht 2006*, S. 11-14, S. 21. HELIOS は，欧州株式
　　会社 Fresenus の傘下にあることから，証券取引所に上場する企業と同様に US-GAAP
　　適用の Fresenius の連結決算書で財務状況が開示されている。また欧州の証券市場に
　　上場することから，IAS/IFRS を適用することになる。

(9) Rhön Klinikum AG, *Geschäftsbericht 2012*, Unternehmensgesichte. Rhön は，1989 年に証券取引所に上場した最初の民間医療機関である。

(10) Sana Kliniken AG, *Geschäftsbericht 2010*.

(11) Asklepios Kliniken GmbH, *Geschäftsbericht 2011*.

(12) Ebenda.

(13) Statisches Bundesamt, *Gesundheit*, Grunddaten der Deutsche Krankenhäuser での定義。

(14) Deutsche Krankenhaus Gesellschaft, Bestandsaufnahme zur Krankenhausplanung und Investitionsfinanzierung in den Bundesländern, 2012-2019.

(15) HELIOS Kliniken GmbH, *EinBlike 2011*, S. 96-97.

(16) Asklepios Kliniken GmbH, *Geschäftsbericht 2010* では医療市場の占有率を開示し（S. 8-9），投資の内訳と自己資本と補助金による投資額の内訳を開示している（S. 25）。

(17) Rhön Klinikum AG, *Geschäftsbericht 2000* から *Geschäftsbericht* 2010 にわたり，連結貸借対照表上の借方と貸方に計上されている病院財政法（KHG）に従った補助金についての会計処理が開示されている。『営業報告書 2006』にはギーセン・マールブルク大学病院からの資産引継ぎや研究補助金 23,600 万ユーロが長期債務に充てられている（*Geschäftsbericht 2006*, S. 114.）ことが説明されている。

(18) Rhön Klinikum AG, *Geschäftsbericht 2001*, S. 23, *Geschäftsbericht 2002*, S. 30, *Geschäftsbericht 2003*, S. 27 , *Geschäftsbericht 2004*, S. 55, *Geschäftsbericht 2005*, S. 57, *Geschäftsbericht 2006*, S. 68, *Geschäftsbericht 2007*, S. 81, *Geschäftsbericht 2008*, S. 119, *Geschäftsbericht 2009*, S. 110, *Geschäftsbericht 2010*, S. 105.

(19) 拙稿（2015b）80-89 頁，拙稿（2013）15-28 頁。【ドイツ新聞】*1. Handelsblatt, Rhön-Klinikum wirbt für Kauf durch Fresenius（13.6.2012）*2 Handelsblatt, Krach um Rhön-Kliniken eskaliert（22.11.2013）. *3 Frankfurter allgemeine Zeitung, Offenbach Verkauft Klinikum für einen Euro（03.05.2013），*4. Stadtverordnete für Verkauf des Klinikums Offenbach（02.05.2013）. *5. REUTERS, Rhön droht B. Braun mit Rauswurf von Lieferantenliste（22. Juni 2013）. 以上の新聞は民間医療機関の間の買収を中心として激しい競争をテーマとしている。Münch, Eugen/Scheytt, Stefan（2014）*Netzwerkmedizin*, Wiesbaden.

(20) 公的医療機関が Sana に引き継がれた。注 19 に掲載している（Stadtverordnete für Verkauf des Klinikums Offenbach）（02.05.2013）. 参照

(21) 拙稿（2013b）15-28 頁。

(22) Stahl, Jörg（2007），*Krankenhausfinanzierung-Privatwirtschaftliche Alternative*, Berlin, S. 2.

(23) 2015 年 4 月 29 日に病院改革草案（社会法典）が公表された。当該法改正には，病院改革及び病院構造改革等が含まれている。同年 6 月 10 日には病院改革草案が可決した。

(24) 拙稿（2014b）21-23 頁。

(25) Anker, Ingrid/Peter Rupp, Klaus（2004），*a. a. O.*, S. 87. Stadt. Klinikum München GmbH, *Geschäftsbericht 2008*, S. 70.

おわりに　*147*

(26)　Vivantes Netzwerk für Gesundheit GmbH, *Geschäftsbericht 2008*, S. 9, 医療機関
　　　（Vivantes Humboldt-Klinikum, Vivantes Klinikum Spandau, Vivantes Klinikum im
　　　Friedrichshain, Vivantes Klinikum Prenzlauer Berg, Vivantes Klinikum Hellersdorf,
　　　Vivantes Klinikum Am Urban, Vivantes Auguste-Viktoria-Klinikum, Vivantes
　　　Wenckebach-Klinikum, Vivantes Klinikum Neukölln）

(27)　Vivantes Netzwerk für Gesundheit GmbH, *a. a. O.*, 2003, S. 18, S. 51.

(28)　Vivantes Netzwerk für Gesundheit GmbH, *Geschäftsbericht 2013*, S. 56-57. 公的医療
　　　機関の連結決算書の作成手続きについては本書第 14 章参照。

(29)　Vivantes Netzwerk für Gesundheit GmbH, *Geschäftsbericht 2003*, S. 58-59.

(30)　Vivantes Netzwerk für Gesundheit GmbH, *Geschäftsbericht 2011*, S. 20.

(31)　Eichhorn, Siegfried（1988）, *Handbuch Krankenhaus-Rechnungswesen*, Wiesbaden,
　　　S. 227-228.
　　　有限会社形態の病院の場合には，株式会社とは異なり法定準備金の規定はなく，定款
　　　で規定された準備金額に限定される。また非営利組織である病院は，租税基本法
　　　（AO）に基づき優遇課税処理が適用されることから，利益準備金の処理に優遇課税処
　　　置の影響が及ぶ。

(32)　Rhön Klinikum AG は，1989 年に証券取引所に上場しており，HELIOS Kliniken
　　　GmbH は，欧州株式会社 Fresenus SE の傘下にあることから，4 大医療機関のなかで
　　　も 3 機関は証券取引所に上場する企業と同様に IAS/IFRS を適用することになる。

(33)　Stahl, Jörg（2007）*a. a. O.*, S. 2.

(34)　Bundesministerium für Gesundheit（連邦保健省）のホームページで法改正に関す
　　　る情報が公開されている（Eckpunkte der Bund-Länder-AG zur Krankenhausreform
　　　2015）。

第8章

ドイツ公的医療機関の民営化における
会計制度

は　じ　め　に

　わが国における公立病院改革が財政健全化を基盤としていることは，すべての国民の生存権が憲法第 25 条で保証され，公立病院の運営が地方交付税の補助金（会計処理上は一般会計からの繰出金等）で支えられているためである[1]。

　医療機関の主な運営財源となるのは，患者への医療提供に対して受け取る診療報酬である。しかしその診療報酬は国からの補助金・患者負担金・患者の保険財源等からなる。そのなかで補助金で支えている医療費は，少子高齢化，先端医療技術の発展，また近年の感染症の拡大等によって増大し，医療運営の財源は先細りとなっている。さらに経済の不景気のもとでは，医療経営の改善が不可欠となる。「医療の質」の保証を大前提として，医療経営における無駄なコストは削減され，効率的な経営が求められる。また先端医療の発展とともに，市場経済における医療機関の経営の内部管理が必要となった現代において，医療経営の改善における企業会計の役割が注目される。しかし医療領域は非営利組織であることから，完全に営利組織の企業会計制度が受け入れられるわけではなく，医療法を基盤として，各自治体の運営のもとにある公立病院の地方公営企業会計制度には，地方公営企業法，地方財政法，条例等の法制度が適用される。したがって補助金で支えられている公立病院は，企業とは異なる組織管理のもとで，地方公営企業会計制度の影響を受けている。

第1節　公的医療機関の民営化の背景　　*149*

　本章では，わが国の医療及び介護保険制度に影響を及ぼしたドイツの公的医療機関の現状に焦点をあてて，「公共の医療提供」(Daseinsvorsorge) を基盤とするドイツの公的医療機関の民営化を取り上げる。わが国の公立病院が医療に特化しているのに対して，ドイツの公的医療機関は，医療機関，リハビリ，介護施設等の複数の組織で構成されている。各州の公的医療機関が民営化され，グループとなった組織が，どのような財源で運営されているかを，会計の観点から探究する。

第1節　公的医療機関の民営化の背景

1.　公的医療機関に波及する経済的要因

　ドイツの公的医療機関（連邦（国），州，市，郡の開設）では，連邦（国）と州の財源で運営され，16州の医療政策は，各州が策定する病院計画に従って実施される[2]。そのため各州別の病院計画は連邦（国）の政策に基づくが，医療機関には，各州の病院計画に申請された資金が供給され，その財源で運営されることになる。しかし前述したように，その資金が不足する傾向にある。各州の政策は，特に病院数及び病床数が各州の人口数によって異なることから補助金給付額には各州で格差がある。各州の事情が各州の病院計画に反映され，また公的医療機関の主たる運営には州議会の承認が必要となる。連邦（国）及び州レベルで医療政策が行われ，連邦統計局によって各年度の各州の医療に関わる統計資料が公表されているなか[3]，医療制度と DRG の導入等から費用削減の経営が医療機関に求められた[4]。このようなコスト削減の経営は，公的医療機関の民営化を進めた原因となったといえよう。しかし公的医療機関の民営化が進む一方では，4大民間医療機関が，全土にネットワークで医療を提供し，医療市場を拡大している[5]。この市場経済のもとで，公的医療機関は民間医療機関との市場競争にさらされ，さらに将来高齢化社会が加速することで厳しい財源不足に直面することになる。その結果，公的医療機関の経営に経済性が求められ，各州域内の公的医療機関のネットワークが構築された[6]。

次に，公的医療機関の民営化が進む原因となった補助金不足について，どのような財源で運営されるのかを探究するために，連邦（国）と各州（Länder）からの資金給付のしくみを考察する必要があろう。

2. 二元的財務システム

各州の公的医療機関の運営には，病院財政法（KHG）に基づく資金融資のしくみがある。医療機関への資金融資は，1972年病院財政法（KHG）の可決以来，各州をとおして公的補助金が医療機関に投入される。その1つの資金の流れとして，入院病棟等の投資コストのための融資が行われる。また2つの資金の流れとして，入院に対する支給基準額である経常費用と診療コスト（Betriebskosten）のための資金融資がある。それとともに患者が加入した保険財源は疾病金庫（保険会社）から医療機関に資金が流れる。それは，図1に示すように，各州の補助金は，病院財政法（KHG）に準じて，1つには州の病院財政，つまり連邦（国）及び州の財政を基盤にした資金融資がある。2つには疾病金庫（保険会社）からの資金融資がある。図1のような二元的資金融資システムとなっている[7]。

図1　病院財政法における二元的資金融資システム

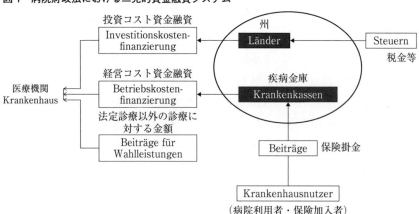

（出所）Duale Krankenhaus Finanzierung Bild：Senatsverwaltung für Gesundheit und Soziales, in Berlin, より抜粋。

以下のような資金融資システムで医療機関は経済的に保証されている（KHG
等4条）[8]。

1. 公的補助金によって投資コストは負担される。
2. 疾病金庫によって供給される売上高には，病院診療報州法（KHEntgG）に
   従った看護料金ならび DRG，追加診療報酬，その他診療報酬等が含まれ
   る。

図1で示される投資コストの融資は，連邦（国）の病院計画を基礎として公
的補助金によって調達され（KHG 第6条-第9条），税金によって賄われる。病院
における病院報酬の範囲内の経営コストは，疾病金庫（保険会社）と患者の負
担によって賄われる。

例えば，ベルリン市の場合には，病院投資コストを賄う公的補助金は，ベル
リン州保健局（Senatsgesundheitsverwaltung）の所轄にある。ベルリン病院計画
に受け入れられている病院には，投資コストの補助の細目について病院投資の
ための補助金として申請するための手続き（州病院法：Krankenhausförderungs-
Verordnung＝KhföVO）が定められている。その手続に従って大規模建設計画に
関して資金を申請する（LKG 第10条第1項）。また小規模の建設のための資金融
資，短期的な固定資産の取り替えのための年度包括補助金が含まれている
（LKG 第10条第2項）。その他に州病院法（LKG）で包括補助金（Pauschalförderung
＝LKG-PVO）が規定されている[9]。財政と保険制度の枠組みにおいて，公的及
び民間医療機関には病院計画に申請されている資金が融資される。

次に，医療機関内部の会計制度は，どのようになっているのかについて考察
することにする。

第2節　医療機関における会計制度

前述の二元的病院資金融資のもとで，ドイツの医療機関における会計の役割
と目的は，基本的に「公共の医療提供」（Daseinsvorsorge）の範囲内にある。ま
た医療機関の会計制度の基礎となる規定は，以下の5つの法規則である。

(1) 病院財政法（KHG）

(2) 病院診療報酬法（Krankenhausentgeltgesetz＝KHEntgG）

(3) 連邦介護率規則（Bundespflegesatzverordnung＝BPflV）

(4) 病院簿記規則（Krankenhausbuchführungsordnung＝KHBV）

(5) 病院における診療と投資コストの分類規則（Abgrenzungsverordnug＝AbgrV）

　以上の規則を基礎として，年度決算書に記載される資産及び負債の評価は商法（HGB）の規定に準じている。その会計数値の見積もりには病院簿記規則（KHBV）の評価が適用される。決算書の評価原則は，貸借対照表を基礎とした一致の原則，実質的継続性の原則，保守主義の原則，個別評価の原則，期間区分の原則，実現主義の原則，最低評価主義の原則等，さらに費用は決算日或いは決算書の作成時に記載される。収益は実現した場合に記載するという不均等の原則が適用される。

　その際，年度決算書に記載される資産と負債は商法（HGB）の枠組みにおいて病院簿記規則（KHBV）を基礎としている（HGB 第252条）。資産は取得原価で計上され，価値減少（減価価値）を控除して計上されなければならない（HGB 第253条）[10]。すべての商人は正規の簿記の諸原則（GoB）に従って取引を記帳し，

図表 1　病院簿記のコンテンラーメン

階級	分類	下位分類	勘定	勘定表示	
0 1 2 3	（2桁）	（3桁）	（4桁）	拠出資本及び固定資産 流動資産，借方期間限定項目 自己資本，**特別項目**，引当金 負債，貸方期間限定項目	貸借対照表
4 5 6 7				営業収益 その他の収益 営業費用 その他の費用	損益計算書
8				期首及び期末勘定，期間区分勘定，「任意」勘定	

（出所）　Hentze, Joechim/Kehres, Erich（2007），*Buchführug und Jahresabschluss in Krankenhäusern*, S. 51-52 より作成。

財政状態について概観を与える決算書を作成しなければならない（HGB第238条）。病院会計では会社が商法（HGB）に従って会計処理をすることと同様の規定となる。商法（HGB）に規定されている会計処理の基礎となるのは，図表1の病院簿記のコンテンラーメンが決算書の勘定分類の枠組みとなっており，正規の簿記の諸原則（GoB）に準拠して決算書が作成される。したがって決算書作成には，まずは病院簿記のコンテンラーメンの勘定が開設されなければならない（KHBV第3条）[11]。

　図表1の勘定分類に従って，図表2のような貸借対照表が作成される。前述の「特別項目」（網掛け）に補助金の受け入れを計上することになる。また図表3損益計算書の分類では，中間収益から減価償却費が控除されて年度損益が算出される。

　したがって図表2，図表3における網掛けの勘定科目が開設され，病院独自の決算書が作成される。公的医療機関が有限会社（GmbH）に組織変更する背

図表2　貸借対照表

借方		貸借対照表	貸方	
固定資産		**自己資本**		
営業建物	×××	資本金	×××	
設備固定資産	×××	資本準備金	×××	
施設及び装置	×××	利益準備金	×××	
流動資産	×××	年度利益	×××	
棚卸資産	×××	**特別項目**	×××	
商品売買債権	×××	病院財政法に従った補助金	×××	
金融機関残高	×××	**引当金**		
病院財政法に従った調整勘定	×××	年金及びそれに類する引当金	×××	
期間区分項目	×××	その他引当金	×××	
		債務		
		商品購入債務	×××	
		病院財政法に従った債務	×××	
		病院診療報酬法に従った債務	×××	
		債務調整勘定	×××	
		期間区分項目	×××	
	×××		×××	

（出所）　Hentze, Joachim/Kehres, Erich（2007），*a. a. O.*, S. 186.

154　第 8 章　ドイツ公的医療機関の民営化における会計制度

図表 3　損益計算書

損益計算書

病院営業収益	×××
その他営業収益	×××
人件費	
a）賃金及び給料	×××
b）社会福祉及び年金費用	×××
材料費	
a）材料，補助材料及び事業財の費用	
中間収益	×××
投資補助金収益	×××
病院財政法に従った補助金収益	×××
減価償却費	×××
年度損益	×××

（出所）　Hentze, Joachim/Kehres, Erich（2007），*a. a. O.*,
　　　　S. 187.

景には，民間医療機関がグループ化した医療市場において，公的医療機関に
とっても会社形態が有利とされる根拠がある。その根拠の 1 つは，民間医療機
関の収益状況，地域経済の発展と関係しているとされ，医療のみならずリハビ
リ施設，診療所等との連携の利点が指摘されている[12]。

　EU 域内の証券取引所に上場する企業は，個別決算書には商法（HGB）を適
用し，連結決算書には IAS/IFRS を適用しなければならない。しかし医療機
関は，一般企業とは異なり，病院簿記規則（KHBV）が適用され，病院財政法
（KHG）によって補助金を受けている。そのため病院会計は計算書類に関する
簿記規則（KHBV）に従って，年度決算書を作成し，商法（HGB）及び商法施行
法（Einführungsgesetz zum Handelsgesetzbuch＝EGHGB）が適用される。したがっ
て病院会計では，すべての商人に適用される会計規則と資本会社に関する商法
（HGB）とその関連規則が適用される。一般企業と同様に，個別決算書には商
法（HGB）と税法が適用され，各病院の個別決算書を連結した連結決算書には
IAS/IFRS が適用されることとなる。さらに病院財政法（KHG）が適用され，
病院診療報酬法（KHEntgG）が DRG 導入の法基礎となっている。そのため病
院の営業費は病院診療報酬法（KHEntgG）に従って賄われる。いくつかの例外

を除いて，DRGで診療報酬が決済される[13]。このDRG導入は，病院の経営組織にも変革をもたらした。さらに公的医療機関は会社形態をとることで，連邦統計局の資料に示されているように，公的医療機関は減少傾向となる（第14章グラフ1参照）。

第3節　公的医療機関の民営化における経営状況

1. 市場経済における民営化の形態

　公的医療機関が有限会社（GmbH）及び株式会社（AG）等の会社形態となることで，連邦官報に公的医療機関は決算書を公開することが義務づけられた。実質的民営化では，公的医療機関の多くが，これまでHELIOS, Asklepios, Sanaによって買収されてきた[14]。

　一方，形式的民営化では会社形態となった公的医療機関，最大規模の公的医療機関Vivantesは，9の医療機関及び13の介護施設から構成され，図表4に示すように，医療関係会社の株式を保有して持株会社（コンツェルン）となる[15]。

　本節では，後者の形式的民営化におけるネットワークを構築した公的医療機関を取り上げ，まず医療機関の会計制度についてみていくことにする。そのうえで連結決算書における「資本の部」の会計数値をとおして，民営化後の経営状況について考察する。

2. 病院簿記規則（KHBV）及び介護簿記規則（PBV）による決算書

　医療機関は，前述したように，病院簿記規則（KHBV）及び介護簿記規則（PBV）に従った勘定分類の決算書を作成している。図表4に示すように，親会社（Vivantes）は，病院だけではなくリハビリ施設，老人施設等の医療に関連する会社を組み入れた連結決算書を作成している。連結決算書を作成するにあたって，連結決算書に組み入れる子会社の損益は，どのように連結決算書に連結されるのかが注目される。

　2014年営業報告書ではグループに属している子会社の持株状況は，図表4

156　第8章　ドイツ公的医療機関の民営化における会計制度

図表4　子会社の自己資本（2014年12月31日現在）　　　　（単位：1,000ユーロ）

	自己資本	資本に対する持株比率(%)	年度損益
Vivantes Komfortlinik GmbH, Berlin	25	100	612
Vivantes Rehabilitation GmbH, Berlin	713	70	150
SVL Speiseversorgung und-logistik GmbH, Beriln	25	100	1,207
VivaClean Nord GmbH, Berlin	25	100	−148
VivaClean Süd GmbH, Berlin	422	51	397
Vivantes Service GmbH, Berlin	25	100	−419
Vivantes-Forum für Senioren GmbH, Berlin	4,412	100	54
Vivantes-MVZ GmbH, Berlin	825	100	745
Vivantes Ambulante Krankenpflege GmbH, Berlin	25	100	−64
Vivantes personal GmbH, Berlin	601	51	376
Vivantes International GmbH. i. L., Berlin	32	100	−56
Vivantes Hospiz gGmbh, Berlin	280	100	84
Vivantes Ida-Wolff-Krankenhaus GmbH, Berlin	548	100	2,216
Vivantes Therapeutische Dienste GmbH, Berlin	25	100	−6

（出所）　Vivantes Netzwerk für Gesundheits GmbH, *Geschäftsbericht 2014*, S. 52.

に示すとおりである。第6章図表3で示す子会社と関連会社の一覧表と比較すると，2014年度連結決算書における子会社の持株比率と損益状況は，図表4の状況からみて，Vivantesの連結上の過渡期を示しているといえよう。

1. Vivantes International GmbH. i. L., Berlin は，2015年以降清算会社となって，連結から外れている。

2. Viva Clean Süd GmbH, Berlin は，2016年以降持株比率が100%の完全子会社となっている。

3. Vivantes personal GmbH, Berlin は，2015年以降連結から外れている。

4. MVZ Charité Vivantes GmbH, Berlin は，2015年以降関連会社に属する。

5. Vivantes Textilversorgung GmbH, Berlin は，2014年に連結から外れている。

第 3 節　公的医療機関の民営化における経営状況　*157*

　2014 年度営業報告書の連結決算書では，子会社と関連会社の連結組み入れに変化がみられる。その後，2019 年度連結決算書の収益状況は上昇傾向にある。Vivantes は，2009 年会計法近代化法 (BilMoG) に従って，状況報告書にはコーポレート・ガバナンス報告書を開示した。公的医療機関においても，近年ではコーポレート・ガバナンス報告書の他に，「サステナビリティレポート2021」が開示される傾向にある。

　2010 年連結決算書では Labor Berlin- Chrité Vivates GmbH (－18,000 ユーロ：年度損失)，Service Berlin (－9,000 ユーロ：年度損失) は Vivantes の連結決算書では子会社で説明されている (注 15 参照)。しかし 2011 年連結決算書では，上記2 社とともに Michels Klinik Service GmbH は関連会社とされた。2012 年 11月 1 日には，Vivates Hospiz gGmbH (31,000 ユーロ：年度利益)，2013 年 11 月 1日に Vivantes Ida-Wolff-Krankenhaus GmbH (155,000 ユーロ：年度利益)，2014年 1 月 1 日には Vivantes Therapeutische Dienste GmbH (－6,000 ユーロ：年度損失) は，子会社として連結に組み入れている[16]。

　会社の決算書では，個別決算書が親会社の連結決算書に連結される (HGB 第298 条第 3 項)。連結決算書は，商法第 290 条以下の規定の適用によって作成され，子会社の議決権の大部分を所有する親会社の連結決算書に統括される(HGB 第 294 条第 1 項)。医療機関の損益計算書は総原価法で作成される[17]。

　以上のように医療機関の決算書は，前述した法的枠組みのもとで，病院簿記規則 (KHBV) に従って会計処理が行われる。公的医療機関は有限会社 (GmbH)組織に再編されたことから，決算日には，商法 (HGB) の規則に従って，親会社は連結決算書及び附属説明書を作成することになる (HGB 第 315 条第 3 項)。その後に，商法規定 (HGB) に従って連結決算書及び個別決算書が連邦官報に開示される。通常の会社と異なるのは，年度決算書の分類規則が，病院簿記規則 (KHBV) に従った勘定が決算書に表示されることである (KHBV 第 4 条第 3項)。基本的には商法 (HGB) の規定に従った年度決算書の分類に準じている。特に公的医療機関の会社形態への変更に際して，資本及び利益準備金は，損益計算書における年度利益及び損失に従って設定される。年度決算書における個

別規定では補助金と自己資本の会計処理が行われる（KHBV 第5条）[18]。公的医療機関の形式的民営化が進み，各州の公的医療機関のグループ化（Konzentration, Regionalisierung, Verbundbildung）がみられるようになった。その背景には，ドイツ連邦の医療領域における健康・経済・雇用政策があるとされる。地域の人口の推移及び死亡率等を考慮した地域の医療専門化が進む傾向にある[19]。

2. 公的医療機関のグループ化による連結決算書への影響

これまで Vivantes は，医療に関連する子会社の個別決算書を統合した連結決算書を商法第315条第3項に従って作成及び開示している。第6章では，組織形態と連結決算書における損益と収入・所得税に焦点をあてて，親会社と子会社の連結した組織が，連結損益に及ぶ影響について探究した。次に2003年の費用の削減に影響を及ぼした DRG の導入が，2004年から2014年までの医療経営の状況に，どのような影響を与えているかを考察する（図表5）。この10年間の連結決算書に視点をあてて，医療機関のグループ化が経営状況に及ぼす影響を考察し，統合の組織再編の意味を探究することにする。

図表5　民営化後
Vivantes Netzwerk für Gesundheits GmbH の営業状況　　　　　　　　　（金額：100万ユーロ）

年	2004	2005	2006	2007	2008	2009	2010	2011	2012	2013	2014
病床数	5,373	5,251	5,189	5,217	5,086	5,218	5,329	5,379	5,368	5,540	5,571
入院患者数	185,903	187,972	186,061	189,279	194,193	200,905	208,339	211,500	214,593	218,256	230,966
外来患者数	238,286	239,191	249,543	265,431	278,223	285,736	269,260	284,812	291,486	305,372	310,103
在院日数	7.23	7.03	7.01	6.89	6.8	6.7	6.6	6.5	6.5	6.5	6.4
正規職員数	10,581	10,484	10,019	10,000	9,937	9,870	10,078	10,462	10,712	11,021	11,278
医業収益	743	746	718	727	742	785	837	865	900	941	1.028
人件費	528	518	499	504	509	558	575	603	620	651	720
材料費	161	152	153	162	165	173	182	200	202	213	233
EBITDA		14.6	16.8	8.0	7.8	13.0	44.1	29.3	32.9	31.1	32.1
年度損益	5	6.1	7.1	2.1	2.4	2.6	6.3	5.1	6.7	7.9	7.9
投資	23	30	34	43	50	93	57	38	36	68	56
自己資金	2	4	16	24	29	53	30	23	21	45	37

（出所）　Vivantes Netzwerk für Gesundheits GmbH, *Geschäftsbericht 2004-2014* より作成。/未開示。

グラフ1　医業収益の推移

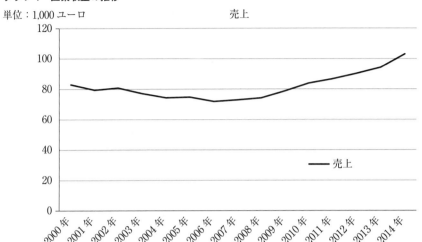

（出所）Vivantes Netzwerk für Gesundheits GmbH, *Geschäftsbericht* 2004-2014 より作成。

　図表5における医業収益と費用は，民営化においてどのように変化しているのか，みていくことにする。

　まず2004年-2008年の間において，グラフ1医業収益の減少は，グラフ2の病床数削減と関係しており，医業収益への病床数の削減の影響は無視できない。図表5に医業収益，人件費，医療材料費の推移を示すことにする。医療機関の医業収益には入院診療報酬が大部分を占め，外来診療よりも入院診療の収益は病床数に関係する。

　グラフ1の医業収益には，医療診療，介護診療，外来診療，任意診療，医師報酬等が含まれる。2000年以降医業収益は減少傾向にあるが，2008年を境にして医業収益は上昇している。また2004年には人件費52,800万ユーロであるが，それ以降，2008年までの4年間に人件費の削減を実施している。2008年は，組織変更の過渡期にあたる。その理由の1つとして，2000年に組織再編をして，2008年までには，これまでの経営状況を改善のための戦略を実施する計画によるもの[20]と考えられる。

160　第8章　ドイツ公的医療機関の民営化における会計制度

グラフ2　患者数と病床数の推移

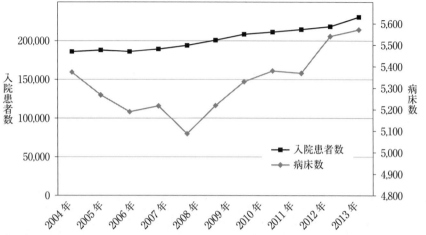

(出所)　Vivantes Netzwerk für Gesundheits GmbH, *Geschäftsbericht* 2004-2014 より作成。

図表6　Vivantes Netzwerk für Gesundheit GmbH の費用削減

(単位：100万ユーロ)

	2000年	2001年	2002年	2003年	2004年	2005年	2006年	2007年	2008年	2009年	2010年
医業収益	829	795	805	771	743	746	718	727	742	785	837
正職員数(人数)	13,499	12,443	11,581	10,860	10,581	10,484	10,019	10,000	9,937	9,870	10,078
在院日数	10.8	10	9.4	8.9	7.2	7.0	7.0	6.9	6.8	6.7	6.6
年度損益	−80	−153	−19	−70	5	6	7.1	2.1	2.4	2.6	6.3

(出所)　Vivantes Netzwerk für Gesundheit GmbH, Geschäftsbericht 2000-2010 より作成。

　グラフ2では，2004年から2008年までは入院患者数が増加傾向にあるのに対して，病床数が削減され，2008年以降は医業収益が急上昇している（グラフ1）。2008年を境にして，患者の在院日数が短縮され，病床数の縮小は，空床の無駄なコスト削減を図るものであった。その結果，2008年以降の医業収益は上昇傾向にある。2000年から2005年まで正職員数が削減され，人件費が削減された（図表5・6）。したがって費用削減は2008年の経営計画の政策（注20参照）の影響が考えられる。

おわりに　*161*

図表 7　Vivantes Netzwerk für Gesundheit GmbH

（単位：1,000 ユーロ）

	2007 年	2008 年	2009 年	2010 年	2011 年	2012 年	2013 年	2014 年
資本金	55,000	55,000	55,000	55,000	55,000	55,000	55,000	55,000
資本準備金	469,201	469,201	469,201	469,201	474,201	474,201	474,201	474,201
その他の利益準備金	0	0	0	835	835	835	835	835
連結損失	222,558	220,491	218,084	211,847	207,087	200,720	193,231	185,735
その他株主との調整項目	74	395	759	879	1,533	1,533	1,603	1,554

（出所）　Vivantes Netzwerk für Gesundheit GmbH, *Geschäftsbericht 2008-2014* より作成。

　さらに民間医療機関と異なる特徴として，過去の欠損繰越額が大きいことから，各年度の営業に負担がかかり，職員の削減，患者の在院日数を短縮しても，各年度の年度損失が減少傾向にあるものの，損失の解消には至っていないことが，図表 7 に表れている。各年度に損失が生じても，2010 年度連結決算書以降には利益準備金が設定される。年度決算書についての個別規定では，病院簿記規則（KHBV）第 5 条に従って補助金と自己資本の会計処理が行われる。公的医療機関に対する連邦（国）及び各州からの投資のための補助金が削減され，各年度に損失が生じても利益準備金が設定される。その根拠は設備投資のための利益準備金が積み立てられることにある[21]。

　公的医療機関における補助金の削減から，子会社の経営における繰越損失は親会社の収益で補填されても連結損失は回避できず，「資本の部」における会計処理は，資金の内部留保の会計処理が行われることになる。

お　わ　り　に

　本章では，すべての国民の医療費負担の軽減が財政で賄われているドイツの医療経営改革に焦点をあてて，ドイツの公的医療機関では，経営改善にどのような対応が考えられたかについて考察した。この事例では，収益を上げるためには費用を削減するという「費用対効果」を基礎とする政策が根底にある。

162　第8章　ドイツ公的医療機関の民営化における会計制度

　そのなかで，日独における病院会計には，企業会計とは異なる経営内部の管理のためには，「医療の質」の確保が求められる医療領域において，会計がどのような役割を果たしているのかに注目した。2000年から2008年に公的医療機関の民営化が進むことになった背景について，最大規模の公的医療機関，Vivantes を事例に考察した。

　大規模の公的医療機関の形式的民営化において，補助金の削減という事態に直面して，どのような経営改善のための費用削減が行われたか，また投資のコストの削減に対応して，どのような会計処理が行われているのかについて考察してきた。

　その結果，費用削減の1つとして，病床数の削減が行われている一方，患者数は増加するなかで，患者の在院日数の短縮で調整が行われたことが考えられる。また医療領域において，「医療の質」を向上させることは重要であり，そのためには医療機器及び施設への投資は欠かせない。しかしその投資設備のコストのための公的補助金が削減される傾向にあるなか，公的医療機関には内部留保による会計政策がみられる。民間医療機関は他の医療機関を買収して，ドイツ全土に及ぶ医療市場のネットワークを構築している。公的医療機関のグループ化について，Vivantes の事例をとおして，どのように医療関連業の会社を連結決算書に組み入れているのかについて探究した。公的医療機関は，民営化した後，過去の累積損失の補填に，どのように対処できるかが課題となる。自治体管轄の公的医療機関は，従来の公的医療機関にはなかった「経済性」が求められるなかで，「公共の医療提供」（Daseinsvorsorge）とのバランスに対処していくことになる。

[注]

（1）　拙稿（2014a）。
（2）　拙稿（2015d）15頁。
（3）　Statistisches Bundesamt（2014），*Gesundheit*, Wiesbaden.
（4）　Heubel, Friedrich/Kettner, Matthias/Manzeschke, Arne（Hrsg）（2010），*Die Priva-*

おわりに　　*163*

tisierung von Krankenhäusern, Wiesbaden, S. 25.

（5）　拙稿（2012a），拙稿（2012b），Hilbert, Josef/Evans, Michaela/Windisch, Delia （2011），*Krankenhäuser im Wandel*：Herausforderung, Baustellen, Chancen im Über-blick, S. 17-18, in：Goldschmidt, Andreas J.W./Hilbert, Josef［Hrsg.］（2011），*Kranken-hausmanagement mit Zukunft*, Stuttgart.

（6）　公的医療機関のグループにネットワークの形態は各州別に異なっている。

（7）　Berlin, Senatsverwaltung für Gesundheit und Soziales. 1972 年病院財政法に導入さ れ，各医療機関が連邦（国）及び州から病院計画に申請した投資資金を調達するしく みである。一方，医療機関の経営コスト資金は，疾病金庫から調達する。

（8）　Senatsverwaltung für Wissenschafts, Gesundheit, Pflege und Gleichsellung Abtei-lung Gesundheit, Krankenhausfinanzierung in Berlin. を参照。

（9）　Ebenda. 投資のための公的な補助金（Öffentliche Förderung von Investitionskos-ten）は連邦（国）及び州から調達される。ドイツ病院協会（DKG）によれば公的補助 金が不足する傾向にある。他方保険会社も財源不足により統合する傾向にある。

（10）　Hentze, Joachim/Kehres, *Erich*（2007），*Buchführung und Jahresabschluss in Krankenhäusern*, Stuttgart, S. 40-48.

（11）　Hentze, Joachim/Kehres, Erich（2007），*a. a. O.*, S. 51-52. 医療機関の簿記規定の改正 の情報は，最新の病院簿記の改定情報（https://www.buzer.de）を参照できる。

（12）　Goldschmidt, Andreas, J.W./Hilbert, Josef（Hrsg.）（2011），*a. a. O.*, S. 15-16. 有限会 社（GmbH）や非営利有限会社（gGmbH）の会社形態が資金調達の方法の範囲が広い ことを示す一覧表を提示している。Lang, Heidi（2008），*Investitionsfinanzierung kom-munaler Krankenhäuser*, Saarbrücken, S. 76.

（13）　Rau/Roeder/Hensen（Hrsg.）（2009）*Auswirkungen der DRG-Einführung in Deutschland*, Stuttgart, S. 9-10.

（14）　Böhlke, Nils/Gerlinger, Thomas/Mosebach, Kai/Schmucker, Rolf/Schulten, Thors-ten（Hrsg.）（2009）*Privatisierung von Krankenhäusern*, Hamburg, S. 203-207.

（15）　拙稿（2015d）21 頁。Vivantes Netwerk für Gesundheit GmbH, *Geschäftsbericht*, *2004-2014* における自己資本の持株率を集計した。

（16）　Vivantes Netzwerk für Gesundheit GmbH, *Geschäftsbericht 2014*, S. 52. *Jahres und Konzernabschluss zum Geschäftsjahr vom 2010*, S. 21-22. 連結決算書に関連会社として 組み入れなかった根拠として，設立した年度 2010 年が 2011 年 1 月 1 日初年度の営業 年度であったことと，さらに官報に開示されている連結決算書の状況報告書で，決算 書における説明を詳細に補足説明している。「商法第 312 条，商法第 311 条第 2 項，商 法第 296 条第 2 項に従って連結に組み入れていない」とされる。2010 年以降の決算書 には会計法近代化法（BilMoG）が適用され，法改正後には関連会社は持分法で連結決 算書に連結される。

（17）　連結決算書の作成に際して，商法第 290 条-310 条が適用され，関連会社については 商法第 111 条―112 条が適用される。損益計算書では総原価法或いは売上原価法に従っ た形式で作成しなければならない（HGB 第 275 条第 1 項）としている。

（18）　病院財政法（KHG）に従って，病院計画で連邦（国）及び州に申請した補助金は，

投資に充てた補助金を貸借対照表上の借方に「固定資産」として計上し，貸方側に「病院財政法（KHG）からの特別項目」として計上する。各年度の決算にあたり，当該補助金額から投資した固定資産額は当該固定資産額に発生する減価償却額を控除しなければならない（KHBV 第 5 条第 3 項）。病院財政法（KHG）による投資としての固定資産に係る補助金を受け取った際に，借方と貸方における個別の会計処理を定めている。いわゆる補助金で購入した固定資産の圧縮記帳による借方側と貸方側における会計処理を定めている。

(19)　Goldschmidt, Andreas, J.W./Hilbert, Josef［Hrsg.］(2011), *a. a. O.*, S. 9-26.

(20)　Vivantes Netzwerk für Gesundheits GmbH, *Geschäftsbericht 2004-2014.* 参照。
　　2008 年営業報告書（56-57 頁）に 2009 年以降病院資金調達の条件が，病院財政改善法（KHRG）の改正の可決によって，病院の財政状況の改善が優先的目的となっている。その改善策の中に費用の削減がある（*Geschäftsbericht 2008*, S, 56-57）。

(21)　Eichhorn, Siegfried (1988), *Handbuch Krankenhaus-Rechnungswesen*, Wiesbaden.
　　S. 227-228. 2009 年会計法近代化法（BilMoG）における貸方への計上の会計処理に利益準備金の設定による経過処置がある（Gesetz zur Modernisierung des Bilanzrechts (Bilanzrechtsmodernisierungsgesetz-BilMoG) vom 25. Mai 2009）。

| 第9章 |

わが国の公立病院改革[1] と
ドイツ公的医療機関の民営化
―「資本の部」の開示に焦点をあてて―

は　じ　め　に

　わが国の公立病院は，これまでみてきたように国及び自治体の財政から補助
金を受け入れて運営をしている以上，補助金の会計処理は，組織の経営状況を
示す決算書の透明性に向けて改革が行われる必要がある。

　わが国の少子高齢化が社会経済にさまざまな影響を及ぼしている現代におい
て，財政で医療及び福祉・介護制度をどのように維持していくかが課題とな
る。というのは，国民皆保険・介護保険等の制度[2] が定着しつつある一方で，
将来の少子高齢化社会を支えていくべき公的サービスを持続していかなければ
ならないからである。そのためには地域医療を支えている各自治体の病院事業
の役割は大きく，これまで累積損失を繰り越してきた公立病院が存続可能な医
療給付を維持していくためには，組織再編とその組織を支える会計制度がどの
ように整備されるべきかが，今後の課題である。

　前章では，ドイツの公的医療機関の連結決算書の「資本の部」に焦点をあて
て，財政からの補助金と経営改善のための政策のもとでの会計について論じて
きた。

　本章では，前章の事例と比較しながら，わが国の公立病院改革の「経営形態
の見直し」の課題に，どのように対拠すべきか，経営の結果が示される「資本
の部」に焦点をあてて考察していくことにする。

166　　第 9 章　わが国の公立病院改革とドイツ公的医療機関の民営化

第 1 節　公立病院改革における経営形態と会計

　財政健全化法[3] のもとで各自治体の財政再建が行われることとなり，その 1 つとして地方公営企業の経営改革がある。経営改革のなかに各自治体の公立病院改革があり，その改革のために，総務省によって 2007 (平成 19) 年「公立病院改革ガイドライン」(以降，前ガイドライン)，2015 (平成 27) 年「公立病院改革ガイドライン」(以降，新ガイドライン) が公表された。この 2 つのガイドラインの公表後，新型コロナ禍が続き遅れたものの，2022 (令和 4) 年に「持続可能な地域医療提供体制を確保するための公立病院経営強化ガイドライン」(以降，経営強化ガイドライン) が公表された。この 3 つのガイドラインによって，公立病院は「経営形態の見直し」(組織再編) の課題に直面することになる。

　前ガイドラインでは「経営の効率化，再編・ネットワーク化，経営形態の見直し」が提唱され，その 3 つの政策の他に，新ガイドラインでは，「地域医療構想」が新たに打ち出された。それを受けて，各地域における医療機関等の連携への調整会議が開催され，「地域医療構想」の連携が進められてきた。2018 (平成 30) 年 3 月末には，約 100 の公立病院 (病床数 39,563) の地独法化が公表された[4]。その際に，地独法化した公立病院は，地方独立行政法人会計基準をとることで，さらに企業会計へ近づくことになる。

　社会生活に不可欠な公共サービスの事業を営む地方公営企業，なかでも病院事業は「非営利」として，医療機関の非営利性 (医療法第 7 条及び第 8 条)[5] が定められ，「非営利性」の組織が，国及び自治体における政策では「原則，企業会計原則を基礎とする」という会計制度が求められている。この会計制度はどのような会計なのか，明らかにされなければならない。

第 2 節　各自治体の地域医療連携の動きと会計

　わが国の公立病院改革 (3 つのガイドライン) は，各自治体の財政健全化 (健全

化判断比率4指標：実質赤字比率・連結実質赤字比率，実質公債費率，将来負担比率）を基礎としている。これらの指標は地方公営企業の病院事業の財政健全化を測定する指標として，資金不足比率（資金不足額÷事業規模）が設けられ，この比率で経営状況の悪化の程度が判断できる。従来は不良債務を判断の基本としていた[6]。さらに財政健全化のために「経営形態の見直し」が求められ，その形態の1つに，地独法化がある。この地独法化の会計は，「原則として企業会計原則によること」（地方独立行政法人法第33条）（以降，地独法）とされている。しかし企業会計でも「企業会計制度改革は進み，その新しい会計基準との整合性を図る必要が生じた」ことから，会計制度上の新しい会計基準の検討の必要も生じたとされ，2004（平成16）年地方独立行政法人会計基準が制定された。公会計制度における会計モデルに，企業会計原則に準じた会計制度が導入された[7]。前述したように独法化した国立病院機構を始めとして，公立病院の領域でも，例えば退職給付引当金等の新しい企業会計基準による会計処理が行われることとなった。

1. 地方独立行政法人化による地域医療連携

これまでの累積損失を繰り越してきた公立病院が地独法化するには，まずは累積欠損を解消しなければならない。新ガイドラインに向けて地域医療構想の構築のために，各自治体の病院・診療所・リハビリ及び介護施設等の組織統合に努めることになる。そのなかで地独法化した病院事業は，制度上，公共性・透明性・自主性の3原則に従った財務諸表を公表しなければならない（地独法第3条）。地独法化は，一般地方独立行政法人（非公務員）と特定地方独立行政法人（公務員）に区分される。また当該法人の会計基準は，公共的な性格を有し，利益の獲得を目的としないなどの特殊性を考慮した会計基準である[8]。とされており，その地独法化した事業が，すなわち地独法化後の経営はどのような状況なのかが注目される。

各自治体における地独法化の事業数は，図表1（2017（平成29）年現在）に示すような状況である。

168　第 9 章　わが国の公立病院改革とドイツ公的医療機関の民営化

図表 1　地独法化した事業数

年度	総計	宮城	秋田	山形	栃木	千葉	東京	神奈川	山梨	長野	岐阜	静岡	三重	滋賀	京都	大阪	兵庫	奈良	岡山	広島	山口	徳島	福岡	佐賀	長崎	熊本	宮崎	沖縄
25	67	4	2	2	1	2	1	6	2	5	3	3	4	0	2	7	5	0	1	2	3	1	6	1	3	0	0	1
26	80	4	3	2	1	2	1	5	2	5	3	4	4	0	2	11	5	3	3	6	3	1	6	1	3	0	0	1
27	81	4	3	2	1	2	1	5	2	5	3	4	4	0	2	11	5	3	3	6	3	1	7	1	3	0	0	1
28	88	4	3	2	2	3	1	5	2	5	3	4	4	0	2	12	6	3	3	6	3	1	7	1	3	0	1	1
29	90	4	3	2	2	3	1	5	2	6	3	4	4	1	2	12	6	3	3	6	3	1	7	1	3	1	1	1

（出所）「平成 30 年度病院事業決況」（地方独立行政法人）より作成。注）年度毎の法人化数をを示す。

図表 2　地独法化した病院の運営費負担金の割合

		平成 29 年度						
病床数		100 以下	101〜200	201〜300	301〜400	401〜500	501〜600	601〜700 以上
不採算地区病院（該当）		3	3					
運営費負担金等対（経常・営業等）収益比率	0%〜10%	4	4	8	9	8	9	7
	10%〜20%	2	0	3	4	5	0	2
	21%〜30%	2	4	6	0	1	0	0
	31%〜40%	1	2	2	1	1	1	0
	40%〜	1	2	1	0	0	0	0
総計		10	12	20	14	15	10	9

（出所）　総務省「平成 30 年度病院事業決況」（地方独立行政法人）より作成。注）100 以下の病床数には統合して病床数が 0 となっている事業も含まれる。

　この図表 1 からみて，2013（平成 25）年度 67 事業は 2017（平成 29）年度には 90 事業に増えている。地独法化しても運営費負担金の給付を受けることができる。しかし図表 2 から，運営費負担金を受けていない事業体もあることが明らかになる。

　図表 2 は公立病院が地独法化して経営状況が開示されている財務諸表を対象として，2017（平成 29）年度の運営費負担金等対収益比率の割合を示している。2013（平成 25）年度から 2017（平成 29）年度までの 5 年間の財務諸表に共通した特徴として，200 床以下の小規模病院事業のなかには不採算地区病院（6 事業）が含まれる。その不採算医療等には県からの補助金による支援がある。また 101 床以上から 300 床以下の中小規模病院事業の場合には，40% 以上の運営費負担金を受けている事例が多い。しかし 300 病床以上の事業になると，運営費負担金の給付は減少している。さらに 300 床以上・500 床以上の規模にな

ると，20% 以下の運営費負担金を受けているか，或いは全く受けていないかである。

しかし図表3から，地独法化した病院事業であっても，財政健全化の指標に関係する実質資金不足・不良債務・資金不足額を示している事業体があることが明らかになる。資金不足比率が高い事業体は実質的には赤字経営である。2014（平成26）年度財務諸表には，「資本剰余金に計上してきた補助金が利益剰余金に振り替えられることで，利益剰余金が増加し，累積欠損が減少する[9]」事例もみられる。

図表3に示す地独法化した組織のなかで，Cのように，2013（平成25）年度財務諸表で不採算地区病院（第1種該当）では，運営費負担金等対収益比率（対経常収益比率79.1%，対営業収益比率84.5%，対総収益比率79.1%）という高い比率を占め，2014（平成26）年度から2017（平成29）年度財務諸表では不良債務比率が減少しているものの，資金不足は増大している[10]。2015（平成27）年度から2017（平成29）年度間に地独法化した病院事業の財務状況の変化からみて「資本の部」の明確化について，地独法化の基本原則とする「透明性」が求められるべきではないかと考える。

2. 地域医療連携推進法人の動き

公立病院の地独法化の他に，もう1つ地域医療完結型の連携を進める「地域医療連携推進法人」の創設がある。当該法人は，2015（平成27）年医療法改正に従って，2018（平成30）年4月に施行された。当該法人は非営利法人の参加団体から構成され，一般社団法人として「地域医療連携推進法人」が各自治体の長によって認可される[11]。地域医療連携推進法人には33法人〔2022（令和4）年10月1日現在〕が認可されている。当該法人は地域の医療から福祉・介護の連携を実現する地域完結型医療の持続的経営を実現する組織の法人化である。当該法人は各県内の市町村等の医療機関・介護施設・学校法人等の連携を示し，地域医療連携推進法人会計基準が適用されることとなる。

次に，この2つの法人化の会計基準の整備に際して，「資本の部」に透明性

170

図表3　地方独立行政法人に移行した際に生じる財政状態の事例

(単位：千円)

年度	自治体	結合数	不良債務	実質資金不足	資金不足	不良債務比率(%)	
25	大阪府	5事業	113,982	113,982		0.2%	A
	大阪府	1事業	1,494,914	1,494,914		10.1%	B
26	千葉県	1事業	873,648	873,648		27.2%	C
	大阪府	5事業	435,234	435,234		0.6%	A
	大阪府	1事業	6,830,637	0		46.4%	D
	奈良県	3事業	1,222,834	958,134		6.0%	E
27	千葉県	1事業	1,105,456	1,105,456	834,544	25.2%	C
	三重県	3事業	435,304	254,842	0	4.7%	F
	京都府	2事業	262,392	262,392	0	1.5%	G
	大阪府	1事業	0	0	635,456	0	D
	奈良県	3事業	4,881,044	3,665,844	3,537,713	22.2%	E
	広島県	2事業	17,810	17,810	0	0.5%	F
	長崎県	2事業	0	0	1,565,569	0	H
28	千葉県	1事業	916,109	916,109	1,888,046	16.4%	C
	三重県	3事業	177,398	177,398	0	1.9%	F
	京都府	2事業	915,824	915,824	0	4.9%	G
	大阪府	1事業	0	0	1,379,251	0	D
	大阪府	1事業	0	0	1,190,821	0	B
	奈良県	3事業	6,660,638	3,151,238	6,190,238	29.5%	E
	長崎県	2事業	0	0	1,735,599	0	H
29	宮城県	3事業	204,957	0	0	1.3%	I
	千葉県	1事業	799,932	799,932	3,089,969	12.9%	C
	神奈川県	5事業	908,104	908,104	0	1.6%	J
	長野県	5事業	0	0	23,906	0	K
	三重県	3事業	318,633	0	0	3.4%	F
	滋賀県	1事業	3,105,305	3,105,305	5,635,930	26.2%	L
	京都府	2事業	1,037,877	1,037,877	0	5.3%	G
	大阪府	1事業	0	0	1,443,286	0	D
	大阪府	1事業	0	0	1,389,144	0	B
	奈良県	3事業	2,517,290	1,997,090	9,344,685	10.1%	E
	長崎県	2事業	0	0	1,229,526	0	H

(出所)　総務省「病院事業決算状況（地方独立行政法人）」（平成25年度-平成29年度）より作成。
　　　　注）A—H別には同病院事業を示している。平成27年度より資金不足の開示が導入された。

があるのか，資本制度に焦点を絞って検討することにする。

第3節　地方独立行政法人化における資本制度

　前述した地独法化・地域医療連携推進法人の創設等は，各自治体の長の認可のもとで創設される。これらの法人化は，高齢化社会における医療及び福祉・介護の連携によって，医療従事者の確保・医療機器及び薬品・材料等の共同購入による効率的な経営，高度専門医療・急性期医療等の連携，「医療の質」の向上をめざす取り組み等を実施することになる。このような医療・介護及び福祉等の連携組織の法人の財務諸表では，補助金の収支をともなう会計処理が行われ，法人の運営状況の判断には「資本（純資産）の部」の透明性が求められると考える。

1.　地方独立行政法人の資本制度

　地独法化に際して，会計基準は「地方独立行政法人会計基準及び注解」をとることになり，2つ以上の事業を行う地方公営企業型地方独立行政法人には，それぞれの事業別の財務諸表（事業別財務諸表）と，地方公営企業型地方独立行政法人全体の財務諸表（法人単位財務諸表）を作成しなければならない（同会計基準第13節区分経理の会計処理，第95条）。この場合，地方公営企業型地方独立行政法人の業績評価には法人単位財務諸表を基本として，同一環境のもと行われた同一の性質の取引等に係る会計処理の原則及び手続きは，原則として地方公営企業型地方独立行政法人単位で統一すること，その際に合理的な理由がない限り事業ごとに異なる会計処理の原則及び手続きを適用することは認められない（同会計基準第13節区分経理の会計処理，第95，1.2）。その場合，「資本の部」の純資産（同会計基準第2節　概念，第18，第19）では資本金，資本剰余金及び利益剰余金に分類（同会計基準第2節　概念，第18.2）され，そのなかで利益剰余金（同会計基準第19.3）は，当該法人の業務に関連して発生した剰余金であって，稼得資本に相当するとしている。さらに利益剰余金（同会計基準第55.3）は，目的積立

金及び当期未処分利益に区分して表示され，当期純利益を表示する[12]としている。

次に，地域医療連携推進法人の資本制度についてみていくことにする。

2. 地域医療連携推進法人の資本制度

一方，地域医療連携推進法人会計基準[13]（平成29年4月2日施行）では，資本制度について，企業会計の資本金に該当する「基金」（同会計基準第11条）は，「一般社団法人及び一般財団法人の金額を計上するもの」と定められ，積立金（同会計基準第12条1）は「当該会計年度以前の損益を積み立てた純資産の金額を計上するもの」，さらに積立金（同会計基準第12条2）は，「代替基金及び繰越利益積立金，その他積立金の性質を示す適当な名称を付した科目をもって計上し，代替基金及び繰越利益積立金，その他積立金の性質を示す適当な名称を付した科目をもって計上しなければならない[14]」としている。また「資本（純資産）の部」に係る補助金の会計処理は，国又は地方公共団体から補助金を受け入れた場合（貸借対照表等の作成する際の留意事項等として【（平成31）年3月29日付】，2つの処理方法が運用指針とされている。

1) 固定資産の取得に係る補助金等について，特別利益に計上したうえで，直接減額方式又は積立金経理より圧縮記帳。

2) 運営費交付金のように補助対象となる支出が経常費用に計上されるものについては経常収益に計上する。

としている。

わが国の「経営形態の見直し」の組織再編に際して，法人化した事業は複数の事業体となることから，企業会計における連結財務諸表の会計基準に，どのように適合して，「資本（純資産）の部」を開示していくかが注目される。

一方，ドイツの持株会社（コンツェルン）の医療・高齢者福祉及び介護・リハビリ・学校等の施設の連携は，会社形態の連結財務諸表の会計規定で対応している。その際に，公的医療機関は株式会社形態よりも，有限会社法（GmbHG）の会社形態に従った連結財務諸表を作成して，連携全体の施設の経営状況を示

すことで対応している[15]。

　次に，有限会社（GmbH）形態の連結財務諸表における「資本（純資産）の部」についてみていくことにする。

第4節　ドイツの公的医療機関の組織改革と「資本の部」

　公的医療機関の民営化は，形式的民営化と実質的民営化とに大別でき，形式的民営化は自治体を大株主として，多くは，有限会社（GmbH）の会社形態をとっている。形式的民営化の事例として，これまで述べてきた最大規模の公的医療機関に Vivantes がある。当該医療機関は，医療・リハビリ・老人養護施設等の複数の組織からなる総合病院である。会社形態，特に有限会社法（GmbHG）に従った資本制度[16]のもとでの会計処理を行っている[17]。その連結財務諸表の「資本の部」では，2009 年の会計法近代化法（BilMoG）の改正にともない，図表4 に示すように，2010 年以降は商法施行法規則（EGHGB）第 67 条第 1 項第 3 文に従って利益準備金を設定している[18]。図表4 に示すように，2010 年以降，有限会社法（GmbHG）改正，商法施行規則（EGHGB）等によっ

図表4　ドイツの公的医療機関の「資本（純資産）の部」

（単位：1,000 ユーロ）

Klinikum Region Hannover GmbH	2009 年	2010 年	2011 年	2012 年	2013 年	2014 年	2015 年	2016 年
資本金	10,000	10,000	10,000	10,000	10,000	10,000	10,000	10,000
資本準備金	23,554	23,554	23,554	23,554	68,484	83,484	46,971	37,938
利益準備金	0	75	75	75	75	75	75	1,971
連結損益	2,107	2,107	177	(15,494)	(20,619)	(16,889)	(7,610)	5,780
繰越利益（損失）	2,096	4,552	6,659	6,836	(8,657)	(29,276)	5,348	3,728
少数株主持分と調整勘定				0	123	907	907	0
Vivantes Netzwerk für Gesundheit GmbH	2009 年	2010 年	2011 年	2012 年	2013 年	2014 年	2015 年	2016 年
資本金	55,000	55,000	55,000	55,000	55,000	55,000	55,000	55,000
資本準備金	469,201	469,201	474,201	474,201	474,201	474,201	474,201	474,201
利益準備金	0	835	835	835	835	835	835	835
（連結損失）	(218,084)	(211,847)	(207,087)	(200,720)	(193,231)	(185,735)	(160,608)	(147,459)
繰越利益（損失）								
少数株主持分と調整勘定	759	879	1,533	1,533	1,603	1,554	380	443

（出所）　Bundesregister, *Geschäftsbericht 2009-2016* より作成。1,000 ユーロ以下四捨五入，（　）マイナス。

て，利益準備金（2010年以前には設定されていない）が設定される。その根拠として，将来の損益計算書に発生する費用に備え，引当金としての役割を持つ，政策的な会計処理として，損益計算書では損失が生じても収益額を会計上設定することが認められたことによる。つまり利益準備金は，年度決算において連結損失が生じた場合にも，年金引当金のように将来発生する費用に対する備えとして，利益準備金を設定することができ，会計上の政策的な処理ができる[19]。

　もう1つの公的医療機関の事例として，有限会社（GmbH）形態をとるKRHハノーファー地域医療機関有限会社が挙げられる。当該医療機関は，営業報告書で2015年の繰越損失7,610千ユーロを2016年の資本準備金のうち9,033千ユーロで相殺している。連結子会社の2015年の年度利益990千ユーロを利益準備金に設定している[20]と説明している。

　ドイツの事例では，持株会社（コンツェルン）の医療関連産業の子会社の連結に際して，有限会社法（GmbHG）の会計処理は，株式会社（AG）よりも会計処理に最良の余地が残されていることから，有限会社（GmbH）形態の連結決算書を作成している事例が多く[21]，その事例は典型的な公的医療機関の形式的民営化においてみられる「資本の部」における会計処理である。

お わ り に

　わが国の公立病院改革は，2つの省庁，つまり総務省による財政健全化のもとで，各自治体の病院事業の組織再編（経営形態の見直し）と経営改善が進められる政策であり，もう一方では厚労省によって医療提供体制の改革が行われている。

　地域医療は「地域医療構想」「地域包括ケアシステム」「地域医療連携推進法人」等，高齢社会に向けた地域医療完結型の医療政策によって実施されている。その政策のもとで公立病院改革は，総務省と厚労省による連携政策が進められ，その根底には，地域の財政再建と医療提供体制の政策がある。地方独立行政法人及び地域医療連携推進法人における会計制度（資本制度）は，3つの基

おわりに　*175*

本原則：公共性・透明性・自主性を前提としているものの，「資本（純資産）の部」の概念は財務諸表における会計数値の差額概念としてみなされ，「資本（純資産）の部」の透明性がどのように付与されるかが，今後の課題であろう。

　一方，ドイツの公的医療機関の民営化では，「資本（純資産）の部」における利益準備金の設定は政策的会計処理としてみなされる。非営利組織の存続可能性を維持するためには，非営利組織の会計制度では政策的な会計処理がみられる。

［注］

（1）　本章で，公立病院としているのは自治体病院で，都道府県，市立町村，組合等が開設している病院で，主として一般病院（精神科病院は独立行政法人化した病院の調査には含まれる）を対象としている。

（2）　本章では医療保険制度が対象となるが，医療保険制度の特徴について，わが国はドイツを参考とした社会保険方式を採用して，国民皆保険制度を導入している［自治体病院経営研究会編集（2017）『自治体病院経営ハンドブック』第24次改訂版，ぎょうせい，89頁］。

（3）　「地方公共団体の財政の健全化に関する法律」（平成19年6月15日参議院解決，6月22日公布）（健全化法）：健全化法は地方公営企業会計をはじめ，地方公共単体のすべての会計を対象として，…（省略），財政の健全化や再生のための計画を策定する制度を定めるとともに，当該計画の実施の促進を図るため行財政上の処置を講ずることで，地方公共団体の財政健全化に資することを目的としたものである」（自治体病院経営研究会編集（2017）前掲書，136-137頁，138頁。）としている。

（4）　都道府県市町村815施設数：地方行政独立法人100施設：厚生労働省「医療施設動態調査」（平成30年3月末概算数）政府統計（平成30年6月20日付）。

（5）　医療法の「非営利」については，「第54条　医療法人は，剰余金の配当をしてはならない。」（平成19年3月30日医政発0330049号厚生労働省医政局長通知）としている。

（6）　自治体病院経営研究会編集（2017）前掲書，145-148頁。

（7）　自治体病院経営研究会編集（2017）前掲書，150頁。

（8）　総務省「地方独立行政法人会計基準及び地方独立行政法人会計基準注解」及び「地方独立行政法人に対する会計監査人の監査に係る報告書」の改訂」（http://www.soumu.go.jp）（平成30年3月改訂）で示されている。地方独立行政法人には2種類の法人化がある。総務省は，地方独立行政法人の設立状況（平成30年4月1日現在）について公表しており，各県の病院事業は公営企業型の地独法化（55事業）である。

（9）　平成16年に企業会計原則に準じた会計制度が導入され，さらに平成26年に企業会計との整合性を図る。そのなかで補助金を資本剰余金へ計上していた一部を利益剰余金へ振り替える方法，借入資本としていた企業債の会計処理が負債計上とする方法が

176　第 9 章　わが国の公立病院改革とドイツ公的医療機関の民営化

とられる（総務省「地方公営企業会計基準の見直しの影響（概要）」【平成 27 年 9 月 27 日付】。

(10)　長期借入金（9 兆）及び資産見返負債金額（約 2 億）と巨額である。さらに利益剰余金（1 億 8 千万），資本剰余金（1 万）という数字である。平成 26 年度決算書では，不採算地区病院の非該当となっていても，利益剰余金（－），資本剰余金（23 億），運営費負担金対収益比率（24.0%⇒ 24.9%⇒ 24.0%）と変化している。

(11)　医療法第七十条に，地域医療連携推進法人について，以下のように定めている。「次に，掲げる法人（営利を目的とする法人を除く（「参加法人」））及び地域において良質かつ適切な医療を効率的に提供するために必要な者として厚生労働省令で定める者を社員とし，かつ，病院，診療所，介護老人保健施設又は介護医療院（「病院等」）に係る業務の連携を推進するための方針（「医療連携推進方針」）を定め，医療連携推進業務を行うことを目的とする一般社団法人は，定款において定める当該連携を推進する区域（「医療連携推進区域」）の属する都道府県（当該医療連携推進区域が二以上の都道府県にわたる場合には，これらの都道府県のいずれか一の都道府県）の知事の認定を受けることができる。」

(12)　総務省「地方独立行政法人会計基準及び地方独立行政法人会計基準注解」（平成 30 年 3 月 30 日総務省告示第 125 号改訂）。

(13)　医療法（昭和二十三年法律第二百五号）第七十条の十四において読み替えて準用する同法第五十一条第二項の規定に基づき，地域医療連携推進法人会計基準（平成二十九年厚生労働省令第十九号）（電子政府の e-GOV（https://elaws.e-ov.go.jp）参照。その他に，厚生労働省，厚生労働省医政局長から「地域医療連携推進法人会計基準適用上の留意事項並びに財産目録，純資産変動計算書及び附属明細表の作成方法に関する運用指針」が公表されている。

(14)　同上。

(15)　拙稿（2021）88 頁。

(16)　有限会社法（GmbHG）第 57d 条「(2) 貸借対照表に繰延損失を含むか或いは損失が生じている限り，準備金は設定できない。(3) 一定の目的のために給付されるべきことが決まっている場合に限り，その他の利益準備金はその目的に合致している限りにおいて設定できる」としている。

(17)　拙稿（2015e）120 頁。

(18)　拙稿（2015b）86-87 頁にドイツの公的医療機関の年度決算に連結損失が生じていても，2010 年から現代まで利益準備金が設定されていることを記述している。この会計処理は，2009 年会計法近代化法（BilMoG）の法改正によるものであることが明らかになった。この会計処理については，Einführungsgesetz zum Handelsgesetzbuch, Art. 67. に定められている

(19)　Gesetz betreffend die Gesellschaften mit beschränkter Haftung (GmbHG) § 57d [Zuletzt geändert durch Art. 10 G v. 17.7.2017 I 2446] に詳細な説明がされている。

(20)　Bundesanzeiger, Klinikum Region Hannover GmbH, *Konzernabschluß 2017.3.31.* 公表されている連結財務諸表，28 頁参照。

(21)　拙稿（2012b）129 頁。

第10章

医療経営改善改革の「医療の質」保証の法整備への影響
─経済性と「医療の質」の観点からの考察─

は　じ　め　に

　わが国の公立病院における医療経営改善の改革は，3つめのガイドライン（2022（令和4）年公表）によって，医療給付の持続可能性と経営安定の強化を求める方向性にある。従来の中央から地方への政策転換がみられる地域医療において，自治体の財政に連結評価が導入されることは避けられ，公立病院の経営改善改革は，財政健全化法を基盤として行われている[1]。これまで，多くの公立病院が地域のへき地や人口減少の過疎化が進む地域で採算性の低い赤字経営を営んできたが，2022（令和4）年の経営強化ガイドラインの公表は，今後の公立病院にどのような影響をもたらすかが注目される。

　わが国の医療及び介護保険制度に影響を及ぼしてきたドイツでは，病院財政法（KHG）に従って公的補助金が医療機関に給付されている。しかし各州の公的医療機関の多くは，補助金の削減にともない民営化に向かっている[2]。これらの公的医療機関の間で経済性・市場原理が求められた民営化が進む一方で，医療及び介護保険制度整備において長い歴史をもつ医療機関がどのような現状にあるのか。

　本章では，まず1）ドイツの医療保険制度整備の基礎に遡り，医療政策における法原理を探究する。そのうえで2）連邦（国）及び州政府による公的医療機関の民営化の現状と病院改革における経済性への動向がもたらした会計につ

いて考察する。それに対する 3)「医療の質」を担保する法整備，すなわち
2015 年病院改革法の法改正によって「医療の質」の評価体制が整備されたこ
とについてみていくことにする。

　すなわちわが国の医療経営改革が，費用削減，経営の効率化に傾斜する医療
経営改善の方向性だけを求めるのではなく，「安定した経営の強化」に向けた
持続可能性を求めるためには，ドイツの医療経営において「医療の質」をどの
ように担保していくかに注目することにする。

第 1 節　医療領域における法原理

　わが国において憲法第 25 条で「すべて国民は，健康で文化的な最低限度の
生活を営む権利を有する。」と，いわゆる生存権が定められている。それと同
じように，ドイツでは健康ないしは医療給付制度の概念に，行為・規範・制
度・人が含まれる。それらの役割は，病気の回避・治療及び緩和の医療目的を
追求することにある[3]と定めている。この概念を前提として，民主的社会福祉
国家原則（GG 第 2 条第 1 項，第 28 条第 1 項）が法律で定められ，それを構成する
原則の 1 つが，連帯の資金融資という連帯原則（SGB V 第 3 条）である。

　医療保険金は各人の損害にではなく，その支払額は支払能力に応じて各人に
給付される（公平性の原則）。またその給付金は被保険者に対して分け隔てなく
公平に給付される。この公的保険の給付は保険料の支払いに関係なく，被保険
者は現物及びサービスとして受け取る（SGB V 第 2 条第 2 項第 1 文）。この基本思
想は，いわゆる「被保険者は無料で医療を受け，被保険者に通常の事前資金の
支払いに対する返済に，経済的負担は課されない」[4]ということからきている。
また連帯原則では，同様に金額と物的給付において公平性が欠如することもあ
る。そのため物的提供は個人の給付能力を重視せず，むしろ被保険者の個人の
要求を重視している（要求の原則）。この連帯原則（SGB V 第 3 条）は，病気の危
険，年齢及び性別とは関係なく，被保険者全体の間における公平性或いは再分
配を基礎としている。つまり所得額にあった公平な給付，しかし高額所得額に

も公平に給付する。このように公的医療保険の公平なメカニズムでは，所得格差調整の公平性（所得とは独立した報酬），多くの人々の間における公平性，家族間の公平性（金額で示されない家族の公平性）が示される。公的医療保険では再分配が行われ，疾病金庫の垣根を越えた公平性によって，1994年には一般的医療保険と1995年以降に施行された退職者の医療保険を基盤として連帯性が保たれることとなった[5]。

　以上のように個人に対する法的な権利が基礎づけられている。このような法原理に基づいて医療政策が実施される。

第2節　医療政策の変遷

　ドイツの医療政策の変遷は，以下の5段階に分類される。もとは中世の同業者組合の組織における社会保護の視点をもつ規則が，社会保障システムの先駆けとなったとみなされる。

1. 社会保障の前兆
2. ワイマール共和国終末までのビスマルクの社会法とその展開
3. 第三帝国の時代における展開
4. 第二次大戦後から1971年までの展開
5. 1972年から現代までの過程

以上のような段階を経て，公的医療機関における経済性が重視される傾向が始まったのは，1972年以降である。特に公的医療機関に経済性が求められるようになった背景には，2つの制度がある。1つは，1972年病院財政法（KHG）の法整備であり，公的医療機関の市場への進出に向かうきっかけとなった。1972年病院財政法（KHG）の医療政策が実施されているなかで，これまでの医療政策にはみられない「経済性」が示された[6]。それは病院の経済的保証に関する規則と1972年6月29日の病院財政法（KHG）によって，これまでの一元的資金融資システムが，二元的資金融資システム（第8章図1）に変換されたことが大きな根拠となっている[7]。

その二元的資金融資システムに示されるように，公的医療機関への投資コストと経営コストの資金調達の流れが制度整備された。投資資金は，連邦（国）・州からの税金等の投入によって，公的医療機関では設備投資に使われる。一方，公的医療機関で経営資金となるのは，保険者が被保険者から徴収した保険金であり，医療機関の医療経営に投入される資金である。

このように2つの資金の流れが整備されたことで，公的医療機関における資金の使途は透明化されるべきであり，その資金の使途について，医療機関は公開及び報告する必要が生じた。このことは，これまでの公的医療機関の経営に大きな変革をもたらすことになった。

2つめは，医療機関における費用の削減と医療収益の獲得を促進した。いわゆる新しい診療報酬システム，DRG の導入であった。

次に，DRG の医療機関への導入に際して，どのような法的整備がなされ，医療機関にどのような影響を及ぼしたかについてみていくことにする。

第3節　DRG 導入の法整備

新しい診療報酬の計算システムが，これまでの公的医療機関の経営に変革をもたらした。この診療報酬計算システムは，1960年代末アメリカのエール大学の John D. Thompson & Robert B. Fetter によって患者分類として展開されたものである。これは，アメリカの医療プログラムにおいて，患者の疾患を等級に分類するものである。この DRG の分類は，ドイツでは2000年に導入された[8]。一方，この分類は，日本では2003年に導入された「診断群分類」（Diagnosis Procedure Combination：以降，DPC）である。

日独の「診断群分類」はそれぞれ形態が異なるが，この計算システムは，医療機関の組織を再編するきっかけとなったとされる。つまりドイツでの DRG 導入は，医療費の削減，医療収益の増加に影響を及ぼす医療政策の1つとなった。というのはドイツの DRG システムの導入は，病院への資金融資に関する法律の重要な改正であったからである。つまり，その法律に新規定が盛り込ま

れることになった。1911 年帝国保険規則がドイツ社会福祉国家の法原理を形成していた。同法は，1975 年以降，社会法典第 5 編（SGB Ⅴ）に変換された。その際にビスマルク・オット（Otto von Bismarck）のもとで，1883 年に病院保険法が可決した。同法には，すでに医師の治療，病院での治療資金等に関する給付の規則が含まれていた。国家社会主義の時代には，1936 年以降，最初の任意の民間医療保険が成立した。1941 年には年金生活者の保険が公的保険に導入された。1883 年から 1936 年までは病院の資金融資が任意に行われ，法規定によらず病院は疾病金庫と入院支給基準額を契約した。そして 1936 年から 1972 年以前までは病院の資金融資は，一元的なしくみになっていた。そのしくみのもとで，疾病金庫と病院との間において，入院支給基準額の契約が国家との間で価格が固定された。しかし 1969 年憲法（GG）改正では，「病院の経済的保証と病院入院支給基準額の規則」（GG 第 74 条 Nr. 19a）が規定された[9]。

　以上のような過程を経て，1972 年病院財政法（KHG）によって，二元的病院資金融資が開始された。この法律で，疾病金庫から経営コストとして支給基準額が融資され，投資コストは連邦（国）及び州によって支給された。いわゆる病院財政法（KHG）は，「病院の経済的保証及び病院入院支給基準額の規則に関する法律」［連邦法務省，1972 年］であった。

　さらに 1981 年病院コスト抑制法は，コスト抑制のための二元的病院資金の融資によって生じた。その後 1984 年病院新規則法（連邦法務省，1984 年）は，コストを制限するもう 1 つの試みであった。これは，病院に公的補助金を投資のために融資できることを容認することになった。

　2000 年疾病金庫の経営者（GKV）－健康改革法では，DRG システムが導入され，民間病院保険会社団体（PKV）に委ねられた。同法は，1999 年 12 月 22 日に可決し，2000 年 1 月 1 日に，DRG システムの導入に関するガイドラインが認可された（KHG 第 17b 条第 2 項）。その後，DRG を基礎とした診療報酬システムには，コストの展開，病床利用率の短縮及び決済規則，利用サービスの延長が盛り込まれた[10]。

　グラフ 1 は，DRG の導入による医業収益の上昇の推移を示している。

グラフ1　DRG導入後のドイツ医療機関全体の医業収益の推移

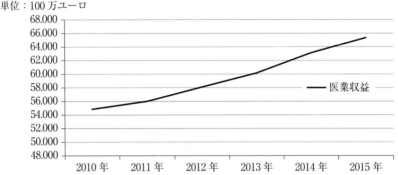

（出所）Statishes Bundesamt, *DRG-Fallpauschalen:Erlöse und Leistungen,* 2010-2015 より作成。

　これまで述べてきたように，1990年代から2000年代初期まで，DRGの導入を中心として，各州の公的医療機関の経済性に向かった改革が進むことになった。

　しかし他方では，2015年には，社会法典第5編（SGB V）における病院改革法の改正は「医療の質」に向けた改革となった。これまで「医療の質」についての報告義務は，社会法典第5編（SGB V）で規定されていたが，2015年9月1日に「医療制度における質の保証と透明性に関する監督機関（Institut für Qualitätssicherung und Transparenz im Gesundheitswesen＝IQTIG）」が設置された。「公的医療保険における財務構造と質の保証に関する法律」によって，立法者は各州の委員会（Gemeinsamen Bundesausschuss＝G-BA）に，医療制度における質の保証と透明性に関する専門的，かつ独立した学術的機関を設立することを委ねた（SGB V第137a条）。当該監督機関はベルリンに置かれ，2016年1月から「医療の質」の保証の監督を実施する（SGB V第136条）[11]こととなった。

　以上のような過程を経て，国民的社会福祉国家として，医療政策の法原理を基盤に公的医療機関の運営が行われるなかで，公的医療機関の民営化が加速している。その背景には経済性と競争に対する法制度の整備があったといえよう。

第4節　公的医療機関の民営化の動向（2010年-2014年）

　前述のドイツ連邦統計局のデータからも明らかなように，2000年代初期は公的医療機関の減少，それに対して民間医療機関の増加傾向にある。この現象の背景には，公的補助金の減少による採算のとれない公的医療機関の経営改善のための民営化がある。

　グラフ2で示されるように，2009年には民間医療機関数が非営利医療機関数を超えており，2014年には民間医療機関数が公的医療機関数を超えている。

　その経営改善の中心となったのは，医療費の削減，なかでも公的医療機関における人件費の削減であった。さらに診療報酬計算にDRGシステムが導入されたことで，医療収益の上昇がみられる。それは，費用削減が行われ，医療機関を取り巻く環境に変化があったからである。ドイツでは費用抑制にともない病床数が削減されている。しかし連邦統計局の統計資料グラフ3に示すよう

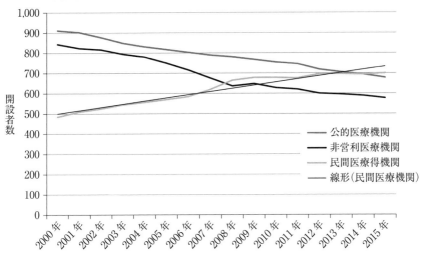

グラフ2　開設者別の医療機関数の推移

（出所）Statische Bundesamt:（https://de.statista.com）［2017年1月12日付］より作成。

グラフ3　疾病患者数の増加傾向と病床数政策の現状

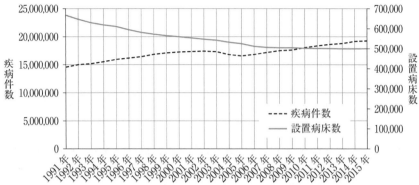

（出所）Statistisches Bundesamt（2017），Einrichtungen, Betten und Patientenbewegung より作成。

に，疾病数は増加している。図表1では，病院数は削減され，在院日数は短縮されるが，病床利用率は低下している。

このような非合理性からも，公的医療機関の組織再編が加速し，民営化がみられるようになったといえよう。他方医療機関の実質的民営化では，経営状況の良くない公的医療機関が民間医療機関に買収され，民間医療機関の傘下に入り，完全に企業形態の経営となる。一方，形式的民営化では，資本出資者が自治体であり，小規模であることから，株式会社（AG）より，規定が緩和されている有限会社（GmbH）に再編された[12]。

次に，2010年代以降の民間医療機関と公的医療機関における組織と経営の特徴に焦点をあてて考察し，それに対応した「医療の質」保証のための制度整備についてみていくことにする。

1. 民間医療機関の動向

実質的民営化では，グラフ4で示すように，ドイツ4大民間医療機関，HELIOS, Rhön, Asklepios, Sana は，ドイツ全土にネットワークを拡げた民間医療機関として，病院の他に，リハビリ，社会福祉及び介護施設等を所有している。HELIOS は製薬医療機器製造会社の Fresenius SE の傘下にある大規模

第4節　公的医療機関の民営化の動向（2010年-2014年）　*185*

図表1　病院数，病床利用率，在院日数の推移

	病院数	在院日数（日）	病床利用率(%)
1991 年	2,411	14.0	84.1
1992 年	2,381	13.3	83.9
1993 年	2,354	12.6	83.1
1994 年	2,337	12.0	82.5
1995 年	2,325	11.5	82.1
1996 年	2,269	10.8	80.6
1997 年	2,258	10.5	81.1
1998 年	2,263	10.2	82.3
1999 年	2,252	9.9	82.2
2000 年	2,242	9.7	81.9
2001 年	2,240	9.4	81.1
2002 年	2,221	9.2	80.1
2003 年	2,197	8.9	77.6
2004 年	2,166	8.7	75.5
2005 年	2,139	8.7	74.9
2006 年	2,104	8.5	76.3
2007 年	2,087	8.3	77.2
2008 年	2,083	8.1	77.4
2009 年	2,084	8.0	77.5
2010 年	2,064	7.9	77.4
2011 年	2,045	7.7	77.3
2012 年	2,017	7.6	77.4
2013 年	1,996	7.5	77.3
2014 年	1,980	7.4	77.4
2015 年	1,956	7.3	77.5

（出所）　Statistisches Bundesamt(2017), Einrichtungen, Betten und Patienten-
bewegung, より抜粋。

民間医療機関である。2010年頃までは，売上高の点でHELIOSと肩を並べて
いたRhönは，前述してきたように，2000年初期までは多くの公的医療機関
を買収して成長してきた。2006年にはマールブルク・ギーセン大学病院を買
収し，その成長は最高潮に達した。しかしHELIOSによるRhönの買収交渉
が始まり，その間Asklepiosによって一度は合併中止に陥ったが，2012年に
はHELIOSによる一部買収が成功した。Rhönの株式の大部分はHELIOSに
よって所有され，一部はAsklepiosによって所有されることとなった。図表2
に示すように，Rhönは規模の縮小を余儀なくされることとなった[13]。

グラフ4　4大民間医療機関の売上高の推移

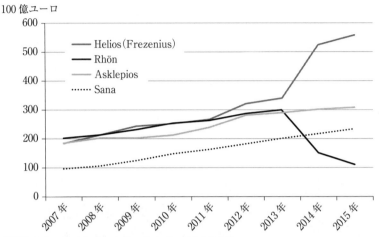

(出所) Rainer Radtke (https://www.statista.de) より抜粋。

図表2　4大民間医療機関（2015現在）

	病院数	病床数	患者数	従業員数
HELIOS Kliniken GmbH	111	34,070	4,500,000 [*2] （入院）1,300,000	52,289
Asklepios Kliniken GmbH	150 [*1]	26,669	2,285,694	34,690
Sana Kliniken AG	48	10,947	2,200,000 [*2]	28,555
Rhön Klinikum AG	10	5,218	765,109	15,654

(出所)　HELIOS (Fresenius), Asklepios, Sana, Rhön, *Geschäftsbericht 2015* より作成。
注)　*1 施設を含む　*2 概算

　そのため，グラフ4に示されるように，2013年以降にはHELIOSの売上高が急上昇し，それと反対にRhönは，グラフ4に示すように，急激に売上高が減少している。

　前述したように大規模公的医療機関Vivantesの2014年は過渡期であったように，大規模民間医療機関にとっても，2013年頃を機に，図表3に示すように，2014年はRhönにとっても経営の転換期となった。

第4節　公的医療機関の民営化の動向（2010年-2014年）　*187*

図表3　経営の縮小割合　　　　　　　　　（単位：100万ユーロ）

	2015年	2014年	減（%）
売上高	1,108.2	1,510.5	26.6
EBITDA	154.2	1,413.6	89.1
EBIT	93.1	1,330.9	93.0
EBT	90.3	1,248.5	92.8
営業キャッシュフロー	148.2	1,310.3	88.7
連結利益	87.4	1,227.9	92.9
自己資本	1,108.2	1,248.9	11.2

（出所）　Rhön Klinikum AG, *Geschäftsbericht 2015*, S. 81 より抜粋。

　一方，Sana は，1976年に民間保険会社26社が共同で設立した医療機関であり，Sana は株式会社（AG）形態をとり，証券取引所に株式を上場していない。しかし民間保険会社が所有する株式による資金力を保持している。2009年以降，ドイツの医療保険制度では，公的医療保険と民間医療保険のどちらかに加入しなければならない義務がある。Sana は，民間保険者及び公的医療保険者の両方の患者を受け入れ，グラフ4に示すように Sana の売上高は上昇傾向にある[14]。

　大規模民間医療機関 Rhön は，従来の経営状況からの変化は図表3で示すように，HELIOS による一部買収の後，4大民間医療機関から撤退することとなる。そして2015年連結決算書では，図表3で示すように著しい収益減となる。

　次に，4民間医療機関における「資本の部」における区分開示に焦点をあてると，公的医療機関との違いがある。つまり大規模民間医療機関の連結決算書における「資本の部」に「利益準備金」の開示がみられない。

　そのなかで，Sana は，「利益準備金」と「資本準備金」の区分表示をしている。しかし Sana は，証券取引所に上場しておらず，民間保険会社からの資金調達をしている。そのため IAS/IFRS を連結決算書に適用する根拠として，EU 域内の連結決算書の IAS/IFRS 適用に準じているとしている。したがって3つの民間医療機関の連結決算書では，IAS/IFRS が適用されている。

Sana の IAS/IFRS 適用による連結決算書は，商法（HGB 第 315a 条第 1 項）を適用した連結決算書を作成していることから，「資本の部」において，2015 年連結決算書の本体で資本準備金と利益準備金を設定して区分開示しているが，連結附属説明書において簡単な利益準備金の会計処理を説明しているにとどまる[15]。

HELIOS は，Fresenius SE の子会社であり，連結決算書作成の免責により資本準備金と利益準備金の区分開示はみられない。

また Asklepios は，2015 年連結決算書では「利益準備金」を区分開示していないが，附属説明書で利益準備金を簡単に説明している[16]。

2. 公的医療機関の動向

一方，最大規模の公的医療機関 Vivantes は，2014 年度連結決算書における連結会社数がピークに達するが，連結子会社の損益状況はさまざまである。2010 年度連結決算書における利益準備金の会計処理は，2009 年会計法近代化法（BilMoG）改正の影響による。その影響は民営化した公的医療機関の連結決算書の「資本の部」にみられる。

前述してきたように会社形態に組織替えした公的医療機関は，図表 4 に示すように自治体の管轄のもとで有限会社（GmbH）形態となった後には，地域内でグループとして統合した組織となっている。この形式的民営化に最初に取り組んだのが，ベルリンの公的医療機関 Vivantes である。Vivantes は 9 病院と 13 介護施設等から構成される。この公的医療機関のなかで最大規模の公的医療機関である。2001 年に民営化し，経営改善に努めてきた。前述したように親会社としては収益が上昇しているが，医療関係会社の損益を連結すると，図

図表 4　公的医療機関グループ

	病院数	在院日数	病床数	入院患者数	従業員数	決算書
Vivantes Netzwerk für Gesundheit GmbH	9	6.4	5,600	235,622	11,479	2015 年度決算書
Klinikum Region Hannover GmbH	7	7.4	3,200	135,000	6,762	2015 年度決算書
Stadt. Klinikum München GmbH	5	6.8	3,344	140,000	6,857	2015 年度決算書

（出所）　Vivantes, Region Hannover, Stadt. München, *Geschäftsbericht 2015* より作成。

第 4 節　公的医療機関の民営化の動向（2010 年-2014 年）　*189*

図表 5　Vivantes Netzwerk für Gesundheit

（単位：1,000 ユーロ）

	2007 年	2008 年	2009 年	2010 年	2011 年	2012 年	2013 年	2014 年
資本金	55,000	55,000	55,000	55,000	55,000	55,000	55,000	55,000
資本準備金	469,201	469,201	469,201	469,201	474,201	474,201	474,201	474,201
その他の利益準備金	0	0	0	835	835	835	835	835
連結損失	222,558	220,491	218,084	211,847	207,087	200,719	193,231	185,735
その他株主との調整項目	74	395	759	879	1,533	1,533	1,603	1,554

（出所）　Vivantes Netzwerk für Gesundheit, *Geschäftsbericht 2007-2014*, より作成。1,000 以下四捨五入。

図表 6　Klinikum Region Hannover GmbH

（単位：1,000 ユーロ）

	2009 年	2010 年	2011 年	2012 年	2013 年	2014 年
資本金	10,000	10,000	10,000	10,000	10,000	10,000
資本準備金	23,554	23,554	23,554	23,554	23,554	23,554
利益準備金	0	75	75	75	75	75
その他株主との調整項目					123	907
繰越利益/（損失繰越）	2,456	4,552	6,659	6,836	(8,657)	(29,276)
年度利益（損失）	2,096	2,107	177	(15,494)	(20,619)	(16,889)

（出所）　Klinikum Region Hannover GmbH, *Geschäftsbericht 2009-2014*, より作成。1,000 以下四捨五入。

表 5 のように連結損失となる。2008 年までの経営戦略，2014 年に連結子会社の清算・子会社の連結追加等によって経営改善を行い，2015 年度決算書では連結損失は減少傾向にある[17]。

　2009 年会計法近代化法（BilMoG）の改正を機に，図表 4 の 3 つの民営化した公的医療機関は，2010 年連結決算書では利益準備金を設定している。民営化した有限会社（GmbH）の医療機関は，民間医療機関のグループとは異なり，図表 4 に示すように公的医療機関の統合は，病院数及び病床数からみても小規模である。しかし決算書は会社形態が適用する商法（HGB）の会計規定を適用している。さらに商法施行法（EGHGB）に従って，2009 年法改正の経過処置として，利益準備金を設定した場合には，連結附属説明書での説明が義務づけられている[18]。

190　第 10 章　医療経営改善改革の「医療の質」保証の法整備への影響

図表 7　Städt. Klinikum München GmbH

（単位：1,000 ユーロ）

	2007 年	2008 年	2009 年	2010 年	2011 年	2012 年	2013 年	2014 年
資本金	10,250	10,250	10,250	10,250	10,250	10,250	10,250	10,250
資本準備金	138,324	138,324	138,324	138,324	138,324	338,324	338,324	338,324
利益準備金				203	203	203	203	203
損失繰越	19,338	26,204	32,086	34,738	58,699	111,677	228,306	264,018
年度損失	6,865	5,882	2,652	123,961	52,978	116,629	35,712	27,054

（出所）　Stadt. Klinikum München GmbH, *Geschäftsbericht 2008-2011* より作成。1,000 以下四捨五入。

　3 公的医療機関の連結附属説明書における「利益準備金の設定」についての
説明をみていくことにする。

　まず Vivantes の「資本の部」は図表 5 で示すように，2010 年営業報告書に
おける連結附属説明書に，商法施行法（EGHGB）第 67 条第 1 項第 3 文に従っ
て，835,000 ユーロの「その他引当金の初回割引金額が利益準備金に設定され
ている」[19] としている。

　また Klinikum Region Hannover GmbH（以降，KRH）は，2010 年連結附属説
明書に「商法施行法第 67 条第 6 項第 1 文に従って，2010 年 1 月 1 日の繰延税
の初回見積から生じる損益が利益準備金に計上される。2010 年時点で 75,000
ユーロが見積もられる」[20] としている。

　一方，Stadt. Klinikum München GmbH（以降，Stadt. München）は，2007 年か
ら 2013 年まで損失の繰り越しをしており，各年度損失が発生している。

　2009 年会計法近代化法（BilMoG）は，20 年以来の大改正が施行され，IAS/
IFRS に向けた会計制度に重要な改正であるとして，Stadt. München の 2010
年連結附属説明書には，次のような 3 点が挙げられている。

　1）年金引当金の割引額（平均的時価見積による年金額の引き上げ額）の改正
　2）補修維持引当金（翌年度前 9 か月以内）の貸方計上
　3）費用性引当金の貸方計上
　この法改正に関する会計処理に，利益準備金の設定が行われている。さらに

2010年の年度決算書には会計法近代化法（BilMoG）の変換にあたり，利益準備金が設定され，その金額として老後給付引当金の一部（203,000ユーロ）が設定された[21]。

3事例をとおして，2010年以降利益準備金が設定された会計処理をみてきた。商法（HGB）を適用した連結決算書には，2009年会計法近代化法（BilMoG）の法改正に際して，初期適用のための経過処置として2024年12月末まで，有限会社（GmbH）の医療機関には準備金を設定した会計処理の余地が残されていると考える。

2010年以降，民間医療機関と民営化した公的医療機関の連結決算書には，収益上昇傾向には企業のグローバル化の根底にある投資家保護と商法会計における「資本の部」には債権者保護を基盤とした内部留保の会計処理という相違がみられる。このような会計上の相違の背景には，各州の公的医療機関の統合は，効率的な医療，コスト削減による効率に向けて，州域内における医療，介護及びリハビリ，高齢者施設等との組織統合が進む現状がある[22]。

しかしこのような経済性指向だけが表面に表れているのではなく，前述したように，2015年病院改革による医療機関の「医療の質」を監督する体制が制度的に整備された。

第5節　医療機関における「医療の質」評価体制の法整備（2015年）

これまで医療経営について，会計上の数値を中心に考察してきたが，医療経営改善のためには「医療の質」が保証されていることが必要である。そのうえで，企業会計の役割は会計数値による経営判断を行い，安定した医療経営を持続することが，先端医療技術が発展していくうえで不可欠であることはいうまでもない。これまで日独の組織再編と会計数値を事例として，ドイツの民間医療機関と公的医療機関を比較しながら医療経営の改善のための現状について論じてきた。

図1 「医療の質」保証と透明性に関する機関の組織（2022年現在）

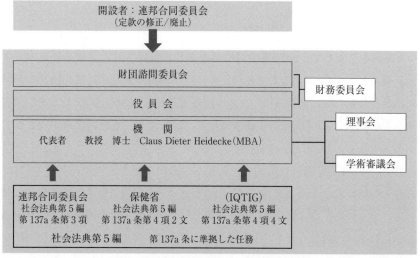

（出所）Instituts für Qualitätssicherung und Transparenz im Gesundheitswesen（IQTIG）の組織体制

　しかし，ドイツでは社会法典第5編（SGB V）で「医療の質」についての報告が義務づけられている。それに加えて，「医療の質」の監督体制が制度整備された[23]ことについてみておくことにする。

　わが国でも「医療の質」評価機構体制と評価基準が設けられている。その基準による評価が充足されることで，医療機関が「認定病院」として認可される制度である。わが国では「医療の質」についての評価を得るためには，公益財団法人日本医療機能評価機構（1995（平成7）年7月27日設置）によって「認定病院」として認められるための基準を充足する[24]ことが求められている。しかし当該評価機構における評価認定は，各医療機関が任意で評価の認定を取得するものである。

　他方，ドイツにおける医療機関の「医療の質」についての評価は，それ以前にも評価体制（IQWiG）は試みられているが，2015年1月9日に「医療制度における質の保証と透明性に関する監督機関（IQTIG）」が設置された。当該機関の設置は，2016年1月1日以降，社会法典第5編（SGB V）第137a条に定めら

れている。2015 年病院改革では，前述してきた「医療の質」の監督体制が，社会法典第 5 編（SGB V）に盛り込まれた。その基準に従った報告書を作成及び公開することが，各医療機関に対して義務づけられている。図 1 に従った「医療の質」評価は政府機関が関与した委員会による監督が行われることになった。

お わ り に

　ドイツの医療経営改善改革は，長い法制度整備の歴史を経て「医療の質」を保証するための法原理を基盤に実施されている。2000 年代以前は公的医療機関が，民間医療機関よりも多い施設数で営まれてきた。しかし連邦（国）及び州政府からの補助金の削減にともない，公的医療機関の民営化が進むことになり，2000 年代初期以降になると経済性が重視されることとなった。

　公的医療機関の民営化の現状には，1972 年病院財政法（KHG）における二元的資金融資システムの整備，病院構造改革法等の法改正，2000 年 DRG の導入が影響し，コスト削減と医療収益上昇の傾向に医療経営は向かうこととなり，その結果，大規模民間医療機関の公開株式の買占めによる統合と公的医療機関の会社形態による州域内統合が進むことになる。つまり，民間医療機関はヘルスケア会社の傘下のもと，グローバル企業へと拡大し，会計上において IAS/IFRS 適用の連結決算書が開示される。それに対して公的医療機関の会社形態では，商法（HGB）に準拠した連結決算書が開示される。組織再編をとおしてグローバル企業と国内企業において会計上の特徴がみられる。公的医療機関は，州の自治体の運営にあることから，自治体会計制度は州法の影響を受けることになる。両国の医療機関の経営改善の動きが，経営の安定化に向けられるとするならば，「医療の質」を保証する評価監督体制の法整備は必要不可欠である。

[注]

（1）　拙稿（2014a）184-198 頁。

194　第10章　医療経営改善改革の「医療の質」保証の法整備への影響

（２）　拙稿（2015d）15-26頁。拙稿（2013a）300-316頁，拙稿（2012b）124頁-138頁，拙稿（2012a）31頁-40頁。

（３）　Lehmann, Julius C.（2009）, *Mehr Wettbewerb im Gesundheitswesen?*, S. 2.

（４）　Lehmann, Julius C.（2009）, *a. a. O.*, S. 2-3.

（５）　Lehmann, Julius C.（2009）, *a. a. O.*, S. 3.

（６）　Preusker, Uwe K.（2015）, *Das deutsche Gesundheitssystem verstehen*, Heiderberg, S. 31-32.

（７）　Rau, Ferdinand/Roeder, Norbert/Hensen, Peter（Hrsg）（2009）, A*uswirkungen der DRG-Einführung in Deutschland*, Stuttgart, S. 131.

（８）　Preusker, Uwe K.（2015）, *a. a. O.*, S. 46-47.
　　　　二元的資金融資制度についての詳細な解説は第8章を参照。

（９）　Preusker, Uwe K.（2015）, *a. a. O.*, S. 43-48.

（10）　Preusker, Uwe K.（2015）, *a. a. O.*, S. 46-48.
　　　　Rau, Ferdinand/Roeder, Norbert/Hensen, Peter（2009）, *a. a. O.*, S. 10.

（11）　当該機関（社会法第137a条）は，「医療の質」を高めるための病院改革の法改正によって設立された（https://www.iqtig.org）。その制度的な体制は図1で示す。
　　　　2005年以降，ドイツの医療機関は，「質報告書」（Qualitätsbericht）［SGB第136b条］を作成して開示することが社会法第135―第137条で義務づけられ，これらの規定は「医療の質」を向上させるための法改正によるものである。

（12）　拙稿（2015e）113-127頁。

（13）　拙稿（2014b）15-29頁，拙稿（2015b），80-89頁。

（14）　Sana Kliniken AG, *Geschäftsbericht 2015*, S. 26-27. 2015年営業報告書以降の2023年営業報告書でも売上高は上昇傾向にある。

（15）　Sana Kliniken AG, *a. a. O.*, S. 26-27.

（16）　Asklepios Kliniken GmbH *Geschäftsbericht 2015*, S. 125.

（17）　Vivantes Netzwerk für Gesundheit GmbH, *Geschäftsbericht 2015*.

（18）　2009年BilMoG改正以前まで貸借対照表上の擬制資産として計上していた„Bilanzierungshilfe"は商法上の規定から削除されたため，商法改正後初回（初期）適用の会計処理では，当該項目から生じる損益は利益準備金と相殺されなければならないために，2010年度決算期から利益準備金を設定したと考えられる。

（19）　Vivantes Netzwerk für Gesundheit, *Geschäftsbericht 2010*, S. 86.

（20）　Klinikum Region Hannover GmbH, *Geschäftsbericht 2010, Konzernanhang, S.* 74.

（21）　Stadt. Klinikum München GmbH, *Konzernabschluß 2010*, Anhang.

（22）　Preusker, Uwe K.（2015）, *a. a. O.*, S. 76-78.

（23）　定款第1条に社会法第91条に従って連邦合同委員会は「医療制度における質の保証と透明性に関する財団」として，私法上の法効力をもつ財団を設置した。当該委員会は，社会法第137a条第2項と定款に従って設置された独立機関である（https://iqtig.org）。

（24）　中立的・科学的な第三者評価機関とする公営財団法人（https://jcqhc.or.jp）。

第Ⅲ部　ドイツにおける自治体会計制度改革の
　　　　病院会計制度への影響
　　　　（会計計算構造から制度改革への変換）

第11章

行政領域への企業会計
（複式簿記：Doppik）[1] 導入の影響
―会計計算システムの観点からの考察―

は　じ　め　に

　公的医療機関は民営化によって企業と同様に課税され，その収入・所得税が
公的医療機関の連結決算書ではどのように示されるのかについてみてきた。し
かし各州の自治体の運営のもとにある公的医療機関は民営化しても，完全に会
社会計とならないことから，行政領域の会計計算構造（以降，会計計算システム）
の影響をどのように受けているかについて探究する必要がある。本章では行政
領域への企業会計の導入の影響を会計計算システムの観点から考察する。

　わが国では，財政健全化のもとに，地方公営企業の会計制度改革が行われ
た。その地方公営企業（病院事業）の１つである公立病院では経営改善の改革
が行われ，民間的経営手法が導入された。公立病院の経営改善改革の基礎と
なったのは，各自治体の行政領域における会計制度の会計計算システムが単式
簿記から複式簿記へ移行したことである。

　ドイツの場合には，行政領域の法体系のもとで，単式簿記から複式簿記への
移行によって，新自治体会計制度（Neues Kommunales Rechnungswesen＝NKR：以
降，NKR）が構築された。各州の行政領域へ複式簿記が導入された結果，新自
治体会計制度（NKR）は，州の運営のもとにある公的医療機関にどのような影
響を及ぼしているかが注目される。

　本章では，わが国の公営企業の会計制度改革（資本制度の改革）を踏まえて，

198 第11章 行政領域への企業会計（複式簿記：Doppik）導入の影響

まずドイツの各州・各自治体の行政領域内の新自治体会計制度改革における単式簿記から複式簿記への会計計算システムに至る過程について考察する。そのうえで，「資本の部」における資本の会計処理に焦点を絞ることにする。

第1節　新自治体会計制度改革におけるカメラル簿記から複式簿記への移行

　行政領域のカメラル簿記（Kameralistik[2]：或いは，単式簿記）から複式簿記（Doppik）への移行の影響は，公的医療機関の会計制度整備にどのような影響を及ぼしたか，すなわち単式簿記から複式簿記へ移行した各州の会計計算システムの変化は，公的医療機関の民営化に影響しているのか，本節では，まず複式簿記の行政領域への影響について考察する。

　行政領域における会計計算システムの変革の発端となったのは，NPMの影響である。NPMの影響は2000年代初期各州の行政領域に波及して，新自治体会計制度改革をもたらした。それと同時期に公的医療機関の民営化が加速している。すなわち各州の会計計算システムが単式簿記から複式簿記へ移行したことが，各州の運営のもとにある公的医療機関の民営化にも重要な影響をもたらしたといえよう。前述したように，1999年以前までは多くの公的医療機関の運営は赤字経営に陥り，自治体の運営のもとにある公的医療機関，大学病院では経営改善が行われることとなった。その政策の背景には，単式簿記から複式簿記への移行があり，それが改革の基盤となっているといえよう。

　まずはRaupach/Stangenberg[3]の見解を取り上げ，カメラル簿記の計算しくみについてみていくことにする。

　カメラル簿記は16世紀に遡ることができ，当時現金取引だけが時系列で記帳され，その後収入と支出の差額が記帳される。その記帳は1750年以降になると，第1段階として「簡単なカメラルスタイル」に洗練され，「上級のカメラルスタイル」に展開された。この方式は，さらに改善を重ね専門的な記帳となり，整列と説明に区分することで，より効果的な決済・管理が可能となっ

た。第2段階として特徴づけられるのは，国家とビジネス領域において，それぞれ異なる記帳スタイルに発展したことである。その根拠は，その時々の時代の会計システムが，行政と企業経営に求められることが異なっていたことにあった。つまり行政領域では公的な財政に求められることが予算を補給する機能であり，それとともに公的な任務に向けられる。一方企業の簿記の主目的は成果の測定である。要するに企業の簿記では，ビジネス活動から発生する収益と費用の測定が主たる目的であった。

　それに対してカメラル簿記は全体経済に向けて，その役割は計画された収入と支出，それに実際上の収入と支出を対応させることである。したがってカメラル簿記は主として貨幣表示の財務計算，それにともなう現金収支計算である。それに適合してどのような理由から，どれだけの金額が支出されるかについて，その情報を伝達する。その流れによって財務上の結果を，正確に立証（収入と支出）することであった。正確な管理とは政策委員会によって予算が決定されることであった。そのためには，どれだけ正確に説明ができるかが，行政には重要である。しかし公的な財政の経済性についての監督，もしくは業績に係る資源消費の検証は，カメラル簿記だけでは不可能であった。その意味において，カメラル簿記では，各自治体の純粋な継続計算としての財産及び負債残高が認識できない。どれだけの財産価値が年度末に存在するか，どれだけの総負債残高が残っているかが認識できない。すなわち前期に調達された資産残高が継続計算において評価されないことから，資産及び負債の継続計算による確定が必要であり，それとともに財産一覧表のような追加計算表が必要となる。したがってカメラル簿記には限界があった[4]。Raupach/Stangenberg によって，単式簿記から複式簿記への移行は，以下のように特徴づけられる。

1. カメラル簿記（単式簿記）から複式簿記への移行[5]

　カメラル簿記では，予算計画の執行→会計（議会，会計検査局）→行政執行というプロセスで正規の管理（計画と意思決定による金額調整）が確認できる。そのため正規の検証が中心となり，資産・負債及び損益の説明が不十分である。し

たがって企業会計における原価計算のような内部管理に関連する会計計算システムが，カメラル簿記には欠如しているため，費用について補足計算することによってはじめて内部管理が可能となる。つまりカメラル簿記を基礎とする会計計算システムの目的は，行政活動の正規の検証にあり，損益測定ではない。したがって会計検査局，国民，連邦会計検査院のような外部の情報受け手に対して，特にカメラル会計計算システムは外部会計制度の機能を果たすことになる。

　要するに，カメラル会計システムの目的は，収支の2つの前提を越えることができない。したがって，Soll-計画とIst-実績における収支の対応が3区分に分類される。つまり1つには記帳の正規性，2つには支払能力と現金残高：収支の差額（全ての勘定残高）に区分される，3つには未払金及び未収金（支出・収入の残高）である。カメラル簿記は，単式簿記のように1取引の収入か支出かを1つの勘定だけで記帳される。結果的には，資産と資本の残高を完全に記帳できないし，また財政計算上の流れも記帳できない。したがってカメラル簿記計算では，会計年度における行政単位で成果を達成できたかどうかを確認することができないのである。

　それに対して，複式簿記ではどのような会計計算システムになるのか，この会計計算システムが企業の複式簿記を前提としているならば，図表1の3つの構成要素からなる。この複式簿記が新自治体会計制度（NKR）に導入された。

　しかし予算の循環は，予算計画（流出過程）→実行→決済→管理の過程から構

図表1　複式簿記を基礎とする構成要素

資金計算書	貸借対照表		損益計算書
	借方	貸方	
収　入 －支　出	資　産	自己資本	収　益 費　用
		損益	
	支払手段	他人資本	
正味流入／正味流出			年度損益
	正味流入／正味流出		

（出所）Fudalla, Mark/Wöste, Christian (2021), *Doppelte Buchführung in der Kommunalverwaltung*, S. 35.

成される。最終報告において，政策委員会の決議を経て年度決算書が議会に提出される。自治体代表は，年度計算書を議会の決議をとおして，行政の代表者の免責が承認され，その後公開する。年度決算書と免責についての議会の決議は公示され，その後に年度決算書と状況報告書は公開される。このようなプロセスは，予算計画，実行及び決済・監督の手続きの過程において財務のインプットに集中する。予算経済における法的規則はアウプットを重視していない[6]。

2. 複式簿記（原価・給付計算）の導入

カメラル簿記は行政活動の経済効果について，管理に適した情報提供には不充分であるとして，特に現金支払いをともなわないコストを完全に認識できない。そのためカメラル簿記では月別収支のみが認識される。支払手段による支出の認識は，コストが発生する減価償却を認識できない。このような点から，複式簿記は，前述の３つの構成に加えて，コストの情報と透明性を与える手段として，原価・給付計算（Kosten-und Leistungsrechnung＝KLR：以降，KLR）が重要となる。各州に先駆けて，複式簿記の導入を試みたのはノルトライン・ヴェストファーレン州（以降，NRW）である（KomHVO 第17条に原価計算及び業績計算が規定されている）。NRW では企業会計上の財務会計と原価・給付計算（KLR）が新自治体会計制度（NKR）に導入された[7]。

複式簿記のうち，原価・給付計算（KLR）は，自治体のサービス能力を報告する報告書となることから，行政（政策）では管理に適切な成果が作成されることになる。要するに，公的会計制度では，生産指向計画と予算管理が基礎となる。例えば，人件費，賃借料，建物の減価償却費等が記帳され，原価の生産物の発生源に従った費用配分が計算できる。したがって原価・給付計算（KLR）は，料金・原価計算，自己創設の固定資産及び生産物（製品）の見積評価，組織内部のサービス提供の計算，経済性のコントロール，組織間の比較，ベンチマーキング，計画と意思決定の基礎，生産の予算の基礎資料としての役割を果たすことができる。そのため原価・給付計算（KLR）は，投資のための総合計算，部分原価計算，計画コスト計算及び生産過程コスト計算にも役立

図表2　連邦・州における新自治体会計制度への複式簿記導入の状況

連邦(国) / 連邦州	改革プロジェクトの表示	改革モデル	MHR概要構想 2008年7月提出 / 改革プロジェクトの表示	MHR詳細構想 2009年6月提出 / 改革モデル	MHRプロジェクトの新しい方向性 2010年決議 / MHRプロジェクトの新しい方向性・年度簿記義務	新しい方向性の改革モデルの中心的要素（非全面的） / 結合・連結財務諸表義務
連邦（連邦レベル）	新予算会計制度の近代化 (NKHR)	拡大カメラル簿記			2010年決算	一原価・給付計算 一財産計算
連邦州（自治体レベル）						
バーデン・ヴュルテンベルク	新しい管理手段 (NSI)	拡大カメラル簿記	新自治体会計制度 (NKHR)	複式簿記	2020年以降	2022年以降
バイエルン	新管理手段	拡大カメラル簿記	新自治体財務制度 (NKFW)	複式簿記とカメラル簿記の選択	一	複式簿記を適用した第5会計年度以降、早期は2012年以降（複式簿記を導入した場合）
ベルリン	一	拡大カメラル簿記	自治体複式簿記		州レベル	2013年以降
ブランデンブルク	新財務管理 (NFM)	拡大カメラル簿記	自治体複式簿記	複式簿記	2011年以降	2013年以降
ブレーメン	統合公的会計制度 (IÖR)	複式簿記			州レベル	
ハンブルク	複式簿記プロジェクト／新財政制度ハンブルク (NHH)	複式簿記			州レベル	
ヘッセン	新行政管理 (NVS)	複式簿記	新自治体会計管理システム (NKRS)	複式簿記	2009/2015年以降	2015年/2021年以降
メクレンブルク・フォアポメルン	一原価・給付計算メクレンブルク・フォアポメルン (Landes-KLR M-V)	拡大カメラル簿記	新自治体予算会計制度 (NKHR)	複式簿記	2012年以降	複式簿記を適用した第3会計年度以降
ニーダーザクセン	給付志向予算管理ニーダーザクセン (LoHN)	拡大カメラル簿記	新自治体予算会計制度 (NKR)	複式簿記	2012年以降	2012年以降
ノルトライン・ヴェストファーレン	アウトプット重視管理のための製品予算の導入、新会計制度 (EPOS NRW)	複式簿記	新自治体財務管理 (NKF)	複式簿記	2009年以降	2010年以降
ラインラント・プファルツ	一	拡大カメラル簿記	新自治体予算会計制度 (NKHR)	複式簿記	2009年以降	2013年以降
ザールラント	新管理	拡大カメラル簿記	新自治体予算会計制度 (NKR)	複式簿記	2010年以降	2014年以降
ザクセン	新管理モデル (NSM)	拡大カメラル簿記	新自治体予算会計制度 (NKHR)	複式簿記	2013年以降	2016年以降
ザクセン・アンハルト	新管理制度 (NSI)	拡大カメラル簿記	新自治体予算会計制度 (NKHR)	複式簿記	2013年以降	2016年以降
シュレースヴィヒ・ホルシュタイン	新管理	拡大カメラル簿記	新自治体財務管理 (NKF)	複式簿記とカメラル簿記の選択		複式簿記を適用した第6期会計年度以降（複式簿記を導入した場合）
テューリンゲン	一	拡大カメラル簿記	新自治体財務管理 (NKF)	複式簿記とカメラル簿記の選択		複式簿記を適用した第3期会計年度以降（複式簿記を導入した場合）

（出所）Andreas/Marc.（http://www.haushaltssteuerung.de/haushaltsreform-deutschland.html）より抜粋。(2013年4月16日現在)

つ。このシステムは，管理手段として自治体を統制できる。したがって複式簿記の原価・給付計算（KLR）は，生産性指向の資料を提供することとなる[8]。

　複式簿記の種類とその検討時期は，図表2に示すように，各州においてさまざまであり，連邦（国）レベルでの複式簿記の導入は，先に各州及び市レベルでの検討から始まった[9]とされる。連邦（国）と各州レベルにおける複式簿記の導入，つまり2013年における複式簿記への移行状況は，図表2に示すとおりである。

　図表2から行政領域における企業会計，つまり複式簿記と原価・給付計算（KLR）の普及は完全ではないこと，また図表3より2020年までは，複式簿記の完全な移行に至らず，拡大カメラル簿記をとることで自治体会計制度改革が行われていることなど，各州それぞれの複式簿記の導入の時期と方法は異なっていた。しかしいち早くベルリン・ハンブルク・ブレーメンは連邦（国）レベルの自治体会計制度に準じ，ヘッセンとともにNRWは，早期から複式簿記の導入による自治体会計制度改革に取り組んでいる。特に，NRWは各州の予算法改革について州内務省の勧告に従った最初の州であり，2004年11月に新財務管理（NKF）の導入を議会で決議し，遅くとも2009年には複式簿記を導入することとした[10]。

　以上の会計計算システムが，制度として整備されるためには，法的形態別の会計規定を適用する会計処理が法的効力をもつことであり，それにともない公的会計制度が複式簿記を基礎とする会計処理を行うためには，行政領域において商法（HGB）の「正規の簿記の諸原則」（GoB）に基づき，「公会計の正規の簿記の諸原則」（GoöB）の概念が構築されることであった。

第2節　複式簿記を基礎とする会計計算システム

1. 商法上の「正規の簿記の諸原則」（GoB）と「公会計の正規の簿記の諸原則」（GoöB）

前述した複式簿記を基礎として，NRW財務省は2004年末に「結合会計」

204 第 11 章 行政領域への企業会計（複式簿記：Doppik）導入の影響

(IVR) の学術研究グループを設置して公会計制度改革を進め，国内外の動きを考慮して GoöB の検討を促進した。結合会計を基礎として GoöB と国際公会計基準（International Public Sector Accounting Standards：以降，IPSAS）の検討に入った。その際に，GoöB は地方自治体向けに GoB を拡張及び改良した原則となっている。その拡張及び改良は基本原則及び概念的原則からなる[11]。

2. 単式簿記から複式簿記への移行

複式簿記としては，以下のような計算領域を前提としている。

(1) 3計算構成

(2) 原価・給付計算（資源消費計算及び管理）

(3) 予算計画（アウトプット及び財源指向の予算編成）

統合された結合計算は一般に「情報機能」を有する。それは適時開示，時間

図表3　13州（ベルリン・ブレーメン・ハンブルクを除く）における単式簿記（カメラル簿記）から複式簿記への変換状況

13州(ベルリン・ブレーメン・ハンブルクを除く)	単式簿記から複式簿記への変換状況と時期
バーデン・ヴュルテンベルク州	2020年1月1日までに複式簿記への変換
バイエルン州	2007年1月1日以降単式簿記と複式簿記の選択
ブランデンブルク州	2011年1月1日までに複式簿記への変換
ヘッセン州	2015年1月1日までに複式簿記への変換
メクレンブルク・フォアポンメルン州	2012年1月1日までに複式簿記への変換
ニーダーザクセン州	2012年1月1日までに複式簿記への変換
ノルトライン・ヴェストファーレン州	2009年1月1日までに複式簿記への変換
ラインラント・プファルツ州	2009年1月1日までに複式簿記への変換
ザールランド州	2010年1月1日までに複式簿記への変換
ザクセン州	2013年1月1日までに複式簿記への変換
ザクセン・アンハルト州	2013年1月1日までに複式簿記への変換
シュレースヴィヒ・ホルシュタイン州	2007年1月1日以降単式簿記と複式簿記の選択
テューリンゲン州	2009年1月1日以降単式簿記と複式簿記の選択

(出所)　Bundesministerium der Finanzen(2015), *Das System der öffentlichen Haushalte*, S. 109-110.

比較・経営比較・管理比較を可能にしている。公的財政・会計制度の「保護機能」が示され，その際に，統合の正当性，資源配分・信託の確保が重視された[12]。

16州におけるカメラル簿記から複式簿記への変換は，前述してきたように2000年代初期に試行されてきた段階から2020年に及び，法務省によって図表3に示すような変換時期が公表された。図表2からみて図表3はカメラル簿記から複式簿記へと変換の動きが進行していることがみてとれる。ベルリン，ハンブルク，ブレーメンを除く，図表3では，2020年1月までに13州が単式簿記（カメラル簿記）から複式簿記への変換に取り組んでいるといえよう。しかしまだバイエルン州・テューリンゲン州，シュレースヴィヒ・ホルシュタイン州ではカメラル簿記をとるか，或いは複式簿記をとるかについて選択権が与えられている。

各州における複式簿記の導入は，州から連邦（国）の憲法（GG）へ影響を及ぼし，2009年11月26日に「国家の複式簿記のための基準」（HGrG 第7a条，関連規定：同法第49a条）が議会で決議された[13]。複式簿記が新自治体会計制度

図表4　NKF の勘定分類

勘定分類	表示
0	無形資産・有形固定資産
1	金融資産・流動資産・借方経過勘定
2	自己資本・特別項目・引当金
3	債務・貸方経過勘定
4	収益
5	費用
6	収入
7	支出
8	決算勘定
9	原価・給付計算

（出所）　Fudalla, Mark/Wöste, Christian (2021), *Doppelte Buchführung in der Kommunalverwaltung*, S. 51.

図表5　新自治体財務管理制度（NKF）（コンテンラーメン）

コンテンラーメン							
0-1	2-3	4	5	6	7	8	9
借方勘定	貸方勘定	収益勘定	費用勘定	収入勘定	支出勘定	決算勘定	原価・給付計算
貸借対照表		損益計算書		資金計算書			

（出所）　Fudalla, Mark/Wöste, Christian (2021), *Doppelte Buchführung in der Kommunalverwaltung*, S. 52.

図表6　自己資本の区分

ハンブルク複式簿記プロジェクト	新自治体会計管理システム：ヘッセン	新自治体財務管理（NKF）：ノルトライン・ヴェストファーレン	新自治体会計制度（NKR）：バーデン・ヴュルテンブルク
A. 自己資本 Ⅰ. 純額項目 Ⅱ. 一般準備金 Ⅲ. 目的準備金 Ⅳ. 損益繰越 Ⅴ. 年度利益及び年度損失	1. 自己資本 　1.1　純額項目 　1.2　準備金 　　1.2.1　営業超過差額からの準備金 　　1.2.2　臨時損益からの準備金 　　1.2.3　目的準備金 　1.3　損益と成果配分 　　1.3.1　前年度損益の繰り延べ 　　1.3.2　年度損益 　1.4　前年度損失繰越 　　1.4.1　経常損失額 　　1.4.2　特別損失額	A. 自己資本 1. 一般準備金 　Ⅰ. 特別準備金 　Ⅱ. 調整準備金 　Ⅲ. 年度損益繰越	01* 　純額項目 011　 基礎-正味財産 012　 準備金 　　0121　経常収益からの準備金 　　0122　特別収益からの準備金 　　0123　価値評価準備金 　　0124　目的準備金 　　0129　その他準備金 013　 収益・収益の処分 　　0131　前年度収益 　　0132　年度収益 014　 投資補助金及び料金の特別項目

（出所）　Raupach, Björn/Stangenberg, Katrin (2006), *Doppik in der öffentlichen Verwaltung*, S. 110-111. *コンテンラーメン/コンテンプランの数字

（NKR）に導入され，図表4及び図表5に従って，NRW の新自治体財務管理（NKF）では，勘定クラスを基礎として，コンテンラーメンによる分類をもとに，その州で開設された勘定分類（コンテンプラン）別に，貸借対照表，損益計算書，資金計算書，原価・給付計算（KLR）システムが構築された（HGrGMOG）。コンテンラーメン（図表4）は工業-コンテンラーメン（Industrie Kontenrahmen＝IKR）に準じて，すべての会計勘定の組織的記載による比較可能性，システム化された分類によって記載を明示するものであり，各州の所轄省で示されたコンテンラーメンが基礎となっている（KomHVO 第28条 (7))[14]。

　しかし国家レベルの複式簿記が規定されたものの，その自治体会計制度改革はそれぞれ各州において異なることから，複式簿記の会計制度への導入のしくみも各州において異なる。その影響は，「自己資本」の部の区分表示にも影響している（図表6）。

　次に，Raupach/Stangenberg の見解に従って，「資本の部」を考察する。

第3節 「資本の部」の定義[15]

　自治体（地方公共団体）の自己資本は，資産と負債の計算上の差額として示される。各継続年度の貸借対照表に自己資本は引き継がれ，各年度の損益計算では，その増減が示される。私経済の資本会社とは異なり，地方自治体の自己資本は支払能力が欠けてもマイナスの自己資本が記載できる。単なる「−」としてではなく，借方側に「D. 自己資本によって補填できない損失」として記載される。これは自己資本の純資産項目（Nettoposition）の記載が，これまで地方自治体で作成された財産計算（Vermögensrechnung）によって統一されていなかったことによる。つまりその相違が生じた理由は，私経済の会社形態のように法規定で直接規定されていなかったからである。

　企業会計による資本会社では「払込資本」（gezeichnetes Kapital）は自己資本として示されている。この払込資本は商業帳簿で登記された会社の責任資本（Haftkapital）である。地方公共団体は確かに法人であるが，払込資本を自由に処理できない。それに対して資本会社は，固有の法人格であることから，それぞれの会社の自己資本を法律で示している[16]。

　また準備金（Rücklage）の概念も，予算法でいうこれまでの積立金には適合しない。複式簿記上の準備金は貸方項目で，ある一定の借方項目に対応する必要がない。準備金は必ずしも一定の目的のために設定されるわけではなく，自己資本の一部分であり，自己資本の源泉を示している。例えば，利益準備金は利益配当金の対象とならない利益であり，自己資本が増加したものである。いい換えれば，準備金は必ずしも現金及び預金として存在するのではなく，文字通り「残しておくもの」である。どのように自己資本が増加するか，或いはどのように使われるか（利益準備金或いは目的準備金）を伝達するものである。

　さらに損益の繰り越しは損益計算書に表示され，会計年度末から次年度の会計年度に繰り越される。次年度の自己資本における利益或いは損失は処分されない。

208　第11章　行政領域への企業会計（複式簿記：Doppik）導入の影響

図表 6 に示すように，自己資本と準備金は，各州異なる開示がなされている。つまり資本会社の払込資本は，「純項目」（Nettoposition），「一般準備金」（Allgemeine Rücklage），「基礎－純財産」（Basis-Reinvermögen）として区分表示される。図表 6 の NRW の「一般準備金」は借方資産と貸方負債合計の差額であることから，自己資本は資産と負債の差額概念として解釈される。

利益準備金は利益の累積によって発生する。そして経済が好調の年度の剰余金（利益）は将来の年度損失の補填に充てられる。その際の損失額は差し引かれて，正味額項目となる。複式簿記による予算調整は，各州の規定に準拠して行われる。この利益準備金は通常の準備金として示されるか，或いは経常利益から振り替えられ，準備金として開示される。したがって，臨時的利益から生じる準備金とは区別される。このような区別は，自治体が経常利益と臨時利益を記載して，それに相当する準備金を設定しなければならないからである。この区別は財産計算に透明性を与えることになる[17]。

それに対して目的準備金或いは特別準備金は，特定の条件でのみ設定され，取り崩される。但し，目的準備金は地域議会の決議に従って，他の準備金に変更して設定できる。

NRW では自己資本の部とは別に，「特別項目」が表示される。いわゆる調整準備金（Ausgleichsrücklage）は，他の準備金とは区別して記載される。NRW では，この特有の準備金は，損益調整に用いられる。調整準備金は金額が制限され，自己資本と区別して記載されてもよいが，少なくとも年度収入の平均額が開始貸借対照表の自己資本の 3 分の 1 以下で設定できる。ただし上限として開始貸借対照表日前 3 年間の所得税の平均額と補助金の 3 分の 1 を超えない金額で積み立てることができる。NRW では，成果計算からの稼得成果は一般準備金か或いは調整準備金に設定され，利益準備金には積み立てられない[18]。

バーデン・ヴュルテンベルク州では，実現可能な財貨の増減を含む価値評価準備金が設定される。2 期の会計年度の決算日間で，財産対象物が実現可能な販売価値であるなら，その差額は評価益として認識されなければならない。それとは逆に価値の減少が生じた場合には評価損となる。価値評価準備金では，

資産評価は実現主義が適用される[19]。

　貸借対照表上，さまざまな種類の準備金は区別する必要があり，そのことが損益及び財産計算上の透明性を高めることになる。その際に，自己資本の期間に適合した決済に「特別項目」は役立っている[20]。

　この「特別項目」は補助金の開示のために設定されている。つまり自己資本の「資本の部」とは別に，貸借対照表上，「自己資本」の後に，企業会計にはみられない「特別項目」が設定されている。この特別項目に開示されている補助金は，投資政策のための補助金の資金調達に用いられる。「特別項目」の投資のための補助金は返済しなくてもよい補助金として計上される。地方公共団体の補助金は，返済されない補助金であり，出資金でもない。したがって損益計算の収益として記帳されて，貸借対照表上の「特別項目」には補助金の残高が計上され，全額の投資額が借方に計上される。このことは完全性の原則によるものである[21]。

　次に，補助金が「特別項目」に計上された事例についてみていくことにする。

第4節　補助金による固定資産購入と減価償却の処理

　公会計において補助金による固定設備の購入と減価償却についての会計処理を取り上げる。NRW の貸借対照表の貸方には「自己資本」の後に，次の事例のように「特別項目」が設定される。

事例）自治体が多目的ホール €900,000 を購入した。その際に銀行から €600,000 借入金をして，州から €300,000 の補助金を受けた。この固定設備の耐用年数は 40 年である。その際に，どのような仕訳となるか，州からの補助金は前述の「特別項目」に計上することになる（単位：€）。

（借方）　建物　900,000　　（貸方）　特別項目　300,000（自己資本と区分科目）

　　　　　　　　　　　　　　　　　　借入金　　600,000

＊減価償却費 ＝900,000÷40 年 ＝22,500　　　$22,500 \times \frac{1}{3} = 7,500$

借方に発生する「減価償却費 €22,500」は，貸方に積み立てられた「特別項目」の €7,500 は，補助金を投入して建設した建物の減価償却の会計処理によって，「特別項目」の取り崩しから収益が発生する。その金額だけ固定設備に発生する減価償却費が減少することとなる。また投資のための補助金の「特別項目」に計上する際に，金額と手数料調整のための「特別項目」が設定できる。貸借対照表上，寄付物は，その相手勘定としても「特別項目」が設定される。贈与の物的寄付は時価で借方へ計上されるとともに，それと同額が「特別項目」に設定される。この「特別項目」は耐用年数にわたって取り崩されることから収益が発生する。開始貸借対照表で差額を確認することで，補助金の全額は過去年度から確認できる。減価償却は適切な費用で償却され，補助金の全額は耐用年数にわたって取り崩されることになる[22]。

お わ り に

本章では，まず NPM の波及により行政領域に複式簿記が導入されたことから，自治体の会計がどのように変化したかを考察した。それは予算計画による各州の自治体運営は公的医療機関の運営に影響を及ぼし，公的医療機関への補助金の給付に影響するからである。その結果を以下 2 点にまとめると，

1) 複式簿記の導入は，予算計画の執行→議会・会計検査局→行政執行と処理の正規の管理（計画と決定による金額の調整）という手続きにおいて，正規の検証のために，複式簿記は現金支出では認識できないコストの認識，成果の実績を認識でき，経済活動における生産について成果を認識することができるようになった。

2) 返済義務のない補助金の会計処理について，「特別項目」に補助金を開示することが，資本金・準備金等とは区別して開示をすることにより，「資本の部」の開示に透明性を与えることになった。

1) について，新しい自治体会計制度（NKR）は，複式簿記を導入して，企業会計と同様の会計計算システムを機能させることになった。このことは，商

法（HGB）の GoB を基礎として会計処理を行うことから，行政領域における会計制度に，商法上の GoB を基礎として GoöB の概念が構築された。しかし，私経済領域の企業会計に準拠した会計処理とは異なる処理が行政領域には存在する。このことは，第12章で制度的観点から考察することで，明らかにすることにしたい。

また2）について，行政領域の会計計算システムのなかで，「特別項目」における補助金の会計処理は，公的医療機関の決算書にも影響しているといえよう。というのは公的な財政を基盤とした会計計算システムに，企業会計の複式簿記を導入したことから，行政の法体制の枠組みのもとに GoöB に準拠した自治体会計制度改革が実施されることになったからである。しかし各州の自治体会計制度改革は，各州においてそれぞれ異なる特徴がみられる。2004年には IPSAS との関係についての審議も始まった。ドイツの行政領域における IPSAS の適用には，本章でみてきたように，各州における単式簿記から複式簿記への変換が進んでいるものの，まだ各州の自治体会計制度の統一には至っていない。行政領域における比較可能性のための統一した評価基準に向けて，国内法と IPSAS との調和にはまだ時間がかかると考える。

ただし2008年12月17日に，予算原則法（HGrG）の近代化法に関する政府草案が提出され，各自治体の財政に複式簿記が導入されることになった[23]。このことは自治体会計制度改革において重要である。

[注]

（1）„Doppik" とは収益と費用の計算と収入と支出の計算が平行に行われる複式簿記（Doppik：doppelte Buchführung in Konten）を意味しており，造語とされる（Haushalts Steuerung. de 参照）。

（2）„Doppik" に対して，„Kameralistik" は，収入と支出の現金主義を基礎とする単式簿記である。ラテン語のカメラ（latenisch：camera）に由来している（Raupach, Björn/Stangenberg, Katrin（2006）*Doppik in der öffentlichen Verwaltung*, S. 3, Haushalts Steuerung. de 参照）。

（3）Raupach, Björn/Stangenberg, Katrin（2006），*a. a. O.*, S. 3-4.

212　第 11 章　行政領域への企業会計（複式簿記：Doppik）導入の影響

（4 ）　Raupach, Björn/Stangenberg, Katrin（2006）, *a. a. O.*, S. 5-7.

（5 ）　Raupach, Björn/Stangenberg, Katrin（2006）, *a. a. O.*, S. 4-6.

（6 ）　Raupach, Björn/Stangenberg, Katrin（2006）, *a. a. O.*, S. 5-6.

（7 ）　Raupach, Björn/Stangenberg, Katrin（2006）, *a. a. O.*, S. 6.
　　　　NRW の会計規則及び年度決算書の作成規定は，以下の 2 規定に従っている 1. Gemeindeordnung für das Land Nordrhein-Westfalen（GONRW）, 2. Kommunalhaushaltsverordnung Nordrhein-Westfalen（KomHVO NRW）

（8 ）　Raupach, Björn/Stangenberg, Katrin（2006）, *a. a. O.*, S. 147-150.

（9 ）　Raupach, Björn/Stangenberg, Katrin（2006）, *a. a. O.*, S. 13.

（10）　Fudalla, Mark/Wöste, Christian（2021）, *Doppelte Buchführung in der Kommunalverwaltung*, S. 1.

（11）　Raupach, Björn/Stangenberg, Katrin（2006）, *a. a. O.*, S. 41. *Die Wirtschaftsprüfung*（WPg）, Heft 16/2005, S. 887-890 参照。

（12）　Raupach, Björn/Stangenberg, Katrin（2006）, *a. a. O.*, S. 41-42.

（13）　Gesetz über die Grundsätze des Haushaltsrechts des Bundes und der Länder（Haushaltsgrundsätzegesetz-HGrG）§ 7a Grundsätze der staatlichen Doppik 法整備については（7）を参照。（https://www.bundesfinanzministerium.de）

（14）　Fudalla, Mark/Wöste, Christian（2006）, *a. a. O.*, S. 51.

（15）　Raupach, Björn/Stangenberg, Katrin（2006）, *a. a. O.*, S. 109-116.

（16）　Raupach, Björn/Stangenberg, Katrin（2006）, *a. a. O.*, S. 109.

（17）　Raupach, Björn/Stangenberg, Katrin（2006）, *a. a. O.*, S. 112-113.

（18）　Raupach, Björn/Stangenberg, Katrin（2006）, *a. a. O.*, S. 113.

（19）　Raupach, Björn/Stangenberg, Katrin（2006）, *a. a. O.*, S. 114.

（20）　Raupach, Björn/Stangenberg, Katrin（2006）, *a. a. O.*, S. 114-115.

（21）　Ebenda.

（22）　Raupach, Björn/Stangenberg, Katrin（2006）, *a. a. O.*, S. 116.

（23）　Raupach, Björn/Stangenberg, Katrin（2009）, *a. a. O.*, S. 6.

第12章

自治体会計制度への複式簿記の導入における影響
―制度的観点からの考察―

は じ め に

　NPM の波及によって行政領域に複式簿記が導入され，各州では新しい自治体会計制度改革が行われた。前章では，各州における自治体会計制度改革を巡る 2000 年代初期の状況を会計計算システムの観点から考察した。2020 年代になると，前述した単式簿記から複式簿記への変換による会計計算システムを基礎として，連邦（国）及び各州の法体系の制度が整備されている。その過程において，行政領域における自治体会計制度は，各州・各自治体のもとで運営されている公的医療機関の会計制度及び実務に，どのような影響を及ぼしているのかが注目される。

　本章では，行政領域における会計制度改革によって，国家会計基準（SsD）・各州の会計制度が法整備されていくなかで，民営化された公的医療機関の会計制度に及ぼす影響を探究する。

　その際に各州の会計制度に複式簿記が導入されてきた現状において，各州の会計制度改革を巡り，連邦会計検査院（Bundesrechnungshof＝BRH：以降，BRH）が国内外の状況を鑑みて，基準の統一性と比較可能性について，IPSAS への対応に向けて，今後のドイツの方向性を示していることは興味深い。

　本章では，2000 年代初期から 2020 年にわたって，行政領域の会計制度と企業の会計制度の関係に注目して，どのように自治体会計制度改革が行われ，法

制度に整備されたかについて考察し，さらに各州の各自治体の運営のもとで，公的医療機関の民営化に際して，自治体会計制度は，公的医療機関にどのような影響を及ぼしたかを探究する。

第 1 節　連邦（国）と各州における自治体会計制度の近代化（2000 年代初期）の動き

BRH は，1998 年以来，連邦（国）と各州における自治体会計制度改革の諸政策を試みてきた。その基礎となったのは，カメラル簿記から複式簿記への会計計算システムの変換であった。その際，立法者は，これまで議会の予算法（Budgetrecht）に反することなく進めてきたこと，そして今後もコストの透明性のために，公共サービスの提供の経済的管理可能性を改善することに向けて一層の努力がなされること[1]が述べられている。なかでも連邦（国）と各州の財政構造が同構造に構築されることに重点がおかれたが，これまで統一及び比較可能性は欠如していた[2]ことが指摘された。

本節では，この BRH の報告に従って，カメラル簿記から複式簿記への変換を基盤として，どのような「自治体会計制度の近代化」の制度整備が進められたかを探究する。

予算法促進法（Haushalts-Fortentwicklungsgesetz：1998 年 1 月 1 日施行）によって，効率的な財政運営のための基礎が構築され，それは 1）財政の弾力性，2）原価・給付計算（KLR），3）財政の生産性，4）各専門責任部と財務責任部との統合，5）財産計算に重点がおかれた。そして，2000 年代初期の自治体会計制度改革では，以下のような内容が，2020 年代の法制度整備に影響している。

1）財政の弾力性：財政運営に最大の効力を達成するには，弾力的な財政手段を試みること。

2）原価・給付計算（KLR）：原価の透明性を図るには，連邦予算法第 7 条第 3 項に従って適正な領域に導入すべきで，その必要に応じた財政評価の測定と経済的な財政管理を支援すること。

3) 生産性指向の財政：原価・給付計算（KLR）の資料が，行政の改善された管理とコントロールに利用されることが重要とされる。これまで支出（資源のインプット）と生産（提供のアウトプット）が欠如していたことが指摘された。

4) 各専門責任部と財務責任部の統合：経済的活動と持続可能な職務遂行には専門責任部と財務責任部による統合が必要であり，原価・給付計算（KLR）の資料の有効利用に原価の発生（発生主義）が注目される。

5) 財産計算：財産計算において資産と負債の適正な記載が完全でなかったことから，資産と負債の増減の対応表示が欠如していた[3]。

2000年代初期の段階の状況について示され，さらなる自治体会計制度改革が喚起された。

以上の施策の他に，連邦（国）・各州における比較可能な基準と統一的な基準の一貫性に努めることに向けて，国内と国際への対応，つまりIPSASへの対応についても示された。このことは，2009年7月3日にドイツ予算原則法（HGrG）の近代化法によって，既に各州に普及していた複式簿記が連邦（国）レベルで財政・経済管理システムとして承認された[4]。ことによる。

次節では，各州のなかで最も早期に新しい自治体会計制度改革に取り組んだNRWの新自治体財務管理（NKF-NRW）の事例を中心にみていくことにする。

第2節　各州における自治体会計制度（2020年代）

2020年代になると，複式簿記を導入した自治体会計制度が実務に波及しつつ，各州それぞれの自治体会計制度改革に従った資料が公表された。特に代表的なのは，自治体のなかで最初に国の財政管理を導入したNRWの「新自治体財務管理（NKF）」である。企業会計制度における簿記，年度決算書（財務諸表），さらに原価・給付計算（統計学・計画）を含めた自治体会計制度へと展開された[5]。そのなかで，本研究の本題でもある公的医療機関の会計制度における「資本の部」に焦点を絞ることにしたい。その際に公的会計制度における会

計処理を考察する際に，補助金を受け入れている公的医療機関において，貸借対照表上の「資本」と「負債」とは別に区分開示されている「特別項目」に焦点をあてて考察する。

1. 行政領域における年度決算書

国家会計基準（SsD）は，予算原則法（HGrG）を基盤として財政経済原則を内包している。その原則に従って，連邦（国）と州は予算法を規定しなければならない。制度の一貫性を保つために，前述のように，各州で始まったカメラル簿記から複式簿記への移行の動きを受けて，2009年予算原則法（HGrG）の近代化によって，連邦（国）レベルで複式簿記を財政及び経済管理に導入することが承認された[6]。連邦（国）及び州の会計制度は，予算原則法（HGrG）第1a条第1項に従ってカメラル簿記か，或いは同法第7a条に従って国家会計基準（SsD）をとるか，どちらかを選択できる。この選択権で，国家会計基準（SsD）を優先して履行するならば，同法規定に従って商法典（第3編商業帳簿）とGoBが遵守されなければならない。国家会計基準（SsD）の内容は，公的財政の規定に基づいて，特に商法（HGB）の選択権を履行すること，或いは商法（HGB）からの逸脱する規則に準じることの，どちらかの選択となる。その際に，予算原則法（HGrG）第7a条第2項に従って，委員会によって国家会計基準（SsD）が審議される。国家会計基準（SsD）は連邦（国）と州の行政規則に変換され，年1回監査されなければならない（同法第49a条第1項）。国家会計基準（SsD）には個別決算書（財務諸表）と連結決算書（連結財務諸表）の規則が含まれている[7]。国家会計基準（SsD）は，NRWの新しい自治体財務管理（NKF）に引き継がれ，自治体予算条例（Kommunalhaushaltordnung：以降，KomHVO-NRW）の年度決算書（財務諸表）は，大規模資本会社に関する商法上の年度決算書（HGB第264条以下）に倣って規定されている。その決算書の構成は，図表1のとおりである。

その際に，状況報告書は，図表1の構成からなる年度決算書に添付されなければならない（KomHVO-NRW第48条）[8]。

したがって，国家会計基準（SsD）は各州の予算条例に変換されて，地方公

第2節　各州における自治体会計制度（2020年代）　　*217*

図表1　年度決算書（財務諸表）の構成

年度決算書（財務諸表）			
損益計算書	資金計算書	各計算書	貸借対照表 借　方　　　貸　方
収益 費用	収入 支出	**収益費用計算書部** 収益費用 **資金計算書部** 投資収支計算 個別処理 **目的** **数字** **説明**	固定資産明細書　　附 債権明細書　　　　属 債務明細書　　　　説 自己資本明細書　　明 予算配分振替概要書　書 状況報告書

（出所）Heidler, Herbert K.(2020), *a. a. O.,* S.434.

共団体等の会計制度には，複式簿記の会計計算ステムを基盤とした法制度が整備された。

　NRW の事例でみられるように，法制度整備を基礎として年度決算書の作成に必要な会計規定が定められている。いわゆる GoöB である。

　次に，行政と公的医療機関における「自己資本の部」に焦点をあてて，考察することにする。

2.　行政領域における「自己資本の部」

　前述したように，各州における「自己資本の部」（第11章図表6）の開示形式は，それぞれ異なっている。本節では NRW の「自己資本の部」の区分表示を取り上げることにする。

　行政領域における「自己資本の部」についての区分表示と，公的医療機関の区分表示との比較をとおして，第11章図表6に示すように，特に「準備金」の種類と自己資本の区分表示に違いがあることが明らかになる。

218 第12章 自治体会計制度への複式簿記の導入における影響—制度的観点からの考察—

　次に，行政領域における自治体会計制度の公的医療機関への影響について，考察することにする。

第3節　行政領域における自治体会計制度の公的医療機関への影響

　各州における自治体の運営は，各行政部門の他に，公的医療機関，大学病院等に及んでいる。行政領域における自治体会計制度改革は，同州の公的医療機関（大学病院：大規模自治体病院のメンバーには公的医療機関と大学病院等が入り，各州の補助金を受けて運営されている）へ影響が及ぶのか，まず行政領域における会計制度と公的医療機関における，1.「自己資本」の開示，2. 特別項目，3. 状況報告書についてみていくことにする。

1.「自己資本」の区分表示

　新自治体会計制度改革によって，図表2のように，2020年年度決算書では，「自己資本」の区分が示されている。その際に「資本」が総資産と総負債の差額概念として定義づけられ，自己資本の区分表示における準備金は種類別に区分されている。なかでもNRWの「自己資本の部」は準備金の区分であり，他の分類とは異なっている[9]。

　2010年代には，第11章図表6の状況であったが，前述したように連邦（国）

図表2　「自己資本の部」の開示

ハンブルク		ヘッセン		NRW		バーデン・ヴュルテンベルク	
A	自己資本	A	自己資本	A	自己資本	A	自己資本
	Ⅰ 純差額項目		Ⅰ 純差額項目		Ⅰ 一般準備金		Ⅰ 純差額項目
	Ⅱ 一般準備金		Ⅱ 損益繰越		Ⅱ 特別準備金		Ⅱ 年度損益
	Ⅲ 目的準備金		Ⅲ 年度損益		Ⅲ 調整準備金		
	Ⅳ 州予算条例第79条に準拠した自己資本コスト		Ⅳ 自己資本で補填できない損失額		Ⅳ 年度損益		
	Ⅴ 外貨換算から生じる自己資本差額						
	Ⅵ 第三者株主持分との調整項目						
	Ⅶ 連結貸借対照表損益						
	Ⅷ 自己資本によって補填されない欠損額						

（出所）2020年決算報告書より作成。

レベルで複式簿記とカメラル簿記のどちらかの選択が容認され，その選択は，複式簿記，拡大カメラル簿記という2つの流れになっている。

　各州における会計制度は複式簿記及び拡大カメラル簿記を基礎として，連邦（国）レベル，或いは州条例における自治体会計制度へ複式簿記が変換され，それに従って，各自治体における年度決算書が作成される。しかし各州の会計処理及び年度決算書は各州で異なっていることから，比較可能性のある統一したものになっていない[10]。

　NRWの新自治体財務管理（NKF）の貸借対照表における自己資本は，2000年代初期と同様に2020年も，以下のような区分表示となっている。

　　A　**自己資本**

　　　Ⅰ　**一般準備金**

　　　Ⅱ　**特別準備金**

　　　Ⅲ　**調整準備金**

　　　Ⅳ　**年度損益**

　一般準備金は，借方資産と貸方負債合計の差額であり，特別準備金（KomH-VO第44条第4号）は受取補助金の調整準備金である。この準備金は各年度の損失補填に役立ち，同法第75条に従って自己資本の3分の1の金額に達するまで開始貸借対照表に設定される[11]。

　行政領域における会計制度のもとで，公的医療機関が補助金を受け入れる際には，「特別項目」に計上される。この「特別項目」は公的医療機関では共通の統一した会計項目となっている。

2.「特別項目」の区分表示

　複式簿記によると，貸借対照表上，貸方側には他人資本と自己資本に区分されている。しかし行政領域と医療機関では補助金による運営が行われることから，自己資本にも他人資本にも分類できない「特別項目」が開設されている。したがって自己資本と他人資本，引当金，その他に「特別項目」が区分表示される。この「特別項目」は，基本的に補助金を開示する項目である[12]。しかし

220 第12章 自治体会計制度への複式簿記の導入における影響—制度的観点からの考察—

図表3 行政及び公的医療機関における「特別項目」

	行政領域		公的医療機関
B	特別項目	B	有形固定資産投資に関する融資の特別項目
Ⅰ	投資に係る補助金	Ⅰ	病院財政法（KHG）に従った補助金
Ⅱ	料金に係る補助金		介護施設の投資に係る補助金
Ⅲ	料金調整	Ⅱ	公的側からの病院への補助金
Ⅳ	その他の補助金		公的側からの介護施設への補助金
		Ⅲ	第三者からの病院への寄付金

（出所） NRW・公的医療機関（Vivantes Kliniken GmbH）の連結決算書より作成。

図表4 国家会計基準（SsD）における状況報告書の区分（2019年11月27日現在）

	各領域における表示	内容
Ⅰ	原理	一般的情報（例：人口，土地面積，経済分野），地方公共団体の法的及び組織的構造についての基本的説明
Ⅱ	経済性	全体経済の枠組みの条件，地方公共団体の営業経過と状況の説明，地方公共団体の収益・資金及び資産状況の分析
Ⅲ	業績報告	地方公共団体の予想される経済的な発展についての期待，過去の報告年度の業績と実際上の展開が対応されなければならない。場合によっては，その差異を説明しなからばならない。
Ⅳ	リスク・チャンス報告	実質的なリスクとチャンスならびに明らかに悪化する状況・会計上の統一の状況の改善に及ぼすマネジメント，予想されると説明された業績に影響を及ぼすことができるマネジメントについて記載する。

（出所） Heidler, Herbert K. (2020), *Öffentliches Rechnungs-und Prüfungswesen*, Band 1, S. 266.

行政領域と医療機関における補助金の性質が異なることから，図表3のように，貸借対照表上の区分表示が異なっている。

　図表3の公的医療機関の補助金の区分表示は，医療機関では共通の統一した形式となっている。すなわち公的医療機関における「特別項目」は，図表3に示すような補助金によって有形固定資産が購入されるため，補助金の源泉が明確に区分開示されている。それは補助金による購入の投資資産の使途に透明性が付与されているといえよう。

　さらに行政領域の年度決算書における状況報告書は，公的医療機関の状況報

告書に反映されている。公的医療機関は，商法第298条に準拠した状況報告書を作成しているが，図表4の形式で開示している。

3. 「状況報告書」の開示

医療機関の状況報告書は，基本的には商法上の状況報告書の規定（HGB第298条）に準じて作成されなければならない[13]。しかし医療機関の運営が各州及び自治体の運営によることから，公的医療機関の状況報告書は複式簿記を基礎とした国家会計基準（SsD）に準拠する。しかしドレスデン市立病院のように民営化していない医療機関は，年度決算書を官報で開示していない[14]ので不明である。

国家会計基準（SsD）に準拠して，図表4のような内容で，各州・自治体会計制度における状況報告書が公的医療機関に適用されている。

したがってNRWを中心として各州の行政領域における会計制度は，公的医療機関の年度決算書及び状況報告書に影響を及ぼしているといえよう。

行政領域における決算書に商法（HGB）の影響は大きいが，各州の決算書における会計処理には，それぞれの相違がみられる。BRHがめざす各州の自治体会計制度にとって国家会計基準（SsD）は，まだ制度整備されたばかりで，各州の財政状況の比較には統一基準が求められるとして，国内外の統一した基準の審議検討の必要性が示されている。しかしIPSASの対応には，まだ課題が多いといえよう。

お わ り に

各自治体の複式簿記の導入について，前章では会計計算システムの観点から考察し，本章では，各州で行われている自治体会計制度整備の観点から考察してきた。

各国がNPMの影響を受けて，ドイツでは2000年代初期に自治体は会計計算システムを単式簿記（カメラル簿記）から複式簿記へ移行することで，行政領

域における会計制度改革を行ない，それを背景に国家会計基準（SsD）が，各州・各自治体の複式簿記を会計制度に導入するための法制度として整備された。2009年の複式簿記の導入，さらに2010年から2020年代には制度的な整備が進み，現在に至っている。その制度整備の過程を，まず会計計算構造の観点（第11章）から検討し，2020年代の行政領域における制度整備をとおして，自治体による公会計制度改革の公的医療機関への影響を探究してきた。

　その結果，明らかになるのは，民間医療機関は企業会計を基礎として，M&Aの動向のなかで，グローバル企業としてIAS/IFRS適用の連結財務諸表を作成して，公開している。一方，公的医療機関の組織は，2000年代初期からNPMの影響を受け民営化され，会社形態に従った商法会計を適用した。また連邦（国）レベルで，各州，自治体（市郡等）の行政領域における公会計制度改革が行われ，会社会計（商法会計）を基礎としながら，各州法に従った年度決算書，統合決算書の作成及び開示の制度が整備されることになった。

　各州における行政領域の会計制度が公的医療機関の会計に影響している。しかし行政領域の他部門の統合決算書とは別に，各州の権限のもと，Vivantesのように会社形態の大規模公的医療機関が中心となって，同州の大学病院及び医療関係業者，関連会社との統合決算書が作成され，公開されている。その影響の1つとして，行政領域の会計制度に準じた状況報告書が開示されているという特徴がみられる。各州の権限のもとに，特に「自己資本」の部については統一した基準に至っていないことから，各州法に従った会計制度のもとで決算書が作成されている。

　一方医療機関は補助金を受け入れて組織を運営していることから，「自己資本の部」とは別に区分開示された「特別項目」に，医療機関が受け入れた補助金が源泉別に開示されている。

　BRHは，各自治体における公会計制度について，比較可能性を求める立場から，統一基準の検討の必要性を表明しているが，各自治体において，それぞれ異なる自治体会計制度の現状から判断して，ドイツの行政組織における会計基準の統一が実現しない限り，IPSAS適用までにはまだ時間がかかるのでは

おわりに *223*

ないかと考える。

［注］

（ 1 ） BRH, Haushalts-und Rechnungswesens, Drucksache 16/2400（17.08.2006）.

（ 2 ） Deutscher Bundestag, Bericht nach §99 BHO über die Modernisierung des staatlichen Haushalts-und Rechnungswesens, Drucksache 16/2400（17.08.2006）。本報告書は，連邦予算法第99条「特別の重要事項」に従って，「国家予算及び会計制度の近代化についての報告」：連邦会計検査院（BRH）は，連邦議会，連邦参議院，政府に「特に重要な事項」について通知し，特に重要な事項は受け取り次第，インターネットで公開することが規定されている。本報告書は，連邦会計検査院長 Prof. Dr. Dieter Engels の講演内容である。

（ 3 ） Ebenda.

（ 4 ） Wirtz, Holger,（2010）, *Grundgesätze ordnungsmäßiger öffentlicher Buchführung,* S. 18.

（ 5 ） Fudalla, Mark/Wöste, Christian,（2021）, *Doppelte Buchführung in der Kommunalverwaltung,* S. 13.

（ 6 ） Wirtz, Holger（2010）, *a. a. O.,* S. 18.

（ 7 ） Heidler, Herbert K.（2020）, *Öffentliches Rechnungs-und Prüfungswesen-Band 1,* Berlin, S. 307.

（ 8 ） Ebenda.

（ 9 ） Heidler, Herbert K.（2020）, *a. a. O.,* S. 215-216

（10） Heidler, Herbert K.（2020）, *a. a. O.,* S. 216.

（11） Heidler, Herbert K.（2020）, *a. a. O.,* S. 366.

（12） Heidler, Herbert K.（2020）, *a. a. O.,* S. 213, 216.

（13） Heidler, Herbert K.（2020）, *a. a. O.,* S. 264-265.

（14） Städtisches Klinikum Dresden（https:www.klinikum.dresden.de）

第13章

公会計領域における連結決算書
（統合決算書）

は　じ　め　に

　公会計における連結決算書（統合決算書）[1]は，各州で運営されている事業体の経営状況を認識するために，ますます重要となっている。なかでも公的医療機関は，医療・福祉・リハビリ・介護・その他医療関連事業等の持株会社（コンツェルン）として運営されていることから，各事業体の個別決算書を連結した決算書（統合決算書，以降，連結決算書とする）を作成して運営状況を開示している。その決算書の作成のための会計制度は，これまで論じてきたように商法典（HGB）の会計規定に準拠して，社会法典第5編（SGB Ⅴ），租税基本法（AO），各州法等を基礎としている。特に連結決算書は，連邦（国）・各州レベルで，各自治体が複式簿記（Doppik）を導入することによって，全体の事業体の運営状況を示すことに重点がおかれている。単式簿記（カメラル簿記）から複式簿記への移行によって，商法会計を基礎とした会計制度の整備が，2000年代初期から連邦（国）・各州に普及した。その行政領域における会計処理には，組織の性質上，連結決算書の作成，行政領域における補助金の会計処理等は，商法会計を基礎とする商法の会計規定に準拠してはいるものの，各州法に準じた自治体会計制度の影響を受けることになる（わが国の公営企業が地方財政法，地方公営企業法，条例等の影響を受けているように）。

本章では，連結決算書の機能を考察するうえで，民営化に際して公的医療機関の会計制度が商法会計を基礎にしながら，各州法の規則に準拠している点に注目して考察する。すなわち複式簿記を基礎とする会社形態に準じた連結決算書が，どのように各州法の影響を受けているのかを探究する。

第1節　連結決算書の意義

もっとも早期に複式簿記を導入して，新自治体会計制度改革に取り組んだNRW の連結決算書の会計制度を取り上げ，NRW の組織単体における年度決算書（GO-NRW 第95条）が，どのように統合されているのかについて考察する。

カメラル簿記（Kameralistik）を基礎としている行政領域に，企業会計の複式簿記（Doppik）が導入され，行政領域の事業は会社形態に組織替えされた。その後，各事業体のグループ化した中核の組織（親会社）では連結決算書が作成された。その際に個別決算書が記録機能と測定機能を有するのに対して，連結決算書は情報伝達機能を有する[2]。これを前提として，自治体法人も独立した経済及び組織単位に分類されることで，会社形態の連結に類似した構造をとっている。

したがってこの連結決算書で自治体の運営状況を示すことになる。その際に連結決算書の作成が義務づけられる親会社には，連結に組み入れるか否かについて選択権が与えられている（HGB 第296条）。そのため子会社として連結に組み入れられない企業がある。それは地方公共団体にも認められる[3]。

連結決算書は，多数の株式を所有する支配的影響を及ぼすことができる子会社の個別決算書を連結して作成され，その連結決算書は単に各会計項目を総計したものではなく，連結する際に，以下の4つの連結が行われる。

(1) 資本連結
(2) 負債連結
(3) 連結企業間で行われる取引に発生する損失と利益の排除（中間損益の排除）

（4）連結企業間における取引から発生する費用と収益の相殺（損益の連結）

原則上，国内に所在する連結会社の親会社には，連結決算書を作成すること
が義務づけられている。さらに証券取引所に株式或いは債券を上場している連
結会社は，IAS/IFRS を適用した連結決算書を作成しなければならない。しか
し証券取引所に上場しない場合には，商法第 290 条に従って連結決算書を作成
する。しかし IAS/IFRS を適用するかどうかについては選択権が与えられて
いる[4]。

新財務管理（NFM）に従って，NRW は自治体の連結決算書に係る法的規則
（GO-NRW 第 12 部，KomHVO-NRW 第 7 部）に則り，商法第 290 条以下の規則に準
拠している。特に連結決算書の連結方法とキャッシュフロー計算書の作成に
は，自治体予算条例（KomHVO-NRW）第 51 条・第 52 条に従って，商法（HGB）
の会計規則を参照するように定めている[5]。

地方自治体の連結決算書には，私法上の組織（例：株式会社（AG），有限会社
（GmbH）），公法上の持株会社組織（例：公的機関，行政団体，自治体運営，自治体運
営の施設及び特別基金団体）の出資金が開示される。地方自治体の連結決算書にお
いても企業のように親会社と子会社の関係がある。その際に自治体の中心とな
る行政が連結構造（図表 1）の親会社であるのに対して，連結される私経済上
の会社及び公法上の各事業は子会社である。地方自治体における連結構造は，
以下の図表 1 のような構造をとっている[6]。

地方自治体の連結決算書は，特に行政中核と自治体の独立部局（出資）は，

図表 1　自治体における連結構造

自治体連結			
行政中核	独立「自治体各部局」		
	私法上の部局	公法上の部局	
	資本会社 （例：株式会社）	行政団体	自治体運営及び それに類似する 施設	公法上の機関
	法律上の独立財団		

（出所）Heidler, Herbert K.（2020），*a.a.O.*, S.441.

図表1のような組織構造における実際の経済的状況について伝達するものでなければならない。

以上の連結構造には，次のような連結方法がとられる。

第2節　自治体法人の連結方法

自治体の連結決算書には，原則上すべての各独立事業報告書（各部局）が組み入れられている。その各部局が公法上或いは私法上の組織形態であるかどうかは関係しない（GO-NRW 第116条第3項）。独立の各部局を連結範囲に入れる法的効力はない。しかし連結される各部局の決算書に実質的な変更があるときには，これまでの決算書との比較可能性を阻害しない有用となる情報が必要となる（HGB 第294条第2項・GO-NRW 第116条第5項）[7]。

各部局の資産及び収益・財務状況が，連結決算書において，それほど重要な情報ではない場合には連結しない。つまり連結及び統合する際に，コストと情報の重要性を顧慮して連結するかどうかの判断には，最良の余地が親会社に与えられている。もし連結しない場合には，連結附属説明書で，その説明が行われなければならない。新自治体会計制度（NKR）において，連結決算書及び連結附属説明書の作成義務は，ⅰ.自治体貸借対照表及び連結された独立事業報告書（各部局）における貸借対照表総額が 15 百万ユーロを超過していない場合，ⅱ.完全連結が義務づけられている独立事業報告書である場合には，自治体に帰属する収益が，自治体損益計算書の経常収益の 50% 以下の場合，ⅲ.完全連結の義務のある独立事業報告書において，自治体に帰属する貸借対照表総額が，自治体貸借対照表総額の 50% 以下の場合（GO-NRW 第116条第3項）。

以上の3つの条件のうち2条件が該当することで，自治体には，連結決算書の作成が免除される[8]。

商法第297条第3項第1文に従って法的統一を前提として，連結された企業の財産・資金及び収益の状況が，1つの企業のように示され，統一した法人格として自治体においても連結決算書が作成される。連結の統一原則は，商法上

228 第13章 公会計領域における連結決算書（統合決算書）

の規則に該当する予算条例（KomHVO-NRW）第51条に従って具体的に規定されている。したがって自治体の独立事業部（Verselbständigter Aufgabenbereich）は，①完全連結，②持分法，③資本出資（帳簿価額）の記載によって連結されなければならない[9]とされる。

1. 完 全 連 結

統一的な管理或いは自治体における支配的な影響を受ける公法上の組織形態の独立事業部，ならびに私法上の企業及び施設については，予算条例（KomHVO-NRW）第51条が，商法第300条から第303条，同法第305条から第307条，同法309条を参照するように定めている（しかし新たに法改正された場合には有効ではない）[10]。完全連結は，親会社と子会社が1つの決算書に連結され，その際に全ての資産及び負債ないしは全ての収益及び費用が，貸借対照表と損益計算書に組み入れられる。その際に連結内における連結処理による相殺はできない。完全に連結される子会社は狭義の連結グループであり，完全連結の基本的前提は，統一的管理・支配的影響力が及ぶ会社の連結である。統一的管理という概念についての規定が，会計法近代化法（BilMoG）の商法改正によって削除されたにもかかわらず，NRWの新自治体財務管理（NKF）の現行規定では有効となっている。というのは「支配」という概念が，他の組織の業務を法的にもまた直接的かつ間接的にも規定することができると認められるからである。すなわち予算条例（KomHVO-NRW）第51条第2項に従って，以下の「支配」が前提となっている[11]。

1) 自治体に議決権の過半数が帰属する。
2) 自治体が他の企業の行政・管理或いは監査役機関のメンバーの過半数を選任，任命する権利を有する。
3) 自治体は定款規則に従った支配的契約に基づき支配的影響力（財務・業務政策の決定）を執行する権利を有する。

上記3つの前提は商法（HGB第290条第2項）で規定している「支配」を前提としているが，新財務管理（NKF）における連結決算書では，予算条例

図 1　支配的影響力

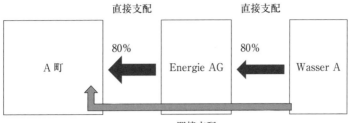

（出所）Heidler, Herbert K.(2020), *a.a.O.*, S.446 の事例より作成。

(KomHVO-NRW) 第 51 条第 2 項の特別規則に従って商法（同条項第 4 号）は適用されない。その他に株式法（AktG）第 291 条第 1 項に支配契約というのがあるが，この契約は株式会社がその会社の管理を他の会社に任せる契約である。このような契約は，他の企業形態或いは自治体法人にはあてはまらない。したがって支配的影響を受けるということは，前記の 3 つの条件のうち 1 つを充たさなければならない。それとは別に親会社が直接の支配的影響力を及ぼす場合には連結できる。つまり直接的支配影響力は，図 1 のような事例で示されるような間接的な支配をとおして十分支配的影響力を及ぼすことになる[12]。

2．持　分　法

　他方，上記の完全連結とは異なり，持分法は統一的管理，支配的影響力という条件がないことから，独立事業部門にどれだけの自治体の基本的影響力が及ぶかの判断に際して，連結決算書に持分法に従って組み入れられる（KomHVO-NRW 第 51 条第 3 項）。これは私法上及び公法上の組織形態にもあてはまる。自治体が連結決算書に組み入れられる企業の資本出資に基本的な影響力を実質的に及ぼす場合には，基本的に影響力が及ぶ（HGB 第 311 条）とされる。この基本的影響力として，実際には営業及び財務政策に及び，最低 20% の議決権をもつ出資の場合には，このケースに該当する（HGB 第 311 条第 1 項第 2 文）。少なくとも商法第 271 条に従って出資した会社（HGB 第 311 条第 1 項第 1 文）を関連

230 第13章 公会計領域における連結決算書（統合決算書）

会社としている。完全連結の他に連結決算書に組み入れられる子会社は，他に広義の連結グループに入る場合である。つまり親会社が基本的な影響力を及ぼすというのは，次のような条件を充たす[13]こととなる。

1) 自治体が取締役会及び監査役会を代表する。

2) 企業の意思決定に際して共同決定権が存在する。

3) 強力な販売購買関係にある。

4) 財務において密接的かつ強力な関係にある。

連結決算書には持分法によって関連会社の資本出資が組み入れられる。持分法に従った自己資本が評価されることから，自己資本の増減の評価は商法第312条第1項に従って行われる。資本出資は個別決算書における帳簿価額での評価によるもので，その際に出資の取得原価を前提として，各会計年度の自己資本についての評価の増減が引き継がれる。資本出資に損失企業が含まれる場合には，持分法による価値はマイナス（ゼロ）とはならない。しかし企業の全体の自己資本が減少するならば，資本出資は備忘価値を記載しなければならない。持分法による連結は，資産，財務及び収益状況を実際上の関係についての伝達に重要な影響を及ぼさない場合には連結しなくてもよい（HGB第311条第2項・KomHVO-NRW第116b条）。さらに資本出資の記載には，NRWでは連結グループの3区分が記載される。

3. 資本出資の記載

完全連結を前提として，持分法による連結の組み入れをしない場合には，資本出資は帳簿価額で計上する方法がある。この形式は，20％以下の資本出資が対象となる。NRWの新自治体財務管理（NKF）では，図表2のように，連結グループに区分される。

さらに持分法による連結は，図表3のように連結範囲が定められる。

以上，前述の3つの方法による自治体の連結方法は，基本的には同目的のもとで自治体の個別決算書にもあてはまる（KomHVO-NRW第50条）[14]。

図表2　NRW における連結範囲の区分

段階	完全連結範囲	連結方法
1	統一的支配或いはそのもとで管理に影響力が及ぶ独立事業部	完全連結，それがそれほど重要ではない場合，その際に完全連結が放棄できる（自治体規則第 116b 条）。
2	自治体が基本的影響を及ぼす独立事業部（関連会社）	持分法，それがそれほど重要でない場合，その際には完全連結が放棄できる（自治体規則第 116b 条）。
3	連結を選択しても，連結持分法でも完全連結されない，出資・その他の金融投資・独立事業部	個別財務諸表から資本持分を帳簿価値で引き継ぐ。

（出所）　Heidler, Herbert K.（2020）, *a. a. O.*, S. 447.

図表3　資本出資に従った連結方法

企業持分	連結の種類
＞50％	完全連結
≧20％ und ≦50％	持分法
＜20％	非連結

（出所）　Heidler, Herbert K.（2020）, *a. a. O.*, S. 448.

第3節　連結決算書の作成原則

　個別決算書を連結決算書に統括する際には，次のような商法（HGB）が適用され，統一した計上と評価に関する規則が適用された場合にのみ，連結決算書が作成される。

① 連結の資産，資金及び収益状況について実際上の関係に適合する概要の伝達（HGB 第 297 条第 2 項）。

② 連結の法的及び経済的擬制（統一理論：HGB 第 297 条第 3 項）。

③ 個別決算書の総括（HGB 第 300 条第 1 項）。

④ 連結決算書の完全連結（HGB 第 300 条第 2 項）。

232　第13章　公会計領域における連結決算書（統合決算書）

⑤　子会社の資本持分記載（HGB 第 301 条第 1 項）。

⑥　連結内部から生じる貸借対照表及び損益計算書における会計項目の内部
排除（HGB 第 303 条，同法第 304 条，同法第 305 条）。

　自治体の連結決算書の作成には，以上のような商法（HGB）の連結規定が適
用される。連結決算書には，自治体が法的単位を形成するすべての独立事業体
（自治体が出資している名目資本），特別財団，公法上の施設，独立財団が含まれる
（GO-NRW 第 97 条）。商法第 290 条以下の法的効力のある条件に従って，個別決
算書の連結には，次の段階が導守されなければならない。資本連結，負債連
結，中間的損益ならびに損益の排除（損益計算書の連結）である[15]。そのなかで，
本章では資本連結に焦点をあてて考察した。

　子会社は，親会社の支配的影響力を受けることから，完全連結で 1 つの決算
書に組み入れられる。その際に総括した連結貸借対照表として作成されるなか
で，連結に際して重要な段階が資本連結であるとされる。つまり親会社の自己
資本には，子会社の自己資本とともに資本持分として記載される。親会社の資
本持分に対する子会社の自己資本は，連結決算書に記載される（HGB 第 301 条
参照）。いわゆる買収の場合の資本連結に際して，子会社を取得した時点で親
会社による時価評価となる。資本持分の取得時点と，継続の会計年度における
連結とを区別する必要が出てくる。すなわち資本の連結に際して，株式取得時
と継続した各会計年度の損益の連結は区別しなければならない。

　以上の連結決算書の制度（GO-NRW 第 116 条第 27 項，KomHVO-NRW 第 50 条）
に準拠して，地方自治体の連結決算書は作成される[16]。

お　わ　り　に

　以上，自治体における連結決算書の作成，作成のための原則，その際に州法
による条例に係る連結できる事業体，連結しなくてもよい事業体等，連結決算
書に組み入れる事業体の判断には，行政の中核となる事業部に委ねられ，つま
り商法（HGB）の規定に従った連結決算書の作成のための連結に係る規則が適

用されて作成されるが，その連結決算書の作成には各州の条例の影響が及ぶ，或いは各自治体の議会の決議に委ねられることになる。

　したがって州別における公的医療機関グループの連結決算書の作成に際して，各会計年度に作成される連結決算書に連結される各事業体の選択は，行政の中核の判断に委ねられることになる。

　一方，わが国の公立病院改革において地独法化して企業会計が導入されるが，各自治体のもとで公立病院は，地方公営企業法，地方財政法，条例等の法制度に準拠していることから，「経営形態の見直し」に際して，第3章でみてきたように，地方公営企業法に準じた公営企業の1つである公立病院は地方公営企業法の一部適用，全部適用にとどまり，議会の決議に委ねられる。地独法化した公立病院の件数（92件：令和2年現在）はまだ少ない状況である。公立病院の「経営形態の見直し」の課題は今後も断続審議であり，公立病院の会計には，議会の決議が当分影響することになる。

［注］

（1）　自治体の地方公共団体法人（町或いは自治体）における連結決算書（統合決算書）は，統合決算書（Gesamtabschluss）として同義語で示される。ノルトラインウェストファーレン州条例第95条（GO-NRW）には，自治体の年度決算書（Jahresabschluss）は特別規定がない限り，会計年度末に商法規定（HGB）の正規の簿記の諸原則（GoB）に従って作成しなければならないことが規定されている。本章では「連結決算書」として示すことにする。

（2）　Heidler, Herbert K. (2020), *Öffentliches Rechnungs-und Prüfungswesen*-Band 1, Berlin, S. 181-182, S. 439. このテーマの参考文献，Fritze, Christian (2019), *Entwicklung rechnungswesenbasierter Systeme zur Stabilisierung der Kommunalfinanzen*. Bielefeld. がある。

（3）　Heidler, Herbert K. (2020), *a. a. O.*, 439-440.
　　　商法第296条では，子会社が親会社の連結決算書に組み入れない場合が認められている，1．子会社の財産又は業務に対する権利行使ができないような重要かつ継続的な障害が生じた場合，2．連結決算書作成に著しい費用又は時間のかかる事象が生じた場合，3．子会社の株を転売の目的で所有している。などに該当するときには組み入れなくてもよい。

（4）　Heidler, Herbert K. (2020), *a. a. O.*, S. 439-442.

234　第13章　公会計領域における連結決算書（統合決算書）

（5）　Ebenda.
　　条例（GO-NRW）には，連結決算書（第116条），規模に従った免責（第116a条），連結組み入れの放棄（第116b条），持分報告書（第117条），自治体予算条例（KomH-VO）には連結決算書（第50条），連結（第51条），連結附属説明書，連結状況報告書，持分報告書（第53条）が規定されている。

（6）　Heidler, Herbert K.（2020），*a. a. O.*, S. 440-441.

（7）　Heidler, Herbert K.（2020），*a. a. O.*, S. 443.

（8）　Heidler, Herbert K.（2020），*a. a. O.*, S. 444.

（9）　Heidler, Herbert K.（2020），*a. a. O.*, S. 445-448.

（10）　Heidler, Herbert K.（2020），*a. a. O.*, S. 445. NRWの州条例第51条には商法第300条連結原則・完全性の原則，第301条資本連結，第302条（削除），第303条負債連結，第304条中間損益の処理，第305条費用及び収益の連結，第307条他社員の持分，第308条統一的評価，第309条差額の処理等の規定を参照することになっている。

（11）　Heidler, Herbert K.（2020），*a. a. O.*, S. 445-446.

（12）　Edenda.

（13）　Heidler, Herbert K.（2020），*a. a. O.*, S. 446-447.

（14）　Heidler, Herbert K.（2020），*a. a. O.*, S. 448.

（15）　Heidler, Herbert K.（2020），*a. a. O.*, S. 448-449.

（16）　Heidler, Herbert K.（2020），*a. a. O.*, S. 458.

第14章

ドイツ医療機関の組織再編と
会計制度・実務の現状（総括）
―「資本の部」に焦点をあてて―

は じ め に

　わが国の公立病院改革と同様に，2000年代初期からドイツの各州における公的医療機関の民営化が拡がった。ドイツにおける公的医療機関の民営化の波は，会社形態に組織替えをしたことから，

　第1段階　2000年〜2009年

　第2段階　2010年〜2014年

　第3段階　2015年〜

の期間区分を境に変化がみられる。3段階の期間区分別に，商法改正が影響していると考える。すなわち商法改正後，医療機関の年度決算書に会計処理上の変化がみられるからである。そして2019年以降は非営利有限会社（gGmbH）改正に向けて，再び組織替えをする公的医療機関がある。一方これまで公的医療機関を買収してきた民間医療機関の組織再編は，2020年代にかかると，新たな動きがみられる。世界的に拡がった新型コロナ禍の医療機関への影響はいうまでもない。

　わが国と同様にドイツでは，公的医療保険制度が整備されていること，また公的医療機関には連邦（国）及び州から補助金が給付されることから，その財源は財政で支えられている。

　各州の行政領域には，1980年代以降NPMの影響が及び，16州の公的組織

（地方公営企業も含め）の会計計算システムは単式簿記（カメラル簿記）から複式簿記へ移行し，それとともに自治体会計制度改革に影響を及ぼした。そのなかで財政改革にいち早く取り組んだのが NRW であり，それは他の自治体にも影響を及ぼし，各州それぞれ異なる新自治体会計制度（NKR）が構築された[1]。その流れのなかで「公的医療機関の民営化」にもその影響が及ぶこととなり[2]，公的医療機関は会社形態への組織替えの民営化が進む。その後も，公的医療機関と大規模民間医療機関には組織再編がみられる。今後，医療機関の組織再編に適合した会計制度がどのように整備されるのか。組織の法規定に従った「資本の概念」を考えると，特に「資本の部」における会計処理が注目される。

　本章では，わが国の医療保険制度・介護保険制度に影響を及ぼした[3]「ドイツの医療機関の組織再編」について，各章で言及したことを総括して，特に「資本の部」に焦点をあてて考察する。

第1節　民間・公的医療機関の動向

1. 公的医療機関の民営化の背景

　これまでドイツの開設者別の医療機関数の推移をみてきたが，グラフ1でも明らかなように，近年では民間医療機関が著しく増加傾向にある。この傾向は，公的医療機関が民間医療機関に組織変更していることにその原因がある。またわが国の公立病院とは異なり，ドイツの各医療機関は医療・リハビリ・介護等の施設の連携組織からなる。公的医療機関の場合には各州内での各施設の連携であるが，民間医療機関の場合には，施設の連携は各州を越えて，ドイツ全土に組織化している（持株会社/コンツェルン）[4]。

2. 公的医療機関から民間医療医療機関への移行

　これまで述べてきたように，公的医療機関の民営化は，大別して形式的民営化と実質的民営化に区分できる（図1）。グラフ1で示すように，2009 年，さらに 2013 年頃を境にして民間医療機関は増加傾向にある。それに対して非営利

第1節　民間・公的医療機関の動向　237

グラフ1　開設者別の医療機関数の推移

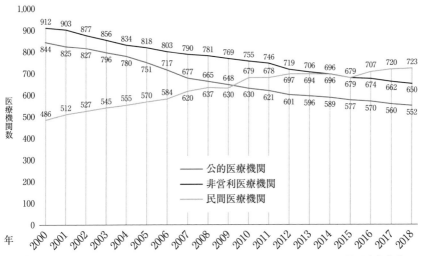

（出所）Statistisches Bundesamt, *Gesundheit*, Kostennachweis von Krankenhäuser, 2018 より作成。

図1　ドイツ医療機関の組織再編

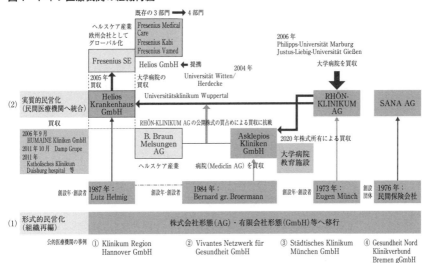

（出所）Handelsblatt（2020年7月20日）記事，FAZ（2011〜2013年），記事本書末尾参照，拙稿（2012b）「ドイツ医療機関の現状と経営分析」『會計』第182巻第2号，（2014b）「日独医療改革における企業会計の役割」『會計』第186巻第6号等により作成。

及び公的医療機関は減少傾向にある。グラフ1のなかで非営利医療機関は教会等の運営による医療機関であり，つまり教会等の慈善団体を基盤にした医療機関である。

図1で示す民間医療機関の組織再編は第8章でも前述したが，2013年以前は4大規模の民間医療機関（持株会社）の間で激しい競争をしていた。しかし2013年以降は3大規模の民間医療機関が市場で競争をすることとなった。前述したように，持株所有率をとおして，RhönはHELIOSに一部買収されて経営規模を縮小した。その後Rhönは2020年営業報告書でAsklepiosとの共同形態をとることを選択したと記述している。

1 形式的民営化

形式的民営化には，その代表的医療機関であり，また最大規模の公的医療機関であるVivantesは，ベルリン市がVivantesの株式100%を所有している有限会社（GmbH）である。他に公的医療機関が，株式会社（AG）等の会社形態をとる事例がみられるが，有限会社（GmbH）の会社形態をとる場合が多い。公的医療機関の病院，介護施設，リハビリ等の組織は，大規模民間医療機関に比べ数と規模においても小規模である。しかし中核となる公的医療機関（親会社）は医療関連業者を子会社として連結して，連結決算書を作成し，連邦官報に開示している[5]。

2 実質的民営化

一方，実質的民営化では，民間医療機関が公的医療機関を買収することで，民間医療機関と公的医療機関は完全に親会社と子会社の関係にある。これまで経営不振で存続が厳しい公的医療機関は，4大民間医療機関Rhön，HELIOS，Asklepios，Sanaによって買収される事例が多くみられた[6]。しかし近年公的医療機関を買収してきた4大民間医療機関の間において組織再編がみられ（図1の(2)），2013年以降は3大民間医療機関となった。これは企業のグローバル化が進み，医療機器及び医療製薬等の製造及び販売をしていたヘルスケア産業の

企業が，医療機関・大学病院・大学教育施設を取り込み広範囲の業務を行う傾向にあるからである。例えばFresenius SE は，図1の(2)に示すように，2005年に HELIOS を買収して，医療部門を増設した。近年アジア・スペインにも進出し，ヘルスケア産業のグローバル企業として成長している[7]。Fresenius SE は 2013 年には大規模民間医療機関 Rhön（2006 年マールブルク・ギーセン大学病院買収）の一部買収に成功した。これまで医療機器製造，医薬品製造，医薬品販売等の3部門に医療部門を含む4部門の他に，研究・教育を含めたヘルスケア産業に成長した[8]。第8章で述べたように，この買収には同業社である B. Braun Melsungen 株式会社（以降；B. Braun）と Asklepios による株買い占めに遭遇した[9]が，2020 年には Asklepios が Rhön の創業者株と自社の株式所有率をとおして，Rhön の創設者との共同経営を進めることとなった。ここ数年はヘルスケア産業と医療機関等の競争が激化している[10]。実質的な公的医療機関の民営化は，以上のような現状からみても，公開株式の所有率をとおして買収競争となった。ヘルスケア産業の企業間の競争による組織再編の背景には，公的健康保険制度改革による医療の効率化と予算管理[11]，製薬及び医療関連機器等の共同購入が重視されている現状がある。ヘルスケア産業の B. Braun と Fresenius SE との競争，製薬を基盤としている医療機関と製薬及び医療機器を製造して市場へ売り出すヘルスケア産業との共同，また医療機関では研究開発費が重要となることから大学病院の研究と教育との連携がみられる。

次に，公的医療機関が会社形態に組織再編（形式的民営化）した事例に焦点をあてて，医療機関の組織と会計制度について考察する。

第2節　組織形態と会計制度

1　医療機関の組織形態

公的医療機関の組織形態は，図2に示すように公的所有者と私的所有者の組織に区分され，その会計制度は各組織の法規定に従って整備されている。

私法上の法人としては，株式会社（AG）或いは有限会社（GmbH）をとる事

図2　公的組織から会社法人への移行

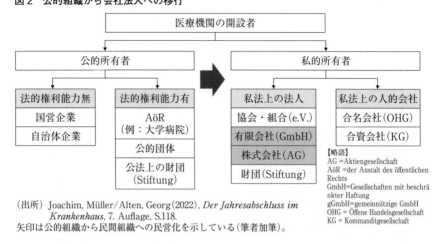

（出所）Joachim, Müller/Alten, Georg（2022）, *Der Jahresabschluss im Krankenhaus*, 7. Auflage, S.118.
矢印は公的組織から民間組織への民営化を示している（筆者加筆）。

図3　病院会計制度

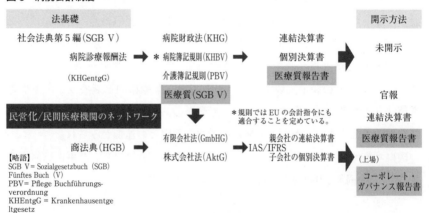

（出所）Niedziela, Jesk（2016）, *Rechnungslegung von Krankenhäusern*, 2010,S.1-3, Joachim, Müller/ Georg, Alten（2022）, *Der Jahresabschluss im Krankenhaus*, S.27-30 より作成。

例（網掛け）である。なかでも有限会社（GmbH）の組織形態の公的医療機関グループが多く、そのグループの決算書は、組織に従った会計制度の規定による連結決算書である。

2 公的医療機関の会計制度

医療機関の会計制度（図3）は，社会法典第5編（SGB V），病院診療報酬法（KHEntgG），病院財政法（KHG）等，その法制度のもと会計処理の基礎となる病院簿記規則（KHBV），介護簿記規則（PBV）に従って会計処理が行われ，連結決算書が作成される[12]。さらに社会法典（SGB V）に基づくことで，「医療の質」についての報告書の作成が義務づけられている[13]。

第3節　公的医療機関の組織再編と会計政策

公的医療機関は医療・介護・リハビリ等の各施設を会社形態のグループとして連結して連結決算書を作成している。前述のグラフ1に示す公的医療機関（非営利組織へ組織変更した医療機関）の連結決算書における「資本の部」では，どのような会計処理がみられるか。

図4に示すように，個別決算書の貸借対照表の消極側（貸方）には，商法第266条にはない「特別項目」の区分表示がある。個別貸借対照表は，企業の商法（HGB）に従った貸借対照表であるが，病院特有の貸借対照表の構造である。個別決算書を基礎として連結決算書が作成される。その際，公的医療機関のグループの連結決算書は，医療機関の個別決算書の会計処理に従って商法上（株

図4　貸借対照表における「資本の部」

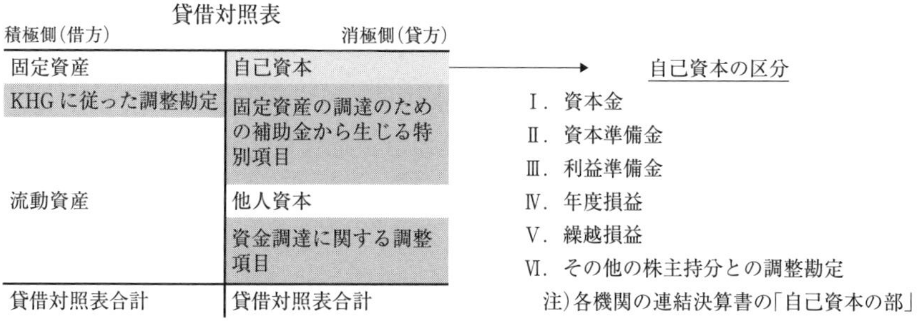

貸借対照表

積極側（借方）	消極側（貸方）	自己資本の区分
固定資産	自己資本	Ⅰ．資本金
KHGに従った調整勘定	固定資産の調達のための補助金から生じる特別項目	Ⅱ．資本準備金
		Ⅲ．利益準備金
流動資産	他人資本	Ⅳ．年度損益
	資金調達に関する調整項目	Ⅴ．繰越損益
		Ⅵ．その他の株主持分との調整勘定
貸借対照表合計	貸借対照表合計	注）各機関の連結決算書の「自己資本の部」

（出所）Hans-Böckler- Stiftung（2004），*Jahresabschluss von Krankenhäusern*, S.14.

式会社法・有限会社法）の会計処理が行われ，年度決算書が作成される[14]。

しかし貸借対照表借方（積極）側には，病院財政法（KHG）に従った調整勘定が示されている。貸方（消極）側には，「固定資産の調達資金のための補助金から生じる特別項目」，「資金調達に関する調整項目」が開設され，「自己資本」は，出資金（確定資本・資本準備金），利益分配積立金（利益準備金・繰延利益・年度剰余金），資本適合法（Kapitalanpassungsmethode）に従った貸借対照表調整項目の３つに区分される。自己資本額には，資本適合法と損益調整法（GuV-Methode）による会計処理が認められている[15]。

医療機関の「資本の部」における会計処理では，医療機関特有の会計処理が行われる。前述したようにドイツの医療機関は，親会社と子会社の関係が医療機関と医療関係会社から構成され，いわゆる持株会社（コンツェルン）の組織を形成している。

以上の会計制度に従って，連結決算書が作成される。その際に，以下のような特有な会計政策の事例がみられる。

1　連結決算書の「資本の部」における会計政策

公的医療機関の連結決算書における「資本の部」には，表１に示すようにVivantes では，2010 年以降年度損失が生じても利益準備金が設定されている。公的医療機関グループ・ハノーファー地域医療機関（KRH GmbH）も，同じく2010 年以降，連結決算書に利益準備金が設定されている。Stadt. München は，2007 年から 2013 年まで損失を繰り越しており，各年度損失が発生している。それにもかかわらず 2010 年以降，利益準備金が設定されている。当該医療機関は，2019 年には非営利有限会社（gGmbH）に組織替えをした[16]。

2010 年以降公的医療機関は，2009 年会計法近代化法（BilMoG）の改正後，商法施行規則（EGHGB）第 67 条第 1 項第 3 文に従って，利益準備金を設定している[17]。しかし利益準備金等の設定には，次のような根拠がみられる。

表1 民営化した公的及び非営利医療機関の［資本の部］

(単位：1,000 ユーロ)

	2009年	2010年	2011年	2012年	2013年	2014年	2015年	2016年	2017年	2018年	2019年
Klinikum Region Hannover GmbH											
資本金	10.000	10.000	10.000	10.000	10.000	10.000	10.000	10.000	10.000	10.000	10.000
資本準備金	23.554	23.554	23.554	23.554	68.484	83.484	46.971	37.938	37.938	37.938	37.938
利益準備金		75	75	75	75	75	75	1.971	3.129	18.252	18.252
連結利益・(連結損失)	2.107	2.107	177	(15.494)	(20.619)	(16.889)	(7.610)	5.780	21.848	1.361	(12.783)
繰越利益・(繰越損失)	2.096	4.552	6.659	6.836	(8.657)	(29.276)	5.348	3.728	8.345	15.076	16.437
他持分との調整勘定					123	123	907	0			
Vivantes Netzwerk für Gesundheit GmbH											
資本金	55.000	55.000	55.000	55.000	55.000	55.000	55.000	55.000	55.000	55.000	55.000
資本準備金	469.201	469.201	474.201	474.201	474.201	474.201	474.201	474.201	474.201	474.201	638.701
利益準備金	835	835	835	835	835	835	835	835	835	835	835
連結損益・(連結損失)	(218.084)	(211.847)	(207.087)	(200.720)	(193.231)	(185.735)	(160.608)	(147.459)	(126.184)	(109.773)	(92.273)
繰越利益・(繰越損失)											
他持分との調整勘定	759	879	1.553	1.533	1.603	1.554	380	443	285	(230)	(196)
Städtisches Klinikum München GmbH											
資本金	10.250	10.250	10.250	10.250	10.250	10.250	10.250	10.250	10.250	10.250	10.250
資本準備金	138.324	138.324	138.324	338.324	338.324	338.324	353.440	368.229	362.453	387.234	425.689
利益準備金	203	203	203	203	203	203	203	203	203	203	203
連結利益・(連結損失)	(2.652)	(123.961)	(52.978)	(116.629)	(35.712)	(27.055)	(30.657)	(1.513)	(23.195)	(8.346)	(22.631)
繰越利益・(繰越損失)	(32.086)	(34.738)	(58.699)	(111.677)	(228.306)	(264.918)	(291.073)	(321.730)	(320.217)	(297.022)	(305.368)
他持分との調整勘定											
Gesundheit Nord Klinikverbund Bremen gGmbH											
資本金	45.025	45.025	45.025	45.025	45.025	45.025	45.025	45.025	45.025	45.025	45.025
資本準備金	13.516	13.516	13.516	13.466	69.166	72.166	72.355	77.355	85.355	175.855	240.055
利益準備金											
連結繰越利益・(連結損失)	7.581	9.184	1.858	(37.463)	48.664	30.513	14.990	3.936	(15.793)	(8.629)	(19.223)
他持分との調整勘定	412	381	252	280	297	306					

（出所）Bundesregister, Geschäftsbericht 2009～2019 年より作成。注記）斜線は未開示・未記載。（ ）内の数字は赤字。金額1,000 ユーロ以下は四捨五入表示。

2 連結決算書の「資本の部」における会計政策

表 1 に示されるハノーファー地域医療機関（KRH GmbH）は，2016 年連結貸借対照表における「資本の部」に，2010 年以降利益準備金の設定金額が74,722.00 ユーロ（表 1 では 75 千ユーロ）から 1,971,000 ユーロに増額されている。この会計処理について，「2015 年の営業年度の年度損失を資本準備金 9.003.000 ユーロで相殺した。サイキアトリー有限会社（Psychiatrie GmbH）の 2015 年営業年度の年度利益から 900,000 ユーロが利益準備金に設定されている」[18]。

医療機関の会計制度は，図 3 の社会法典（SGB V）を基礎として会社形態，なかでも有限会社（GmbH）には規制緩和された特別な規定に基づき年度決算書が作成されている[19]。医療機関（GmbH）の利益準備金についての会計処理は，商法第 272 条第 3 項において，当該会計年度及び前会計年度に生じた利益だけが，利益準備金として設定できるという会計処理が認められている。しかし有限会社（GmbH）には株式会社（AG）の法律で定められている準備金はなく，有限会社形態の医療機関組織には，準備金を設定できる税法上の優遇課税措置（準備金：AO 第 58 条 6 号）が認められている[20]。

お わ り に

わが国の公立病院改革における組織再編（経営形態の見直し）は，民間医療機関を含め公立及び公的医療機関の各都道府県別の医療機関連携（地域医療構想）のもとで進められ，公立病院は「経営形態の見直し」（組織再編）が課題となる。その他に法人化した場合として，各組織形態別（地方独立行政法人・地域医療連携推進法人）の法人化の会計制度が整備された。

ドイツの医療機関の組織再編では，各州の公的医療機関が医療，介護，リハビリ等の施設が 1 つの組織体であることから，会計制度は社会法典（SGB V）を基礎として，会社形態に従った会計制度を適用して，各施設別の決算書が作成され，組織体として連結決算書が作成されなければならない。

また，民間医療機関の間では，ヘルスケア産業のグローバル企業が医療機関

の統合（買収）に向け多角経営へ向かっている。それに対して公的医療機関の会社形態の組織替えによる民営化は，企業会計を導入しているものの，経営に収益が期待されない公的医療機関の存続には補助金が必要であり，会計政策及び優遇課税措置で支えられている。2019年非営利有限会社法（gGmbH）の改正を機に，公的医療機関の組織替えの民営化には，有限会社（GmbH）から非営利有限会社（gGmbH）への動きがみられる。当該組織形態は，有限会社法（GmbHG）の適用を基礎として租税基本法（AO）の優遇課税措置を受ける組織形態である。その事例は，2019年に議会が決議した有限会社（GmbH）から非営利有限会社（gGmbH）への組織替えである。その代表例が Stadt. München（ミュンヘン市立病院）である。当該医療機関は，2019年以降，寄付事業を拡げ，非営利の特別目的（AO第51条以下）を基盤とした経営に移行した。

［注］

（1） 各州の自治体会計制度改革の取り組みは，Raupach, Björn/Stangenberg, Katrin (2006), *Doppik in der öffentlichen Verwaltung*, S. 19-23. を参照。16州のカメラル簿記から複式簿記への移行について解説されている（www.haushaltssteuerung. de.）。Doppik-Studie. de, *Studie der Universität Hamburg zum Mehrwert der kommunalen Doppik* を参照。

（2） Böhlke, Nils/Gerlinger, Thomas/Mosebach, Kai/Schmucker, Rolf/Schulten, Thorsten (Hrsg.) (2009) *Privatisierung von Krankenhäusern*, Hamburg. 前記の文献で，ドイツの公的医療機関の民営化を理解するための2000年代初期の現状が説明されている。

（3） ドイツの介護保険制度（1995年）の影響の他に，医療保険は，ドイツのビスマルク時代の健康保険制度（1883年）に遡ることができることが多くの医療関係文献で紹介されている。舩橋光俊著（2011）『ドイツ医療保険の改革』時潮社。

（4） 拙稿（2019）35-36頁，拙稿（2015d）83-85頁。

（5） Bundesanzigerには，医療機関は営業報告書（個別決算書及び連結決算書）及び持株会社（所有株式持分率），子会社及び関連会社を開示している。
Müller, Joachim/Alten, Georg (2016), *Der Jahresabschluss im Krankenhaus*, S. 102-103. 医療機関の関連会社・子会社の調査が示されている。拙稿（2015c），拙稿（2015d）参照。

（6） Böhlke, Nils/Gerlinger, Thomas/Mosebach, Kai/Schmucker, Rolf/Schulten, Thorsten (Hrsg.) (2009), *a. a. O.*, S. 128-163. *Handelsblatt, Frankfurter Allgemeine Zeitung* 等の新聞記事で多くの医療機関の民営化とその後の動きについての記事が掲載されている。

末尾の参考資料に掲載。

（7） Fresenius SE では，3つの部門（フレゼニウスメディカルケア・フレゼニウスヴァ
　　 メッド・フレゼニウスカービ）にヘリオスが加わり，4つの部門に拡張しており，ヘリ
　　 オス（Helios Kliniken GmbH）を組み入れた連結決算書が作成され，営業報告書を公式
　　 ホームページで公表している。Fresenius SE 組織体制は第7章で詳述する。

（8） 拙稿（2019）35-36頁，39頁。

（9） 拙稿（2019）35頁。

（10） 拙稿（2014b）。

（11） Asklepios Kliniken GmbH, *Geschäftsbericht 2019.*

（12） Müller, Joachim／Alten, Georg（2016）, *a. a. O.,* S. 5-12.
　　 Niedziela, Jesko（2010）, *Rechungslegung Krankenhäusern, Eine Gegenüberstellung von*
　　 HGB/KHBV und IFRS, Hamburg, S. 4-18, S. 18, IAS/IFRS への変換について解説され
　　 ている。

（13） Müller, Joachim／Alten, Georg（2016）, *a. a. O.,* S. 51-52

（14） Müller, Joachim／Alten, Georg（2016）, *a. a. O.,* S. 51.
　　 Niedziela, Jesko（2010）, *a. a. O.,* S. 6-17.

（15） Müller, Joachim／Alten, Georg（2016）, *a. a. O.,* S. 61-62

（16） Bundesanziger, München Kliniken, *Städtisches Klinikum München GmbH, Konzern-*
　　 abschluss 2019.

（17） 拙稿（2019）28-39頁，拙稿（2015e）113-127頁。

（18） Klinikum Region Hannover GmbH, *Konzernabschluss zum Geschäftsjahr vom*
　　 01.01.2016 bis zum 31.12.2016.

（19） Eichhorn, Siegfried（1988）, *a. a. O.,* S. 227-228.

（20） Weidmann, Christian／Kohlhepp, Ralf（2020）, *Die gemeinnützige GmbH,* S. V, 租税基
　　 本法（AO）第65条に，医療機関の特別目的の運営における税の優遇処置が定められ
　　 ている。

247

結章

わが国の公立病院改革と
公的医療機関改革（ドイツ）との
比較における示唆

は　じ　め　に

　本書は，わが国の公立病院改革について，これからの方向性をみいだすため
に，日独の自治体病院の医療改革にみられる共通及び相違点を導出しながら，
「日独の医療機関の経営改善改革における組織再編と会計」に焦点をあてて論
じてきた。

　その際に，両国の公的保険制度を支えている公的財政，各州と地方分権化の
社会のしくみ，制度整備の歴史的背景等に，両国の違いがあることが明らかに
なった。その違いを踏まえて，わが国の公立病院の「経営形態の見直し」にお
ける方向性と企業会計の役割を明らかにするために，第14章では，会社形態
の民営化の事例としてドイツにおける組織再編と会計の制度・理論・実務を総
括した。

　その結果，わが国の公立病院の医療経営改善のための「経営形態の見直し」
の方向性と企業会計の役割を探究するにあたり，以下のように2つの共通点を
みいだすことができる。

　まず1つとして，両国ともに自治体病院の経営改善改革では，単式簿記から
複式簿記への移行を基盤として自治体会計が企業会計へ向っていることが，経
営改革の第一歩となったことである。すなわち単式簿記から複式簿記への移行
は，経営活動の認識を一面的認識から多面的認識へ変換することで，経済活動

の生産性をもたらす損益の認識を深める結果となったといえよう。

医療経営における企業会計の役割は，外部会計・財務会計の領域からは，予算主義から決算主義へ重点が移ることによって，記録と情報伝達，公開の会計手続き（監査領域も含め）をとおして，会計の透明性を連携組織に与えることとなったと考える。また内部会計・管理会計の領域からは，組織内の管理（独法化した国立病院機構にみられる部門制）と内部管理の改善に生産性（経済性）の認識がもたらされた。

しかし医療機関のような非営利組織では，各組織の法制度が基盤にあることから，完全な企業会計の制度化としてではなく，法制度の基礎に「生存権」（日本）・「公共の医療提供」：「Dasein」（ドイツ型の生存権）が存在していることは軽視できない。

2つには，両国の医療経営改革では組織再編（経営形態の見直し）が行われていることである。その組織ごとの会計制度に従った財務諸表を作成及び公開することで透明性が付与され，それを前提に「医療の質」を保証する「経営の安定」が強化されなければならない。すなわち両国の経営改善改革には，「医療の質」の保証を担保して，「経営の安定」の強化の方向性がみえてくる。組織再編（経営形態の見直し）を行うことで，公的保険制度に支えられ医療機関の医療提供の持続可能性が構築されようとしている。

以上の2つの共通した政策のもとで，財務諸表における「資本の部」に焦点をあてて探究した。というのは医療経営改善改革では，本来の医業収益と補助金等の会計処理が区分開示される必要があるからである。したがって「資本の部」の開示には，会計上の透明性の制度整備が重要である。

他方，両国の医療経営改革における相違は，両国の医療領域の歴史的な制度整備の過程にあると考える。

したがって両国の医療経営改革について，第1節で，わが国の場合の医療経営改善改革に至までの歴史的な制度整備の過程に遡る。第2節ではドイツの医療経営改善改革との比較をとおして，ドイツの事例からわが国の医療機関の経営改革への示唆を取り上げ，第3節では，企業会計が医療経営改革に与えた影

響についてまとめ，最後の結びとしたい。

第 1 節　わが国の医療提供制度整備の経緯とその背景

わが国の医療提供制度は，第二次世界大戦後，敗戦後の国民生活の荒廃及び経済衰退を背景に，1961 年国民皆保険制度の整備に至る。また 2000 年に整備された介護保険制度はドイツの介護保険制度に倣い制度化された。しかし 2 つの制度は，その国の社会，文化，歴史，地域性，思想等を取り巻く環境が異なることから，相違が生じる。その相違を探究するために，わが国の医療制度体制整備の経緯について過去に遡るとすれば，厚生労働白書に記述されている「わが国の医療政策の歴史的変遷」が注目される（ドイツの制度と比較するためにも西暦で示す）。

(1) 医療基盤の整備と量的拡充の時代（1945 年～1985 年）に医療法整備に至る。

(2) 病床規制を中心とする医療提供体制の見直しの時代（1985 年～1994 年）に，第 1 次医療法改正が行われる。

(3) 医療施設の機能分化と患者の視点に立った医療提供体制の整備の時代（1992 年以降），に区分される。その後，第 2 次・第 3 次医療法改正，第 4 次医療法改正と続くことになる。

3 つの期間区分された医療提供体制は，各年度の医療法改正を経て築かれてきた。戦後の医療法改正を基盤に，2004 年には省庁組織再編の行政改革の一環として国立病院が独法化し，2007 年以降は総務省によって公立病院の経営改革が行われている[1]。なかでも第 7 次医療法改正（2017 年）では，地域医療連携に着目して，「地域医療連携推進法人制度の創設」と医療法人制度の見直しが行われた[2]。

わが国の医療提供体制の制度は戦後経済成長期には頂点に達したが，1991 年から 1993 年にかけてバブル経済が崩壊した後，それに引き続き 2008 年リーマンショックの金融機関の破たん等によって，経済成長後の経済崩壊の社会へ

250　結章　わが国の公立病院改革と公的医療機関改革（ドイツ）との比較における示唆

の負の影響は大きく，その後人口減少，少子高齢化にともなう税収入の減少が予想される。すなわち少子高齢化社会は社会保障費の増大をもたらし，その結果，補助金の財源不足，保険料の引き上げ，医療費負担の増大等から，医療経営に効率的な経営の必要が生じた。

　本書で述べてきた公立病院改革に至る背景は，以上のような戦後の社会事情がある。わが国の医療政策は，1945年占領軍から日本軍の陸海軍病院等への返還による国立病院・国立療養所が，一般国民へ開放されたことに始まり，その後都道府県や市町村設置の公立病院が設置されるに至る。当初公立病院（自治体病院）は国民の医療水準の確保を図るために設置されたことから，病院設置基準を定めた医療法（1948年）に従って，国庫補助金が給付された。しかし1951年に，その補助金は国及び公立病院へ給付され，それが最初であったが，その補助金は公的医療機関にも拡張され，さらに朝鮮戦争後は経済回復を機に，自治体病院及び診療所建設の機運が高まり，他の公的及び民間医療機関が増加した。このような医療機関の整備は，医療提供水準の向上には重要であった［1956（昭和31）年］。しかし公的医療機関が増え，1962年医療法改正では，国及び地方公共団体に対して，医療機関不足の地域における病院及び診療所の整備が義務づけられ，それととともに，公的医療機関の病床規制制度が導入された。この規制は公的医療機関には病床規制として実施され，民間医療機関では施設基準を充たせば，自由に開業できる自由開業制が採用されることになった[3]。

　このような医療提供体制の歴史的変遷を経て，医療機関への医療政策と国公立病院の経営改革が行われることになった。わが国の医療制度改革は，国内では，第二次世界大戦後から始まった医療提供体制の整備であり，国際的には，NPMが波及して民間的経営手法の導入という，国内外からの影響を受けて現在に至っている。

　そして近年は，財政で医療費負担を補う「財政の健全化」を基盤とした「社会保障と税の一体化」改革，消費税引き上げ等の経済政策等の影響を受けて，各自治体では財政健全化を基盤として，地方公営企業のなかの1つである公立

病院の経営改革は展開されてきた。

公立病院の経営改革は，国（総務省・厚生労働省）から各自治体へ引き継がれ，各自治体の地域医療政策が計画に組み込まれている。総務省の「公立病院改革ガイドライン」のもとで，公立病院は「経営形態の見直し」に直面しながら，地域医療構想という組織連携が求められている。その一方で，地独法化の組織再編がある。

本書では，医療保険及び介護保険制度の基礎となった「ドイツの公的医療機関の組織再編と企業会計制度の導入」を取り上げ，ドイツの各州における自治体病院（公的医療機関）の医療経営改革と比較しながら，わが国の公立病院経営改善改革を「組織と会計」から考察して，わが国の公立病院改革への示唆となることを，以下のようにまとめることにする。

第2節　わが国の公立病院改革への示唆

1. 保険制度の相違

わが国における医療保険は国民皆保険制度を基礎として，公的及び民間の医療保険が機能している。また介護保険制度は市町村等の自治体の管理のもとで機能している。一方ドイツの医療保険と介護保険の資金源は保険会社（疾病金庫・介護金庫）から給付され，医療保険に加入すると同時に，介護保険にも加入するというように2つの保険は兼ねている。このような保険制度のしくみによって，医療機関における病院から介護施設への患者の受け入れと資金給付において組織的なネットワークが構築されている。わが国の高齢化社会における医療と介護の連携には注目すべき保険制度である。

2. 医療機関の組織形態―統合と地域医療連携―

ドイツの公的医療機関と民間医療機関では，各州における医療機関と介護及びリハビリ等の連携した組織が構築されている。このことが医療関係企業が子会社及び関連会社となり，親会社の医療機関が中心となって医療機関グループ

を形成して，各年度の連結決算書が作成される。その連結決算書によって，グループ全体組織の経営状況が開示され，透明性が付与されている。なかでも「資本の部」に医療経営における結果が開示され，さらに「自己資本」と「特別項目」の区分によって，補助金の開示に透明性が与えられている。

　一方，わが国の各自治体では「地域医療構想」・「地域包括ケアシステム」の組織連携を実施し，或いは「地域医療連携推進法人」をとおして，地域医療及び介護・リハビリ・福祉等の各施設の組織連携を構築してはいるものの，地域医療の連携を巡って各自治体の取り組みに格差がある。地域医療の運営状況は，総務省の公立病院の財務諸表開示（統一した形式の短信決算書・経営分析）にとどまっている。管理する側からの共通基準による比較は可能であるが，個別の会計処理の透明性は乏しいことから，経営状況の全体を示す「資本の部」の制度整備に際して，補助金の開示に透明性が求められる。

　地域の医療連携は高齢化が進む現状から紹介率及び逆紹介率の設定によって，各病院と介護施設の連携が可能となるが，わが国では医療政策によって連携が進められている。しかし人口減少傾向，地域の過疎化が進む地域が多く，小規模の公立病院が多いことから，総務省のガイドラインに示される目標指標を充たすことができないのが現状である。地域医療の連携組織は，「経営形態の見直し」に，どのような経営形態を選択するかは，地域特有の状況を考慮すれば，地域に密着した「住民のための医療」としての組織連携形態が望まれるであろう。

3. 公的会計から企業会計への移行

　ドイツの公的医療機関の補助金が各州の人口動向に従って給付され，連邦（国）から各州への資金の流れは，次第に資金不足の傾向にある。設備投資のための資金運用と医療機関における経営のための資金運用に区分され，内部の経営改善のための会計は，コスト削減と「医療質の保証」のバランスを考慮した経営に重点がおかれることになる。近年の財政状況から病院プランに申請した資金の給付を医療機関が受けることができなくなった現状に批判がある。

このような経済的背景に企業会計の役割があると考える。それは，ドイツの行政領域における自治体会計制度改革で企業会計が導入されたことからもみてとれるからである。

ドイツの各州の行政領域の会計計算システムは，単式簿記から複式簿記へ変換されることにより，企業会計に近づいているが，各州の自治体の所轄で公的医療機関の運営が行われており，企業会計を基礎としながら，各州法の影響が及ぶ会計処理がみられる。すなわち，各州の議会の決議が組織変更（例えば，有限会社（GmbH）から非営利有限会社（gGmbH）への組織変更等）や会計処理上の決定（例えば，次年度に損失の繰り越し等）に政策の影響を及ぼす。特に「資本の部」には持続可能な経営をもたらす会計政策がみられる。その1つとして，連結決算書における連結事業の選択によって，各事業部の損益の差額が「資本の部」に内在する。

一方，わが国では，国立病院は特別会計から企業会計へ移行して独法化し，また各自治体では一般会計からの繰出基準に従って，公立病院へ資金が投入される。公立病院は過去から引き継いでいる繰越損失が解消した後に，地独法化の「経営形態の見直し」に直面することになる。

したがって，ドイツの自治体会計制度改革は，現金主義の収支計算だけではなく，複式簿記による損益計算にも重点をおくことで，限られた予算を基礎とする収支計算の検証と費用の削減，それとともに生産性をもたらす収益の獲得を測定できる原価・給付計算ステム（KLR）に移行し，この計算システムが経済活動を創出する基盤として期待されている。

4. 民間医療機関から公的医療機関への影響

ドイツの病院改革には，公的医療機関が民間医療機関に買収されるか，或いは各州の権限のもと有限会社（GmbH）及び株式会社（AG）等の会社形態へ組織替えするか，大きく分けて2つの選択肢がある。その2つの民営化の形態において，グループ化して，ネットワークが構築される組織再編の動きがみられる。その際，各州の運営による医療機関は，組織再編によって会社形態の会計

制度が適用される。なかでも大規模な民間医療機関は，全州に及ぶ医療機関のネットワークが構築されて，そのネットワークは国内から国外へと拡げられている。医療・介護・リハビリ等の他に，医療機器及び医療材料，医薬品等の購入にも関わる事業として，ヘルスケア会社の傘下の民間医療機関のグローバル化が進んでいる。そのネットワークは経営改善の政策として，民間医療機関は補助金に依存しない経営に向かっている。その１つは，証券市場に向けた資金調達を行う民間医療機関である。３大民間医療機関のなかで，Sana は，民間保険会社グループの出資によって資金調達をしている。医療機関の間接金融だけにとどまらず，組織内の直接金融によって資金調達を行っている。ドイツの医療機関は，連携組織が拡大するなかで，商法会計における状況報告書の作成と公開が義務づけられている。このことから公的及び民間医療機関における組織のガバナンス・社会的責任・サステナビリティ等に向けた開示が普及している。

わが国の公立病院にも経営の安定の強化とともに，これから環境及び社会的責任，組織のガバナンス等のディスクロージャーの検討が必要となるであろう。

5. 経済性には「医療の質」の保証が大前提

前述のような経済性を重視する傾向にある一方，ドイツ「医療の質」の保証は，政府（連邦保健省）の管轄のもとで「医療の質」の評価監督体制が制度整備された。その組織体制は，社会法典（SGB V）を基盤として制度化され，医療機関には「医療の質」の報告書の作成と開示が義務づけられている。さらに民間医療機関のように資金調達を証券取引所に求めている場合には，「医療の質」の報告書の他に，上場企業のコーポレート・ガバナンスの報告が義務づけられている。このコーポレート・ガバナンスの報告開示は，公的医療機関にも普及している。したがって「医療の質」を開示することで，二重の制度で「医療の質」が保証されている。

以上，本研究における示唆となる内容は，５点に集約される。本研究「組織

形態の再編と会計」は財務会計を対象としている。「組織内部のガバナンス」
については，今後の課題となる。

第3節　組織の連携と効率性の視点となる企業会計の役割

　ドイツの行政領域では単式簿記（カメラル簿記）から複式簿記への移行によっ
て，自治体会計制度改革が行われ，2009年に国家会計基準（SsD）にも複式簿
記が導入され，各州の自治体会計制度にも変換されることになった。それと同
時期に各自治体（Länder）の運営にある公的医療機関は会社形態に組織替えを
した（形式的民営化）。その組織では商法（HGB）の会計規則に従って，決算書を
作成することになった。しかし医療機関は，社会法典第5編（SGB V）を基礎
として，各自治体の州・市・郡・各州行政区域における州法及び条例の影響を
受ける。その際，基本的には商法（HGB）等の会計規則に従った決算書を作成
し，公開している。すなわち行政領域における決算書は，別段の規定がない限
り，会社形態の法制度（HGB/AktG/GmbHG）の会計規則に従って貸借対照表と
損益計算書・キャッシュ・フロー計算書を作成することとなる。これらの決算
書は，複式簿記を基礎とする会計計算システムに基づいている。

　また各州の自治体会計制度改革によって，中核の行政は，企業のように親会
社は各事業部を子会社として，商法（HGB）に基づき連結決算書（連結貸借対照
表，連結損益計算書，キャッシュ・フロー計算書，附属説明書及び状況報告書）を作成し
て公開することとなった。このネットワークの構築の基礎にある連結決算書
は，組織再編に重要な情報提供の機能を果たし，一方では連結事業体，会社等
の組織の組み入れには，商法会計と各州の法制度が影響する。その結果，会計
処理上の「資本の部」は，組織再編によって生じる損益の調整勘定として，す
なわち資本概念は差額概念としてみなされる。

　企業会計は，組織再編の医療経営に効率性の評価をもたらし，組織連携にお
いて医療機関の経営改善の役割を担う。カメラル簿記による決算書だけで経済
性をもたらすのではなく，複式簿記を基盤とした会計制度に変換されたこと

で，つまり組織の連携全体の費用対効果を示すことで，連結決算書が有用な情報提供に寄与したといえよう。以上のことを本書では，事例を挙げながら論じてきた。

お わ り に

少子高齢化という社会事情のもとで，ドイツでは，2000 年代初期に，これまで「公共の医療提供」（Daseinsvorsorge）を重視してきた医療機関が「経済性」へ一転し，医療領域に競争が及ぶこととなった。このような社会事情は医療領域に企業と同様の経済性へ向かっていくなかで，2015 年病院改革で「医療の質」保証のための監督体制が法整備された。

ここ数年の新型コロナ禍を経て，再び「公共の医療提供」（Daseinsvorsorge）の動きが強くなった。2019 年 NPO 法改正に際して，NPO の機運が高まり[4]，2020 年以降，新型コロナ感染が拡がり，「医療の質」保証の動きに向っている。公的医療機関のなかには，有限会社形態（GmbH）から非営利有限会社（gGmbH）への組織再編する事例がその例である。

2000 年代初期にみられる医療経営改革に際して，企業会計は，経営改善においてインフラ的な役割を果たしてきたといえよう。財政を基盤として経済性を重視する政策は，人権，生命を守る組織の医療機関が，社会環境の変化に存続が危ぶまれる現状において，存続可能性を維持するための「経済性」が求められている。競争とは全く無関係であった領域に，市場原理が求められる経営改善改革は，行政の単式簿記は企業の複式簿記へ移行することによって，記録，情報伝達，監査という企業会計の手続きをとおして，経営の安定化と存続可能性が構築されようとしている。医療関連産業が組織統合することで，可能な限り無駄なコストは削減に向かっている。それは，組織統合の形態を促進することになった。ドイツの事例では医療機器及び医薬品のヘルスケア会社の傘下にある医療機関の統合，保険会社の医療機関の統合が挙げられる。さらに2020 年以降はコロナ禍を機に，サスナビリティが求められている。

おわりに　　*257*

わが国の「公立病院改革」における「経営形態の見直し」は，今後の「安定した経営の強化」が「医療の質」を保証するための前提であると考えられる。ドイツの公的医療機関と民間医療機関の組織再編と会計（制度・理論・会計実務）の探究をとおして，組織再編のなかで「資本の部」は重要な情報を含んでいると考える。

［注］

（1）　厚生労働省『平成19年版　厚生労働白書』第1部　第1章　わが国の保険医療を巡るこれまでの軌跡　1頁。国立病院の独立行政法人化と公立病院の地方独立行政法人化は，人口減少問題に適格に対応するための地方行政体制のあり方として検討されている。その背景には，「地方公共団体の外部資源の活用に関する主な制度」に係わる組織再編としての独立行政法人化がある。総務省（総務省自治行政局行政経営支援室）「地方独立行政法人制度に関する研究会［第1回］」議事録（平成27年4月30日付）参照。

（2）　厚生労働省は「医療機関相互間の機能の分担及び業務の連携を推進する」ことを目的として掲げており，複数の病院（参加法人が「非営利」の医療法人等）を統括し，経営効率の向上を図るとともに，地域医療・地域包括ケアの充実を推進し，地域医療構想を達成するための1つの選択肢として，地方創生につなげるとしていることを示している［『医業経営情報』「医療法人の透明性確保とガバナンス強化　第7次医療法改正の概要」2016年2月）1頁。］

（3）　他方，民間医療機関に対しては，終戦後の窮迫した経済下では，資金調達を容易にするためには，病院開設主体が非営利の法人格を取得できる医療法人制度が設けられた。つまり医療法では，医療機関の開設は営利目的ではなく，医療法人の剰余金の配当は禁止されている（1950年医療法改正），しかし医療法人制度によって，安定的な医療施設経営が可能となり，民間医療機関の開業が増加した（厚生労働省，前掲報告書，1-2頁）。

（4）　Weidmann, Christina/Kohlhepp, Ralf（2020），*a.a.O.*, S.D.

【参考・引用文献】

洋書

Benes, Georg M.E./Groh, Peter E.（2012）, *Grundlagen des Qualitätsmanagements*, München.

Böhlke, Nils/Gerlinger, Thomas/Mosebach, Kai/Schmucker, Rolf/Schulten, Thorsten（Hrsg.）（2009）, *Privatisierung von Krankenhäusern*, Hamburg.

Bönsch, Dietmar J.（2009）, *Sanierung und Privatisierung von Krankenhäusern*, Stuttgart.

Breyer, Friedrich/Zweifel, Peter/Kifmann, Mathias（2013）, *Gesundheitsökonomik*, Berlin, Heidelberg.

Busse, R./Blümel, M./Spranger, A.（2017）, *Das deutsche Gesundheitssystem*, Berlin.

Busse, Reinhard/Schreyögg, Jonas/Stargardt, Tom（Hrsg.）（2013）, *Management im Gesundheitswese*, Berlin.

Conrad, Hans-Joachim（2015）, *Das erfolgreiche Krankenhaus*, Berlin.

Debatin, J.F./Ekkernkamp, A./Schulte, B./Tecklenburg, A.（Hrsg.）（2017）, *Krankenhausmanagement*, Berlin.

Düppengießer, Nicolas（2016）, *Change Management im Krankenhaus, Zwischen Wollen und Widerstand*, Norderstedt.

Ebsen, Ingwer（2015）, *Handbuch Gesundheitsrecht*, Bern.

Eichhorn, Siegfried（1988）, *Handbuch Kranknhaus-Rechnungswesen*, Wiesbaden.

Ermgassen, Wilhelm（2006）, *Die gemeinnützige GmbH*, Hamburg.

Fick, Alexander（2005）, *DRG-Systeme im Krankenhauswesen*, Norderstedt.

Fritze, Christian（2019）, *Entwicklung rechnungswesenbasierter Systeme zur Stabilisierung der Kommunalfinanzen*, Wiesbaden.

Frodl, Andreas（2012）, *Logistik und Qualitätsmanagement im Gesundheitsbetrieb*, Wiesbaden.

Fudalla, Mark/Wöste, Christian（2021）, *Doppelte Buchführung in der Kommunalverwaltung*, Berlin.

Goldschmidt, Andreas J.W./Hilbert, Josef（Hrsg.）（2011）, *Krankenhausmanagement mit Zukunft*, Stuttgart.

Grave, Carsten（2010）, *Fusionen im Krankenhausbereich : Kartellrechtliche Rahmenbedingungen*, Düsseldorf.

Gräppi, K./Meier-Hellmann, A./Zacher, J.（Hrsg.）（2015）, *20 Jahre HELIOS*, Berlin.

260 【参考・引用文献】

Greulich, Andreas（Hrsg.）（2005）, *Wissensmanagement im Gesundheitswesen,* Heidelberg.

Gruber, Thomas/Ott, Robert（2015）, *Rechnungswesen im Krankenhaus,* Berlin.

Heidler, Herbert K.（2020）, *Öffentliches Rechnungs-und Prüfungswesen-Band 1,* Berlin.

Hellmann, Wolfgang（2017）, *Kooperative Kundenorientierung im Krankenhaus,* Stuttgart.

Hennies, Marc（2005）, *Bilanzpolitik und Bilanzanalyse im kommunalen Sektor, Beurteilung der wirtschaftlichen Lage des Konzerns Kommune mit Hilfe der Informationsinstrumente des Neuen Rechnungswesens,* München.

Hentze, Joachim/Kehres, Erich（2007）, *Buchführung und Jahresabschluss in Krankenhäusern,* Stuttgart.

Heubel, Friedrich/Kettner, Matthias/Manzeschke, Arne（Hrsg.）（2010）, *Die Privatisierung von Krankenhäusern,* Heidelberg.

Hirsch, Bernhard/Weber, Jürgen/Huber, Robert/Gisch, Celina/Erfort, Mathias（2013）, *Strategische Steuerung in öffentlichen Institutionen,* Berlin.

Jensen, Henning（2015）, *Kommunale Daseinsvorsorge im europäischen Wettbewerb der Rechtsordnungen,* Tübingen.

Kamp, Michael/Mayr, Kathrin/Neumann, Florian（2010）, *Die städtischen Kliniken Münchens in Geschichte und Gegenwart,* München.

Knieps, Franz（Hrsg.）（2017）, *Gesundheitspolitik,* Berlin.

Koch, Joachim（2007）, *Buchhaltung und Bilanzierung in Krankenhaus und Pflege,* Berlin.

Kröger, Christian W.（2001）, *Kommunale Sonderfinanzierungsformen,* Wiesbaden.

Kunhardt, Horst（Hrsg.）（2011）, *Systemisches Management im Gesundheitswesen,* Wiesbaden.

Kuntz, Ludwig/Bazan, Markus（Hrsg.）（2012）, *Management im Gesundheitswesen,* Wiesbaden, in : Diskussionspapiere des Arbeitskreises „Ökonomie im Gesundheitswesen" der Schmalenbach-Gesellschaft für Betriebswirtschaft e. V.

Lang, Heidi（2008）, *Investitionsfianzierung kommunaler Krankenhäuser,* Saarbücken.

Lehmann, Julius C.（2009）, *Mehr Wettbewerb im Gesundheitswesen,* Hamburg.

Lüder, Klaus（1999）, *Konzeptionelle Grundlagen des Neuen kommunalen Rechnungswesens*（Speyerer Verfahren）, Stuttgart.（翻訳書：亀井孝文『地方自治体会計の基礎概念』中央経済社，2000 年）.

Lüder, Klaus（2001）, *Neues öffentliches Haushalts-und Rechnungswesen,* Berlin.

Luthe, Ernst-Wilhelm（Hrsg.）（2013）, *Kommunale Gesundheitslandschaften,* Wiesbaden.

Müller, Joachim/Alten, Georg（2016）, *Der Jahresabschluss im Krankenhaus,* Stuttgart.

Münch, Eugen/Scheytt, Stefan（2014）, *Netzwerkmedizin,* Wiesbaden.

Nevelö, Sandor（2007）, *Die Reform des Gemeinnützigkeitsrehts,* Regensburg.

Niedziela, Jesko (2010), *Rechnungslegung von Krankenhäusern-Eine Gegenüberstellung von HGB/KHBV und IFRS-*, Hamburg.

Penter,Volker/Siefert,Bernd/Brennecke,Babette (2022), *Kompendium Krankenhaus Rechnungswesen*, Kulmbach.

Preusker, Uwe K. (2015), *Das deutsche Gesundheitssystem verstehen*, Heidelberg.

Rau, Ferdinand/Hensen, Peter/Roeder, Norbert (Hrsg.) (2009), *Auswirkungen der DRG-Einführung in Deutschland*, Stuttgart.

Raupach,Björn/Stangenberg,Katrin (2006),*Doppik in der öffentlichen Verwaltung*, Wiesbanden.

Raupach, Björn/Stangenberg, Katrin (2009), *Doppik in der öffentlichen Verwaltung*, Wiesbanden.

Rehm, Fabian (2007), *Krankenhausprivatisierung-Ein Beispiel für die neoliberale Umstrukturierung öffentlicher Dienste*, Marburg.

Reit,Nina-Annette (2013), *Public Private Partnership und materielle Privatisierung kommunaler Krankenhäuser im Lichte der Investitionskostenfinanzierung*, Baden-Baden.

Rössler, Wulf/Keller, Holm/Moock, Jörn (Hrsg.) (2015), *Privatisierung im Gesundheitswesen*, Stuttgart.

Rudnick, Paul (2011), *Qualitätsmanagementsysteme im Gesundheitswesen*, Hamburg.

Simon, Michael (2017), *Das Gesundheitssystem in Deutschland*, Bern.

Stahl, Jörg (2007), *Krankenhausfinanzierung-Privatwirtschaftliche Alternativen-*, Berlin.

Steymann, Gloria (2012), *Vertrauen bei Mergers & Acquisitions*, Wiesbaden.

Textor, Jan Helge (2007), *Krankenhausmanagement unter besonderer Berücksichtigung von DRGs*, Norderstedt.

Tischer, Robert (2007), *Krankenhäuser zwischen Wettbewerb und kommunaler Daseinsvorsorge*, Norderstedt.

Trambacz, Jonas/Borner, Adrian/Döhmen, Christian/Mauersberg, Christof/Wehage, Angelika/Schmeier, Stefan/Röblreiter, Seray/Maaß, Phillis (2015), *Internationale Gesundheitssysteme im Vergleich*, Hamburg.

Wehkamp, Kai/Wehkamp, Karl-Heinz (2017), *Ethikmanagement im Krankenhaus*, Berlin.

Weidmann, Christina/Kohlhepp, Ralf (2020), *Die gemeinnützige GmbH*, Wiesbaden.

Wirtz, Holger (2010), *Grundsätze ordnungsmäßiger öffentlicher Buchführung*, Berlin.

Zech, Markus (2012), *Die Privatisierung öffentlicher Krankenhäuser in der Bundesrepublik Deutschland*, Saarbrücken.

262　【参考・引用文献】

【ドイツ医療機関関係団体の報告書】

Deutsches Krankenhausinstitut e. V,

1) Astrid Hanneken/ Stefan König/ Jannis Pulm/ Margit Schmaus/ Petra Steffen/Karl Blum (2010), D*as erfolgreiche kommunale Krankenhaus : Forschungsgutachten des Deutschen Krankenhausinstituts im Auftrag des Interessenverbandes kommunaler Krankenhäuser,* Zusammenfassung.

2) Petra Steffen/Matthias Offermanns (2011), *Erfolgskritische Faktoren von Krankenhausfüsionen,* Düsseldorf.

Deutsches Krankenhaus Gesellaschaft,

1) *Bestandsaufnahme zur Krankenhausplanung und Investitionsfinanzierung in den Bundesländern-Stand :* Juli 2012.

2) *Bestandsaufnahme zur Krankenhausplanung und Investitionsfinanzierung in den Bundesländern-Stand :* August 2015.

3) *Bestandsaufnahme zur Krankenhausplanung und Investitionsfinanzierung in den Bundesländern-Stand :* Dezember 2019.

Wissenschaftliches Institut der AOK/WIdO,

Geraedts, Klauber/Wasem, Friedrich, *Krankenhaus-Report 2015.*

【ドイツの企業法形態に関する報告書】

Lehrstuhl für Öffentliches Recht, Wirtschafts-und Steuerrecht Juristische Fakultät der Ruhr-Universität Bochum : Unger, Sebastian (2020), *Rechtsgutachten erstattet im Auftrag der zum Thema Politische Betätigung gemeinnütziger Körperschaften,* Bochum.

【民間医療機関（ドイツ）営業報告書/連結決算書】

1) Asklepios Kliniken GmbH., *Geschäftsbericht* (https://www.asklepios.com).

2) Fresenius-Helios Kliniken GmbH., *Geschäftsbericht* (https://www.fresenius.com).

3) Rhön Klinikum AG., *Geschäftsbericht* (https://www.rhoen-klinikum-ag.com).

4) Sana Kliniken AG., *Geschäftsbericht* (https://www.sana.de).

【自治体病院（ドイツ）営業報告書/連結決算書】

1) Gesundheit Nord-Klinikverbund Bremen GmbH., *Geschäftsbericht 2007-2019.*

2) Klinikum Region Hannover GmbH., *Geschäftsbericht 2005-2019.*

3) München Klinik GmbH., *Geschäftsbericht 2004-2019,* München Klinik gGmbH., *Geschäftsbericht 2020.*

4) Vivantes Netzwerk fiir Gesundheits GmbH., *Geschäftsbericht 2000-2019.*
＊民営化後の決算書公開

【解説書】

1) Bertram/Brinkmann/Kessler/Müller, *Haufe HGB Bilanz-Kommentar,* 2019.
2) Eichhom, Siegfried, *Handbuch Krankenhaus-Rechnungswesen,* 1988.

【ドイツ官報資料】

1) Bundesanzeiger（https://www.bundesanzeiger.de）.
2) Gesundheitsberichterstattung des Bundes : Online-Datenbank der Gesundheitsberichter-stattung（GBE）[https://www.gbe-bund.de]
3) Deutsches Institut für Urbanistik（Difu）[https://difu.de]
4) Bundesministerium der Finazen（2015），*Das System der Öffentlichen Haushalte,* Berlin.
5) Bundesgesetzblatt Jahrgang 2009 Teill Nr. 27, ausgegeben zu Bonn am 28. Mai 2009 : Gesetz zur Modernisierung des Bilanzrechts（Bilanzrechtsmodernisierungsgesetz-Bil-MoG）vom 25. Mai 2009)
6) BRH, Haushalts-und Rechnungswesen, Drucksache 16/2400（17.8.2006).

【その他報告書】

1) Deloitte(2013), *Strategiestudie 2013,* Herausforderungen für kommunale Krankenhäuser in Deutschland.
2) Landkreistag（2006），Positionspapiere zur Entwicklung der kommunalen Krankenhaus-strukturen in Baden-Württemberg, in : *Schriftenreihe des Landkreistags Baden-Württemberg, Band 29.*

【新聞記事】

Frankfurter Allgemeine Zeitung,
Helios übernimmt Uniklinikum Gießen und Markburg（2005/10/12).
Helios bei erster Privatisierung von Uniklinik angeblich hoher Favorit（2005/12/14).
Sana Kliniken können in Offenbach einsteigen（2013/4/24).
Lasten von 300 Millionen für Offenbach（2013/5/1).
Stadtverordnete für Verkauf des Klinikums Offenbach（2013/5/2).
Offenbach verkauft Klinikum für einen Euro（2013/5/3).
Klinikum Offenbach vor 350 Entlassungen（2013/10/28).
Krach um Rhön-Kliniken eskaliert（2013/1 1/22).

264 【参考・引用文献】

Handelsblatt,

Rhön-Klinikum wirbt für Kauf durch Fresenius（2012/6/13）.

manager magazin online,

Fresenius misslingt Rhön-Deal（2012/6/30）.

Rhön-Aktien knicken ein（2012/7/2）.

Auch Sana grätscht Fresenius dazwischen（2012/7/12）.

Fresenius kämpft weiter um Rhön Klinikum（2012/7/18）.

Nimmersatter Margenmacher（2012/8/1）.

Fresenius buhlt weiter um Rhön-Klinikum（2012/8/1）.

Neue Runde im Übernahmekampf um Rhön-Klinikum（2012/9/21）.

Rhön-Vorstände werfen das Handtuch（2012/9/28）.

Reuters,

Rhön droht B. Braun mit Rauswurf von Lieferantenliste（22. Juni 2013）.

Sächsische Zeitung,

Bürgervotum gegen Krankenhaus-Privatisierung amtlich（2012/2/1）.

STTUTGARTER-Zeitung,

Ungewöhnliche Koalition für die Klinikfinanzierung（2015/1/25）.

Kassen fordern aktivere Rolle des Landes（2015/4/29）.

SPEGEL ONL1N,

DAK und BKK Gesundheit fusionieren zu Riesenkasse（2011/10/11）.

Fresenius Unterbreitet Angebot zum Erwerb der Rhön-Klinikum AG und erhot Ausblick für
　　das Jahr 2012（2012/4/26）.

【用語辞書】

医療用語辞書（https://www.krankenkasseninfo.de）

公会計用語辞書（online-Verwltungslexiokon für gutes öffentliches Management）［https://
　　olev.de］

財政用語辞書（https://www.haushaltssteuerung.de）

経営経済学上の用語（Gabler Wirtschaftslexikon）［https://wirtschaftslexikon.gabler.de］

和書

あずさ監査法人編（2010）『公立病院の経営改革—地方独立行政法人化への対応—』同文舘。

　　同上（2016）『公立病院の経営改革—地方独立行政法人化への対応—』同文舘。

安藤英義（1997）『商法会計制度論』白桃書房。

【参考・引用文献】 265

伊関友伸（2014）『自治体病院の歴史』三輪書店。

井出健二郎（2004）『病医院会計のすべて』日本医療企画。

伊藤周平，邊見公雄，武村義人，自治労連医療部会編（2014）『地域医療を支える自治体病院』自治体研究社。

稲沢克祐（2009）『自治体における公会計改革』同文舘。

井上貴裕，上村恒雄（2014）『病院経営マネジメント』清文社。

今村知明，康永秀生，井出博生（2011）『医療経営学』第2版，医学書院。

岩淵豊（2011）『日本の医療政策』中央法規。

金川佳弘（2008）『地域医療をまもる自治体病院経営分析』自治体研究社。

金川佳弘，藤田和恵，山本裕（2010）『地域医療再生と自治体病院』自治体研究社。

亀井孝文（2013）『公会計の概念と計算構造』森山書店。

川渕孝一（2014）『第六次医療法改正のポイントと対応戦略60』日本医療企画。

木村憲洋編著（2011）『病院経営のしくみ』日本医療企画。

久保信保監修・東日本税理士法人編集（2015）『病院再編・統合ハンドブック』日経メディカル開発。

グローバルヘルス研究所編（2009）『医療の質と経営の質—病院の本質と病院の基盤—』日本医学出版。

齋藤真哉（1999）『税効果会計論』森山書店。

斎藤貴生（2012）『自治体病院の経営改革—原則と実践—』九州大学出版会。

新日本監査法人医療福祉部編集（2005）『病院会計準則ハンドブック』医学書院。

新日本有限会社監査法人編（2012）『独立行政法人会計基準』白桃書房。

自治体病院経営研究会編集（2017）『自治体病院経営ハンドブック』ぎょうせい。

　　同上（2018）『自治体病院経営ハンドブック』ぎょうせい。

　　同上（2019）『自治体病院経営ハンドブック』ぎょうせい。

　　同上（2020）『自治体病院経営ハンドブック』ぎょうせい。

鈴木克己（2018）『医療法実務必携』税務経理協会。

田中滋，二木立（2007）『医療制度改革の国際比較』勁草書房。

TKC全国会医業，会計システム研究会（2006）『病医院の経営・会計・税務』TKC出版。

地方公営企業制度研究会編（2021）『公営企業の経理の手引き（3）』地方財務協会。

東京大学公共政策大学院・医療政策教育・研究ユニット（2015）『医療政策集中講義—医療を動かす戦略と実践—』医学書院。

東日本税理士法人編（2017）『病院再編・統合ハンドブック』日経メディカル開発。

福永肇（2007）『病院ファイナンス』医学書院。

舩橋光俊（2011）『ドイツ医療保険の改革』時潮社。

松田紘一郎（2017）『医療法人制度改革・地域医療連携推進法人』中央経済社。

266 【参考・引用文献】

松田晋哉（2009）『DPC 入門』じほう。

　同上（2020）『地域医療構想のデータをどう活用するか』医学書院。

松本勝明（2021）『医療保険における競争』旬報社。

松本勝明編著（2015）『医療制度改革』旬報社。

みすず監査法人編（2007）『病院会計と監査』じほう。

山内一信編著（2012）『医療経営情報学』同友館。

有限責任監査法人トーマツヘルスケアインダストリー編（2017）『病院会計』清文社。

有限責任監査法人トーマツ・パブリックセクター・ヘルスケア事業部編（2018）『地方独立
　行政法人の制度改革と今後の展開』第一法規。

　同上（2020）『公営企業の会計と経営』学陽書房。

【白書】

医療経営白書編集委員会，医療経営白書（2015-2016 年版）（2015）『地域医療創生—個別経
　営から地域経営へ—』日本医療企画。

厚生労働省（2007）『平成 19 年度版　厚生労働白書』。

【データ集・報告書】

医療経済研究機構ドイツ医療保障制度に関する研究会編『ドイツ医療関連データ集』2009 年
　度版。

　同上，『ドイツ医療保障制度に関する調査研究報告書』2020 年度版。

厚生労働省，「独立行政法人国立病院機構の業務運営及び財務及び会計に関する省令」（2004
　年 3 月 31 日厚生労働省令第 77 号）。

　同上，「国立病院機構の組織・業務全般の見直し当初案について」（2013 年 9 月 26 日）。

財務省，財政制度分科会『海外調査報告書』（平成 19 年 6 月）。

　同上，財政制度等審議会『財政制度分科会海外調査報告書』（平成 21 年 6 月）。

　同上，財務総合政策研究所『医療制度の国際比較』（平成 22 年 4 月）。

　同上，財政制度等審議会『海外調査報告書』（平成 26 年 7 月）。

総務省，「前公立病院改革ガイドライン」（平成 19 年 12 月 24 日）。

　同上，「新公立病院改革ガイドライン」（平成 27 年 3 月 31 日）。

　同上，「持続可能な地域医療提供体制を確保するための公立病院経営強化ガイドライン」
　（令和 4 年 3 月 29 日）。

　同上，「地方公営企業年鑑」（平成 19 年度—令和 4 年度）。

　同上，「地方公営企業会計制度」に係る資料（https://www.soumu.go.jp）。

　同上，「地方公営企業法の適用に関する研究会報告書」（平成 26 年 3 月）。

独立行政法人国立病院機構，独立行政法人国立病院機構法（平成 14 年 12 月 20 日法律第 191

【参考・引用文献】　　*267*

号)。

同上, 財務諸表 (平成 16 年—平成 25 年度決算)。

同上, 独立行政法人国立病院機構会計規程 (平成 16 年 4 月 1 日規程第 34 号)。

日本政策投資銀行・日本経済研究所監修・編集 (2016)『医療経営データ集』日本医療企画。

日本政策投資銀行ヘルスケア室・日本経済研究所医療福祉部 (2014)『医療経営データ集 2014』日本医療企画。

拙稿 (2012a)「ドイツ医療機関の現状—会計的見地からの考察—」『産業経理』Vol. 71 No. 4, 産業経理協会, 31-40 頁 (2012 年 1 月)。

拙稿 (2012b)「ドイツ医療機関の現状と経営分析—会計的観点から我が国の医療改革との関連において」『會計』第 182 巻第 2 号, 森山書店, 124-138 頁 (2012 年 8 月)。

拙稿 (2013a)「医療改革のもとでの病院経営分析の課題—ドイツ・コンツェルン医療機関を中心として—」『経理研究』第 56 号, 300-316 頁, 中央大学経理研究所 (2013 年 3 月)。

拙稿 (2013b)「非営利組織への民間的経営導入における会計の役割」『會計』第 184 巻第 3 号, 森山書店, 15-28 頁 (2013 年 9 月)。

拙稿 (2014a)「公立病院改革における現状と課題」『経理研究』第 57 号, 中央大学経理研究所, 184-198 頁, (2014 年 3 月)。

拙稿 (2014b)「日独医療改革における企業会計の役割」『會計』第 186 巻第 6 号, 森山書店, 15-29 頁 (2014 年 12 月)。

拙稿 (2015a)「国立病院機構の独立法人化後の会計」『経理研究』第 58 号, 中央大学経理研究所, 309-324 頁 (2015 年 2 月)。

拙稿 (2015b)「ドイツ公的医療機関の民営化における会計—日独医療改革における組織再編を踏えて—」季刊『個人金融』Vol 10, No. 2 2015 年夏, 一般財団法人ゆうちょ財団, 80-89 頁 (2015 年 8 月)。

拙稿 (2015c)「非営利法人組織における会計の役割—日独医療改革のもとでの経営改善に向けて—」『非営利法人研究学会誌』VOL. 17, 非営利法人研究学会, 61-74 頁 (2015 年 8 月)。

拙稿 (2015d)「ドイツ公的医療機関の民営化における会計制度と現状」『産業経理』Vol. 75 No. 3, 産業経理協会, 15-26 頁, (2015 年 10 月)。

拙稿 (2015e)「医療産業における会計の資本構造」『會計』第 188 巻第 5 号森山書店, 113-127 頁 (2015 年 11 月)。

拙稿 (2017)「医療経営改善が及ぼした影響—日独医療経営改革を踏まえて—」『税経通信』140-150 頁 (2017 年 3 月)。

拙稿 (2019)「公立病院改革における組織再編に係る企業会計の役割」『會計』第 196 巻 8 月号, 森山書店, 28-39 頁 (2019 年 8 月)。

268　【参考・引用文献】

拙稿（2021）「医療機関の組織再編と会計制度・実務の現状」『會計』第 199 巻第 6 号，森山
　　書店，86-98 頁（2021 年 6 月）。

【その他】

拙稿　論壇「公立病院改革における組織再編と会計」『公益一般法人』No. 1016，全国公益法
　　人協会，1 頁（2020.10.15）。

拙稿　論壇「公立病院改革の今後の行方は？―組織再編を踏まえて―」『公益一般法人』No.
　　1044，全国公益法人協会，1 頁（2021.2.15）。

拙稿　論壇「公立病院改革の今後の行方は？―持続可能性を踏まえて―」『公益一般法人』
　　No. 1088，全国公益法人協会，1 頁（2024.3.15）。

索　引

あ行

アスクレオピス医療機関有限会社
　（Asklepios Kliniken GmbH）
　………………………………… 130, 134

医業収支比率…………………… 55, 64
Ist-実績 ………………………………… 200
一部適用……………………………………56
医薬品費対医業収益率………………35
医療制度における質の保証と透明性に
　関する監督機関（IQTIG）· 182, 192
医療の質………………… 177, 178, 182
医療法…………………………………13
医療報酬法…………………………………90
医療保険近代化法 2004 年（GMG）
　…………………………………………… 128

ヴィヴァンテス医療機関有限会社
　（Vivantes Kliniken GmbH）
　…………………………………… 104, 105
運営費交付金………… 9, 11, 25, 29, 30
運営費交付金債務……………………29

運営費負担金対収益比率……… 168, 169
営業規則法………………………………90
NKF の勘定分類 …………………… 205

か行

会計法近代化法（BilMoG）
　………98, 104, 115, 118, 190, 191, 242
会計指令変換法 2015 年（BilRUG）
　………………………………… 104, 107, 120
会計補助的計上（Bilanzierungshilfe）
　………………………………………… 144
開設者別病院数と病床数……………21
開設別病院数の動向…………………20
株式会社（AG）……………87, 88, 90
カメラル簿記（Kameralistik）
　………………………… 198, 199, 200, 201
借入資本金（企業債）………………68
環境報告書………………… 95, 96, 103
環境報告資料……………………………97
環境保護……………………………………95
完全連結……………………………………228

議会の議決……………………67,68,118

企業会計原則…………22,23,27,40,71

基礎的財政収支の改善目標の達成…46

共同決定法………………………… 140

行政改革大綱……………………… 8

行政領域における「自己資本の部」

　……………………………………217

繰出基準……………………48,73,79

経営形態の見直し……… 10,47,55,56

経営の基本原則……………………66

経営の効率化…………… 43,54,64,66

経済財政改革の基本方針 2007………61

経済性………………… 177,179,182

形式的民営化………… 88,89,103,238

経常収支比率………………… 54,55

経費区分の原則……………………47

経費の負担の原則…………………66

欠損の処理…………………………67

原価・給付計算（KLR）………… 201

減価償却費対医業収益率……………35

憲法第 25 条の生存権………………8

公益財団法人日本医療機能評価機構

　……………………………………192

公会計の正規の簿記の諸原則（GoöB）

　……………………………………203,204

公共性・透明性・自主性の 3 原則

　……………………………………167,175

公共の医療提供（Daseinsvorsorge）

　……………………………………124,149,151

工業-コンテンラーメン …………… 206

厚生労働省………………………… 8

厚生労働白書……………………… 249

公的医療機関…………9,10,87,88,104

公的医療機関のグループ化……… 158

公的医療保険競争強化法（GKV-WSG）

　……………………………………128

公的医療保険制度………………90,235

公平性の原則……………………… 178

公立病院改革ガイドライン…………42

公立病院経営強化ガイドライン

　……………………………………42,76

公立病院経営強化プラン……………78

公立病院に関する財政措置の改正要綱

　（2008 年）……………………………45

コーポレート・ガバナンス報告書

　……………………………………88,93,157

国際財務報告会計基準（IAS/IFRS）

　……………………………………89,93

国際公会計基準（IPSAS）

　……………………………………204,211,213

国債発行額の抑制……………………46

国民皆保険制度………………2,8,71

国立病院機構………………………19

索引　*271*

国立病院機構債券……………………26
国立病院機構の資金調達………24,25
国立病院特別会計法…………………27
国家会計基準（SsD）
　………………………213,216,220,221
国庫補助金……………………………53
コンテンラーメン………152,153,206

さ行

歳出……………………………4,6,46
財政運営戦略…………………………46
財政規律………………………………3
財政健全化法（地方公共団体の財政の
　健全化に関する法律）………8,45,57
財政収支（対GDP）…………………7
歳入と歳出の両面改革………………46
再編・ネットワーク化………43,55,56
債務残高の国際比較…………………4
サステナビリティ……………254,256
サステナビリティレポート…………157
査定減返戻……………………………72
サナ医療機関株式会社（Sana Klinik-
　en AG）…………91,93,94,130,131
三位一体改革…………………………61

資金不足………………………169,170
資産見返運営費交付金………………29
資産見返運営費交付金戻入…………29

持続可能な地域医療提供体制を確保す
　るための公立病院経営強化ガイドラ
　イン…………………………………76
自治体における連結構造…………226
自治体補助金…………………………53
実質赤字比率…………………………47
実質公債費比率………………………47
実質的民営化………89,103,184,238
質的マネジメント（QM）……94,98
疾病金庫（Krankenkasse）………150
指定管理者制度………………………47
支払審査機関………………12,49,72
資本剰余金（補助金）………………68
資本制度の見直し………60,66,67,71
「資本の部」の定義…………………207
社会法［社会保障法］典第5編
　（SGB V）…………………………89
社会保障費…………………………5,6,7
社会保障費と税の一体改革…………5
状況報告書（Lagebericht）…216,220
商法典第3編（HGB III）…………89
剰余金の処分等………………………67
将来負担比率…………………………47
新ガイドライン………42,60,61,62
人件費対医業収益率…………………35
人口年齢層…………………………5,6
新自治体会計制度（NKR）………197
新自治体財務管理（NKF）（コンテン

ラーメン）‥‥‥‥‥‥‥‥‥‥ 206

診療報酬‥‥‥‥‥‥‥‥‥‥‥‥ 11,22

診療報酬点数表‥‥‥‥‥‥‥‥‥‥54

診療報酬の構成‥‥‥‥‥‥‥‥‥‥50

正規の簿記の諸原則（GoB）

‥‥‥‥‥‥‥‥‥‥‥‥‥‥ 153,203

生産性指向の財政‥‥‥‥‥‥‥‥ 215

生存権‥‥‥‥‥‥‥‥‥‥‥‥16,248

前ガイドライン‥‥‥‥‥‥‥‥‥‥42

全国平均の経営数値‥‥‥‥‥‥‥‥64

全部適用‥‥‥‥‥‥‥‥‥‥79,80,81

租税基本法（AO）‥‥‥‥‥‥ 112,118

Soll-計画‥‥‥‥‥‥‥‥‥‥‥‥ 200

た行

第8次医療計画‥‥‥‥‥‥‥‥‥‥77

大学（Charité-Universität）と Vi-

vantes（ベルリン市）の共同会社

‥‥‥‥‥‥‥‥‥‥‥‥‥‥‥‥ 105

大規模自治体病院連合‥‥‥‥ 116,117

大規模民間医療機関‥‥‥‥‥‥ 89,93

他会計繰出（入）金‥‥‥‥‥‥42,50

他会計負担金‥‥‥‥‥‥‥‥‥42,53

他会計補助金‥‥‥‥‥‥‥‥‥‥‥53

地域医療介護総合確保基金‥‥‥‥‥62

地域医療構想‥‥‥‥‥‥‥‥‥‥‥62

地域医療連携推進法人‥‥‥‥‥‥ 169

地域医療連携推進法人会計基準‥‥ 169

地域医療連携推進法人の資本制度

‥‥‥‥‥‥‥‥‥‥‥‥‥‥‥‥ 172

地方公営企業‥‥‥‥‥‥‥1,42,44,45

地方公営企業会計制度の見直し

‥‥‥‥‥‥‥‥‥‥‥‥‥‥‥60,68

地方公営型地方独立行政法人‥‥‥ 171

地方公営企業法‥‥‥‥43,45,53,55,56

地方交付税‥‥‥‥‥‥‥‥‥‥‥9,11

地方自治体における連結構造‥‥‥ 226

地方独立行政法人の資本制度‥‥‥ 171

中央省庁等改革‥‥‥‥‥‥‥‥28,39

長期借入金‥‥‥‥‥‥‥ 26,32,38,39

長期前受金‥‥‥‥‥‥‥‥‥‥‥‥69

長期前受金戻入‥‥‥‥‥‥‥‥‥‥69

DRG‥‥‥‥‥‥‥‥‥‥ 180,181,183

ディスクロージャーの状況‥‥‥‥‥94

ドイツ4大民間医療機関‥89,92,184

ドイツ憲法（基本法）第2条［人格の

自由，人身の自由］‥‥‥‥‥‥15

ドイツ病院協会（DKG）‥‥‥‥ 132

統合決算書‥‥‥‥‥‥‥‥‥‥‥ 224

特別会計‥‥‥‥‥‥‥ 19,23,26,28

特別項目

索引　*273*

……208,209,210,218,219,220,222
特別準備金……………………… 208
独立行政法人化（独法化）…… 8,19,23
独立行政法人会計基準…… 22,23,27,39
独立行政法人国立病院機構会計規程
………………………………26
独立行政法人国立病院機構法………24

に行

二元的財務システム……………… 150
ニュー・パブリック・マネジメント
……………………………… 1
認可病院…………………………14

は行

ハノーファー地域医療機関有限会社
Klinikum Region Hannover（KRH）
……………………… 104,110,174

非営利医療機関…………………… 10,88
非営利有限会社（gGmbH）…… 105,112
非課税……………………………26
病院会計……………………………49
病院会計準則…………… 22,43,52,53
病院会計準則の変遷過程……………53
病院会計制度……………………52,240
病院財政法（KHG）………90,144
病院診療報酬法（KHEntgG）…… 152

病院プラン（Krankenhausplan）…14
病院簿記規則（KHBV）………… 152
病床利用率……………………54,55

複式簿記（Doppik）……………… 198
部門別収益………………………35
Plan→Do→Check→Act ……………43
不良債務……………………………51
不良債務比率……………………51,54
ブレーメン北部医療機関非営利有限会
社（Gesundheit Nord-Klinikver-
bund Bremen gGmbH）…… 104,113

ヘリオス医療機関有限会社（HELIOS
Kliniken GmbH）
………92,93,94,98,103,128,129,
133,134,137,237,238,239
ヘルスケア会社………………… 88,89
ベルリン州保健局………………… 151
ベルリン市立病院有限会社グループ
（Vivantes-Netzwerk für Gesund-
heit in Berlin）
……………… 104,105,141,142,143

法人税・法人住民税及び法人事業税
……………………………53
保険（等）査定減…………30,72,73

ま行

マールブルク・ギーセン大学病院
................................92,128,135,239

みなし償却................................68
ミュヘン市立医療機関有限会社
（Stadt. München Klinik GmbH）
（グループ）............111,112,139
民間医療保険団体................92,94
民間医療機関の４大持株会社........91
民間への譲渡........................55,63
民間的経営手法............43,44,60,73

目的準備金........................208
持株会社（コンツェルン）...89,90,91
持分法................................229

や行

優遇課税措置........................118,121
有限会社（GmbH）................90,113
有限合資会社（GmbH & Co. KG）
................................90,119

要求の原則........................178

予算原則法（HGrG）
........................205,211,212,216
予算原則法近代化法（HGrGMOG）
........................206,215
予算至上主義........................44

り行

利益及び資本剰余金の処分............68
利益剰余金........................33,169
臨時損失額........................33

累積欠損金........................51,81

レーム医療機関株式会社（Rhön Klini-
kum AG.）
...91,92,93,94,96,103,135,136,137
Rhön の株式所有比率............136,137
連結決算書の作成原則................231
連結実質赤字比率........................47
連帯原則........................178
連邦医療保険支給額省令................90
連邦会計検査院（BRH）............213
連邦介護率規則（BPflV）............152
連邦統計（Bundesstatistik）........88

初出論文一覧

　本書の内容は，以下の初出論文と末尾の拙稿に補足及び加筆を施している。

序章：書き下ろし

第1章：「国立病院機構の独立法人化後の会計」『経理研究』第58号，中央大学経理研究所，309-324頁（2015年2月）。

第2章：「公立病院改革における現状と課題」『経理研究』第57号，中央大学経理研究所，184-198頁（2014年3月）。

第3章：書き下ろし

第4章：書き下ろし

第5章：「ドイツ医療機関の現状—会計的見地からの考察—」『産業経理』Vol. 71 No. 4，産業経理協会，31-40頁（2012年1月），「非営利法人組織における会計の役割—日独医療改革のもとでの経営改善に向けて—」『非営利法人研究学会誌』VOL. 17，非営利法人研究学会，61-74頁（2015年8月）。

第6章：書き下ろし

第7章：「ドイツ医療機関の現状と経営分析—会計的観点から我が国の医療改革との関連において」『會計』第182巻第2号，森山書店，124-138頁（2012年8月）。「非営利組織への民間的経営導入における会計の役割」『會計』第184巻第3号，森山書店，15-28頁（2013年9月）。

第8章：「ドイツ公的医療機関の民営化における会計制度と現状」『産業経理』Vol. 75 No. 3，産業経理協会，15-26頁（2015年10月）。

第9章：「医療産業における会計の資本構造」『會計』第188巻第5号，森山書店，113-127頁（2015年11月）。

第10章：「医療経営改善が及ぼした影響—日独医療経営改革を踏まえて—」『税経通信』140-150頁（2017年3月），「ドイツ公的医療機関の民営化における会計—日独医療改革における組織再編を踏えて—」季刊『個人金融 J Vol 10, No. 2, 2015年夏，一般財団法人ゆうちょ財団，80-89頁（2015年8月）。

第11章：書き下ろし

第12章：書き下ろし

第13章：書き下ろし

第14章：「医療機関の組織再編と会計制度・実務の現状」『會計』第199巻第6号，森山書店，86-98頁（2021年6月）。

結　章：書き下ろし

〔略　歴〕

森　美智代（もり　みちよ）

1989 年 3 月　九州大学大学院経済学研究科博士後期課程単位取得退学。

1989 年 4 月～1990 年 3 月　九州大学経済学部助手。

1990 年 4 月～1994 年 3 月　徳山女子短期大学（徳山大学に併合：現・周南公立大学）

1994 年 4 月～熊本県立大学

1997 年12 月　九州大学・博士（経済学）〔経済博乙第 128 号〕

1998 年 8 月～1999 年 8 月　ヴォルフガング・ゲーテ（Johann Wolfgang Goethe-Universität：フランクフルト大学）在外研究（Prof.Dr.Dieter Ordelheide 教授に師事）

2020 年 3 月　熊本県立大学定年退職（名誉教授）現在に至る。

〔主要な著書〕

単著『貸借対照表能力論の展開—ドイツ会計制度と会計の国際的調和化との関連において—』中央経済社，1997 年。

単著『会計制度と実務の変容—ドイツ資本会計の国際的調和化を中心として—』森山書店，2009 年。

単著『簿記の基礎—簿記からエクセルによる経営分析へ—』（改訂版），税務経理協会，2007 年。

編訳書『外国証券関係法令集「ドイツ」』「取引法」日本証券経済研究所，2002 年。

編著『ヨーロッパの証券市場』（2000 年版）（2004 年版）（2006 年版）（2008 年版）（2012 年版）（2020 年販）「担当章：会計制度」日本証券経済研究所。

その他。

学会賞（国際会計研究学会：2011 年〔論文の部〕）

日独医療機関の組織再編と会計
—医療経営改革から「医療の質」保証（透明性）へ—

2024 年 12 月 7 日　初版第 1 刷発行

著　者　©　森　　美智代

発行者　菅　田　直　文

発行所　有限会社　森山書店　101-0048　東京都千代田区神明町 2-17　上田司町ビル

TEL 03-3293-7061 FAX 03-3293-7063　振替口座 00180-9-32919

落丁・乱丁本はお取りかえします　　　印刷・三美印刷，製本・積信堂

本書の内容の一部あるいは全部を無断で複写複製することは，著作者および出版者の権利の侵害となりますので，その場合は予め小社あて許諾を求めてください。

ISBN 978-4-8394-2205-9